LLINKS Law Offices
通力律师事务所

25 YEARS 1998—2023

谨以此书献礼

通力律师事务所成立25周年

本土化资源 国际化视野

We link local legal intelligence with the world

数　据
保护官(DPO)
法律实务指南

潘永建 ———— 著

LEGAL PRACTICAL GUIDANCE FOR
DATA PROTECTION OFFICERS

法律出版社 | LAW PRESS
—— 北京 ——

图书在版编目(CIP)数据

数据保护官(DPO)法律实务指南 / 潘永建著. --
北京：法律出版社，2023
ISBN 978-7-5197-8361-7

Ⅰ. ①数… Ⅱ. ①潘… Ⅲ. ①数据保护-科学技术管
理法规-研究-中国 Ⅳ. ①D922.174

中国国家版本馆 CIP 数据核字(2023)第 184294 号

数据保护官(DPO)法律实务指南
SHUJU BAOHUGUAN(DPO) FALÜ SHIWU ZHINAN

潘永建 著

责任编辑 薛 晗 王 斓
装帧设计 汪奇峰

出版发行 法律出版社
编辑统筹 法商出版分社
责任校对 王 丰
责任印制 胡晓雅
经　　销 新华书店

开本 710 毫米×1000 毫米 1/16
印张 16.25 **字数** 305 千
版本 2023 年 10 月第 1 版
印次 2023 年 10 月第 1 次印刷
印刷 三河市龙大印装有限公司

地址:北京市丰台区莲花池西里 7 号(100073)
网址:www.lawpress.com.cn
投稿邮箱:info@lawpress.com.cn
举报盗版邮箱:jbwq@lawpress.com.cn

销售电话:010-83938349
客服电话:010-83938350
咨询电话:010-63939796

书号:ISBN 978-7-5197-8361-7
定价:78.00 元

凡购买本社图书,如有印装错误,我社负责退换。电话:010-83938349

目　录

第一章

您真的准备好成为 DPO 了吗

互联网业态逐渐丰富,传统企业纷纷积极拥抱互联网,追求数字化转型。这一背景下,数据安全与隐私保护成为各行业、各类型公司的首要任务。同时,面对越来越严格的数据安全监管要求,企业亟须相关领域的管理人才,数据安全保护官(Data Protection Officer,DPO,又可称为“数据合规官”)这一岗位应运而生。DPO 承担企业的数据保护与合规工作,该岗位有着天然的跨学科性,需要兼具信息安全与数据合规知识。因此,不同于首席安全官(Chief Security Officer,CSO)或者首席信息安全官(Chief Information Security Officer,CISO)等类似的管理职位,优秀的 DPO 往往同时具有信息技术背景和法律背景。在任职高要求的同时,DPO 的法律责任不可谓不沉重,DPO 不履职或不当履职可能招致个人的行政甚至刑事责任,并可能因留下不良记录而影响未来就业。

DPO 岗位的复杂特性,不仅给企业带来岗位安排上的难题,更是给有志于在数据合规领域施展拳脚的专业人士带来挑战。因此,本书开篇将首先聚焦于本书读者们最为关心的问题,“您真的准备好成为 DPO 了吗”?

第一节　企业是否需要 DPO

DPO 这一概念最早源于欧盟《通用数据保护条例》(General Data Protection Regulation,GDPR)。因此,最早有设立 DPO 需求的公司大多是总部位于欧洲的跨国企业。按照 GDPR 的规定,设立 DPO 的主要目的在于落实个人信息保护义务。就企业内部管理的角度而言,DPO 也关系着企业在个人信息和数据保护领域的职责分配和风险管理。那么在中国法语境下,DPO 究竟意味着什么?DPO 与中国法下的“网络安全负责人”、“个人信息保护负责人”、“数据安全负责人”等概念的关系又如何?DPO 的具体设立情形又包括哪些?

一、中国法下 DPO 的内涵和范围

中国法律下并没有 DPO 这一概念,而是在《网络安全法》、《个人信息保护法》及《数据安全法》等法律中分别规定了"个人信息保护负责人"、"网络安全管理负责人"、"网络安全负责人"或是"数据安全负责人"等网安数据合规责任人。上述职位的设置按照企业需求可能有所不同,且职责可能存在一定的交叉重叠。本书中,除另行说明外,DPO 的范围将包括上述全部职位。

(一)个人信息保护负责人

我国《个人信息保护法》中并没有关于个人信息保护负责人的明确定义和解释。该法第 52 条提及,处理个人信息达到国家互联网信息办公室和/或其地方派出机构(以下简称"网信办"或"网信部门")规定数量的个人信息处理者应当指定个人信息保护负责人,负责对个人信息处理活动以及采取的保护措施等进行监督。此外,《个人信息保护法》规定"个人信息处理者应当公开个人信息保护负责人的联系方式,并将个人信息保护负责人的姓名、联系方式等报送履行个人信息保护职责的部门"。

《个人信息保护法》第 53 条还规定,中国境外个人信息处理者应当在中国境内设立专门机构或者指定代表,负责个人信息处理活动相关事宜,并将相关机构的名称或代表的姓名和联系方式报送履行个人信息保护职责的部门。

全国信息安全标准化技术委员会(以下简称"信安标委")对个人信息保护负责人的任命资格和履行职能作出细化规定。2020 年,信安标委执行《信息安全技术 个人信息安全规范》(GB/T35273 - 2020),其中 11.1 要求"个人信息控制者"任命"个人信息保护负责人",规定此人应"具有相关管理工作经历和个人信息保护专业知识"、"参与有关个人信息处理活动的重要决策"。

(二)网络安全负责人、网络安全管理负责人、数据安全负责人

《网络安全法》第 21 条规定,网络运营者应按照网络安全等级保护制度的要求,确定网络安全负责人,落实网络安全保护责任。《网络安全法》和《关键信息基础设施安全保护条例》则要求关键信息基础设施(Critical Information Infrastructure, CII)运营者[①](Critical Information Infrastructure Operator, CIIO,又可称为"关基单位")应设置专门网络安全管理机构和网络安全管理负责人,并对该负责人和关键岗位人员进行安

---

① 关于 CIIO 认定的具体步骤、方法和特殊问题,详见本书第三章第一节"数据合规主体的厘清",第 51 页。

全背景审查。

《数据安全法》第 27 条明确设立数据安全负责人的条件。重要数据的处理者应当明确数据安全负责人和管理机构,落实数据安全保护责任。

(三)首席数据(信息)官

在若干特定行业,监管机构尝试建立首席数据(信息)官制度。例如,在金融行业中,《银行业金融机构数据治理指引》首次确立"首席数据官自愿设立"制度。根据《银行业金融机构数据治理指引》第 11 条规定,银行业金融机构可根据实际情况设立首席数据官。首席数据官是否纳入高级管理人员由银行业金融机构根据经营状况确定,纳入高级管理人员管理的,则应当符合《中国银监会中资商业银行行政许可事项实施办法》等相关行政许可事项的要求。实践中,也有金融机构首席数据(信息)官升任机构副职领导的案例。金融行业首席数据(信息)官的设立机制,对医药健康、互联网公司等其他数据安全重点监管行业,具有示范参考价值。

二、哪些企业需要指定 DPO

《个人信息保护法》要求"处理个人信息达到国家网信部门规定数量的个人信息处理者"应当设立个人信息保护负责人的职位,但相关法律法规未明确"规定数量"的具体标准。因此,哪些企业必须指定个人信息保护负责人仍不明确。目前,可参照适用的标准包括《数据出境安全评估办法》第 4 条"关键信息基础设施运营者和处理 100 万人以上个人信息的数据处理者向境外提供个人信息",以及《网络安全审查办法》第 7 条"掌握超过 100 万用户个人信息的网络平台运营者"的相关规定,两者均以运营者处理 100 万用户个人信息的数量为门槛标准。另外,《信息安全技术 个人信息安全规范》(GB/T35273 – 2020)鼓励企业在以下情形下任命个人信息保护负责人:(1)主要业务涉及个人信息处理,且从业人员规模大于 200 人(如 200 名以上员工);(2)处理超过 100 万人的个人信息,或预计在 12 个月内处理超过 100 万人的个人信息;(3)处理超过 10 万人的敏感个人信息。

综合参考上述规定,若处理超过 100 万人的个人信息或 10 万人的敏感个人信息,企业宜考虑指定个人信息保护负责人。

按照相关法律法规,只有满足一定条件的企业才需要设立网络安全负责人、网络安全管理负责人、数据安全负责人,其设置的具体情境和条件与个人信息保护负责人有所不同。如企业处理个人信息达到规定量,且被认定为 CIIO,或处理重要数据,相关职位设置可能重合,企业可考虑根据实际情况设立一个或多个职位同时满足上述要求,法律对此并无强制性要求。实践中,目前国内大部分企业未明确设立具体的

DPO职位,而是组建数据隐私合规、法务团队,由该团队的法务总监或数据隐私总监牵头开展个人信息保护和数据合规工作,但该等人员并不必然是企业个人信息保护负责人或网络安全负责人。

为便于读者理解,DPO相关的职位设立情形归纳如表1－1所示。

表1－1 DPO职位设立情形

职位名称	相关法律法规	设立情形	是否强制
个人信息保护负责人	《个人信息保护法》 《数据出境安全评估办法》 《网络安全审查办法》 《信息安全技术 个人信息安全规范》(GB/T35273－2020)	处理超过100万人的个人信息或10万人的敏感个人信息的个人信息处理者应设立个人信息保护负责人	是
网络安全负责人	《网络安全法》 《网络安全等级保护条例(征求意见稿)》	网络运营者应按照网络安全等级保护制度的要求,确定网络安全负责人	是
网络安全管理负责人	《网络安全法》 《关键信息基础设施安全保护条例》	关键信息基础设施运营者应设置专门网络安全管理机构和网络安全管理负责人	是
数据安全负责人	《数据安全法》	重要数据的处理者应当明确数据安全负责人和管理机构	是
首席数据(信息)官	《银行业金融机构数据治理指引》	银行业金融机构可根据实际情况设立首席数据官	否

三、中国法与欧盟法下DPO设立制度的比较

GDPR首次以法律形式明确规定DPO的职责。根据GDPR,DPO职责包括:(1)担当监管机构和数据控制者(Data Controller)之间的桥梁角色;(2)协助数据控制者评估数据处理的风险;(3)在数据控制者违规或存在违规风险时提出整改建议;(4)在发生数据泄露事件时作为监管机构和数据控制者的联络人。相较于中国法下的各类数据保护和网络安全负责人,欧盟GDPR更强调DPO与外部数据监管机构的联系和协助义务,DPO具有独立性。

根据欧盟GDPR及第29条数据保护工作小组(根据欧盟1995年数据保护指令95/46/EC第29条设立,提供关于数据保护的咨询意见)的指引,企业需要设立DPO的情形如下:(1)数据控制者和数据处理者(Data Processor,GDPR中的数据处理者与

我国法律体系下的数据处理者定义不同)的核心业务活动包括对数据主体进行大规模系统化监控;(2)数据控制者和 GDPR 数据处理者的大规模数据处理涉及个人特殊类型数据(如民族、宗教、政治观点、性取向等敏感数据)和犯罪数据。可以看出,欧盟对 DPO 设立情形的规范相对宽泛,处理数据的规模和类型是企业是否有义务设立 DPO 的重要考量因素。

相比较而言,中国则在不同法规下对设立 DPO 相关职位之要求作出细化规定,包括企业类型、个人信息规模等,但未规定 DPO 设立的一般标准。此外,GDPR 仅规制个人信息,GPDR 下的 DPO 职责通常也仅为个人信息合规;与之不同,中国法律语境下的 DPO 的职位与职责并不仅仅限于个人信息,而可能涉及其他数据与网络安全保护。

第二节　DPO 谁来当

本书前文已对中国法下 DPO 的职务设置和职责内容进行介绍,即中国法下的 DPO 可能包括个人信息保护负责人、数据安全负责人、网络安全负责人等,或者兼具多种安全管理职能。企业在设置 DPO 岗位时,应当结合不同 DPO 的职责内容,并根据实际经营情况任命相应负责人。

一、DPO 应当由内部人员担任

GDPR 未要求企业 DPO 必须由内部人员担任,也未对 DPO 的资质提出具体要求。不同于 GDPR 的规定,根据我国法律法规对 DPO 的职责要求和法律责任的规定,DPO 应由企业的内部人员担任。

以《个人信息保护法》为例,个人信息保护负责人应当由企业“指定”,对企业的个人信息处理活动以及采取的保护措施等进行监督。《信息安全技术　个人信息安全规范》(GB/T35273 - 2020)规定,个人信息保护负责人由企业“任命”,关于个人信息处理活动的重要决策,个人信息保护负责人应当直接向企业负责人进行汇报。按照上述规定,个人信息保护负责人受企业管理。并且,个人信息保护负责人为履行其职责(如制定企业个人信息保护工作计划、处理个人信息处理活动相关的投诉举报等),其必须熟知企业的日常经营和个人信息处理活动。因此,根据法规和实践之要求,DPO 应当由企业内部人员担任。此外,信安标委发布的《网络安全标准实践指南——个人信息跨境处理活动安全认证规范 V2.0》不仅要求个人信息保护负责人为内部人员,还要求其由企业的决策层成员担任。

与《个人信息保护法》较为明确的规定相比较,《网络安全法》与《数据安全法》对网络安全负责人和数据安全负责人的规定较为笼统。尽管如此,结合网络安全负责人和数据安全负责人的职责,企业在任命 DPO 时,仍应当以内部人员为宜。例如,网络安全负责人应当制定、监督和管理企业内部的网络安全管理制度和操作流程,应当就网络安全事件实施应急预案、管理和补救,这通常要求网络安全负责人迅速发现问题、快速响应、及时处理。

二、DPO 应当具备数据保护专业知识和能力

DPO 全面负责企业网络数据安全管理工作,因此,必须具备数据保护专业知识和能力。如前文所述,DPO 或为网络安全负责人、数据安全负责人、个人信息保护负责人或兼具多种安全管理职能。因此,DPO 应具备的知识和能力取决于该岗位的实际职责范围。基于不同的岗位需求,DPO 应当具备与其岗位相符的专业知识与能力。

(一)网络安全负责人

网络安全负责人对企业网络安全保护负责,通常应当熟知企业内部的网络与软硬件环境,安全管理制度和操作流程,对网络运行状态进行监测,并及时应对网络安全事件,应具备相应的网络安全知识与能力。因此,网络安全负责人与 IT 部门职能存在重合,由 IT 部门负责人担任网络安全负责人更为合适。对于开发或采购多种类型信息系统的企业而言,可能需要设置多名网络安全负责人负责网络系统运行的安全;对于 CIIO 而言,网络安全负责人还应具备对 CII 的保护能力。①

(二)个人信息保护负责人

个人信息保护负责人应当具备个人信息保护的专业知识,不仅需要在制度层面建立个人信息保护计划、政策,还需根据法律法规的要求,指导日常的个人信息合规具体工作,包括组织企业进行个人信息保护影响评估(Privacy Impact Assessment, PIA),对具体的个人信息的处理活动进行监督管理,以及对个人信息处理进行审计等。因此,由法务部门成员担任个人信息保护负责人更为合适。

(三)数据安全负责人

数据安全负责人对企业的数据安全全面负责,在履行数据安全保护义务的过程

---

① 关于 CIIO 认定的具体步骤、方法和特殊问题,详见本书第三章第一节“数据合规主体的厘清”,第 41 页。三级以上的网络运营者应当对网络安全负责人和关键人员进行安全背景审查,落实持证上岗。

中,数据安全负责人应当对企业内部的数据处理活动进行监督和管理,由于重要数据管理、数据分级分类管理、数据出境合规等数据管理工作与个人信息保护义务密切相关,因此,可以由同一人(如法务部门成员)担任企业的数据安全负责人和个人信息保护负责人。

三、DPO 不一定是管理层人员

实践中,DPO 的职责权限范围可能由于企业的实际需求不同而有所不同。此外,由于法律未有强制性规定,DPO 在企业内的职级也有可能因业态、业务发展的需求不同而不同。举例而言,对于部分谋求数字化转型,希望借助 DPO 的管理能力做好数字资产管理的企业来说,DPO 必须具有一定的行业知识、IT 知识、法律知识,并能够深入参与到数据处理的决策制定。在这种情况下,DPO 一般应由管理层人员担任,并直接向 CEO 汇报;与上述情形不同,考虑到网络安全负责人的职责范围与信息安全官较为类似,有些公司也会直接任命首席信息安全官(Chief Information Security Officer,CISO)作为 DPO;而对于业态相对简单,数据合规要求相对不高的企业,DPO 可能"有名无实"。这类企业可能仅出于完成法定义务而设置 DPO,并不会对 DPO 赋予实权,在此情况下,DPO 很可能是部门经理级别或以下的员工。

根据笔者的观察,实践中企业设置 DPO 大致有三种情形(见表 1-2)。

表 1-2　实践中企业设置 DPO 三种情形

企业类型	DPO 设置
特定、强监管行业(例如,医药与医疗器械行业)	某 500 强生物药公司,由法务总监担任 DPO。 某内资药械公司,由法务专员担任 DPO
数据集中型企业(指业务高度依赖数据处理、掌握了大量数据的企业)	某 500 强连锁餐饮公司,由数据应用负责人担任 DPO
非数据集中型企业	某 500 强制造业公司中,由法务或非法务人士担任 DPO。 某区块链技术公司,由技术人员担任 DPO

第三节　作为 DPO,您应履行哪些义务和职责

本章第一节"您的企业是否需要 DPO"中,笔者对中国法下 DPO 的内涵,以及企业在何种情况下需要设置 DPO 进行了介绍。本节将进一步从个人信息保护负责人、

数据安全负责人、网络安全负责人这三类角色,对中国法下 DPO 的义务和职责进行分析。

一、个人信息保护负责人

个人信息处理者设立个人信息保护负责人的目的在于对个人信息处理者处理个人信息的行为进行监督,例如个人信息处理者是否制定和履行符合法律要求的隐私政策,①是否采取有效的保护措施保障个人信息安全,是否根据法律要求对重大个人信息处理活动进行安全影响评估等,并就可能发生的个人信息安全事件进行预防、摸排和处理。此外,个人信息保护负责人的设立有利于企业及时对接和处理个人信息请求等事宜,对个人信息权利的实现提供保障。

《个人信息保护法》仅对个人信息保护负责人的职责作出了原则性的规定,国标《信息安全技术 个人信息安全规范》(GB/T 35273-2020)第 11.1(d)条对个人信息保护负责人的职责进行了进一步细化(见表 1-3)。

表 1-3 个人信息保护负责人的职责

职能类型	具体职责
内部职能	• 全面统筹实施组织内部的个人信息安全工作,组织制订个人信息保护工作计划并督促落实 • 制定、签发、实施、定期更新隐私政策和相关规程 • 制定并组织实施个人信息安全事件应急预案 • 建立、维护和更新组织所持有的个人信息清单(包括个人信息的类型、数量、来源、接收方等)和授权访问策略 • 在产品或服务上线发布前进行检测,避免未知的个人信息收集、使用、共享等处理行为 • 开展个人信息安全影响评估,提出个人信息保护的对策建议,督促整改个人信息安全隐患 • 进行个人信息处理安全审计 • 组织开展个人信息安全培训
外部职能	• 公开个人信息保护负责人的联系方式,并将个人信息保护负责人的姓名、联系方式等报送履行个人信息保护职责的部门 • 与监督、管理部门保持沟通,通报或报告个人信息保护和事件处置等情况 • 处理与个人信息权利相关的请求 • 公布投诉、举报方式等信息并及时受理投诉举报

① 按照中国法律,“隐私政策”的正式名称应为“个人信息保护政策”。但由于“隐私政策”这一名称已在国内外实践中被广泛使用,为便于讨论,本书与国内外实践保持一致,采用“隐私政策”这一表述。

二、数据安全负责人

由于企业处理的数据范围往往不限于个人信息，还可能包括一般经营数据、业务信息、管理档案等，甚至可能处理重要数据。因此，除个人信息保护负责人外，企业通常还需设置数据安全负责人。当然，数据安全负责人的职能与个人信息保护负责人的职能存在一定重合，数据安全负责人也可就构成个人信息的数据进行专门管理。因此，可由同一岗位的人员从事包括个人信息保护在内的数据保护工作。

结合《数据安全法》以及《数据安全管理办法（征求意见稿）》的规定，数据安全负责人应至少履行以下职责（见表 1 – 4）。

表 1 – 4　数据安全负责人职责

职能类型	具体职责
内部职能	• 参与有关数据活动的重要决策 • 组织制订数据保护计划并督促落实 • 组织开展数据安全风险评估，督促整改安全隐患 • 向网络运营者的主要负责人报告工作
外部职能	• 按要求向有关部门和网信部门报告数据安全。保护和事件处置情况 • 受理并处理用户投诉和举报

除一般职能外，特殊行业数据安全负责人还应当监督企业履行本行业主管部门的数据保护要求。例如，作为汽车数据处理者的数据安全负责人，应当组织企业履行报送年度汽车数据处理安全情况的义务。

三、网络安全负责人

根据《网络安全法》，“网络安全”包括“网络运行安全”和“网络信息安全”。在网络运行安全方面，企业应当落实网络安全等级保护制度的要求、网络产品和服务的国家标准强制性要求、网络关键设备和网络安全专用产品的国家标准强制性要求、网络安全事件应急预案要求以及 CII 运行安全保护要求、重要数据保护义务等；在网络信息安全方面，企业应当落实用户个人信息保护义务。因此，网络安全负责人通常需要同时具备网络安全管理能力和数据（包括个人信息）安全管理能力和专业知识。表 1 – 5 为读者梳理了网络运营者、CIIO 中网络安全负责人的不同职能。

表1-5 网络运营者、CIIO中网络安全负责人的不同职能

企业类型	职能类型	具体职责
网络运营者	内部职能	督促企业履行网络安全保护义务： • 建立安全保护管理制度,包括制定内部安全管理制度和操作规程,严格身份认证和管理权限 • 采取安全技术保护措施,包括:(1)采取防范计算机病毒和网络攻击、网络侵入等危害网络安全行为的技术措施;(2)采取监测、记录网络运行状态、网络安全事件的技术措施,并按照规定留存相关的网络日志不少于6个月;(3)采取数据分类、重要数据备份和加密等措施 • 采取网络安全事件应急措施,包括:(1)制定网络安全事件应急预案,及时处置系统漏洞、计算机病毒、网络攻击、网络侵入等安全风险;(2)在发生危害网络安全的事件时,立即启动应急预案,采取相应的补救措施,并按照规定向有关主管部门报告 • 确保网络运营者发布的信息安全,包括:(1)不得设立用于实施诈骗,传授犯罪方法,制作或者销售违禁物品、管制物品等违法犯罪活动的网站、通信群组;(2)不得利用网络发布涉及实施诈骗,制作或者销售违禁物品、管制物品以及其他违法犯罪活动的信息 • 网络信息安全管理,包括:(1)履行个人信息保护义务;(2)发现法律、行政法规禁止发布或者传输的信息的,应当立即停止传输该信息,采取消除等处置措施,防止信息扩散,保存有关记录,并向有关主管部门报告;(3)电子信息发送服务提供者和应用软件下载服务提供者,应当履行安全管理义务,知道其用户有设置恶意程序或违法传输信息行为的,应当停止提供服务,采取消除等处置措施,保存有关记录,并向有关主管部门报告
	外部职能	配合监管机关调查,包括配合有关部门依法实施监督检查以及向公安机关、国家安全机关提供技术支持和协助
CIIO	内部职能	• 建立健全网络安全管理、评价考核制度,拟订关键信息基础设施安全保护计划 • 进行网络安全防护能力建设,开展网络安全监测、检测和风险评估 • 按照国家及行业网络安全事件应急预案,制定本单位应急预案,定期开展应急演练,处置网络安全事件 • 认定网络安全关键岗位,组织开展网络安全工作考核,提出奖励和惩处建议 • 组织网络安全教育、培训 • 履行个人信息和数据安全保护责任,建立健全个人信息和数据安全保护制度 • 对关键信息基础设施设计、建设、运行、维护等服务实施安全管理 • 按照规定报告网络安全事件和重要事项
	外部职能	• 自行或者委托网络安全服务机构对关键信息基础设施每年至少进行一次网络安全检测和风险评估,对发现的安全问题及时整改,并按照保护工作部门要求报送情况 • 关键信息基础设施发生重大网络安全事件或者发现重大网络安全威胁时,按照有关规定向保护工作部门、公安机关报告

综上所述，就 DPO 的设置而言，在企业同时设立个人信息保护负责人、数据安全负责人和网络安全负责人的情况下，个人信息保护负责人和数据安全负责人职能分别侧重个人信息保护和数据安全，而网络安全负责人则需要同时关注网络与数据（包括个人信息）的安全性管理。在企业仅设立一名 DPO 的情况下，则 DPO 需要就网络安全与数据（包括个人信息）安全同时进行管理。

第四节　作为 DPO，您可能承担哪些违法责任

企业未履行网络安全保护义务、个人信息保护义务或数据安全保护义务时，DPO 作为企业直接负责的主管人员，可能需要承担个人责任，其中包括行政责任（见表 1－6）和刑事责任。

一、行政责任

表 1－6　DPO 承担的个人责任

企业违法行为		DPO 行政责任
企业违法处理个人信息或未履行个人信息保护义务	企业违法处理个人信息，包括未履行告知同意义务、未遵守最小化处理原则以及合法、正当、必要、诚信原则等。 企业未履行个人信息保护义务，包括未制定个人信息内部管理制度、未采取安全保护技术措施等	对直接负责的主管人员和其他直接责任人员处 1 万元以上 10 万元以下罚款
	企业违法处理个人信息或未履行个人信息保护义务，情节严重	对直接负责的主管人员和其他直接责任人员处 10 万元以上 100 万元以下罚款，并可以决定禁止其在一定期限内担任相关企业的个人信息保护负责人
企业未履行网络安全保护义务	企业未履行网络安全保护义务，包括未按照网络安全等级保护制度的要求履行网络安全保护义务，未制定网络安全事件应急预案，未及时处置网络安全风险等	对直接负责的主管人员处 5000 元以上 5 万元以下罚款
	企业未要求用户提供真实身份信息，或者对不提供真实身份信息的用户提供相关服务，拒不改正或者情节严重	对直接负责的主管人员和其他直接责任人员处 1 万元以上 10 万元以下罚款

续表

企业违法行为		DPO 行政责任
企业未履行网络安全保护义务	企业发送的电子信息、提供的应用软件中设置了恶意程序,或含有法律、行政法规禁止发布或者传输的信息,且存在《网络安全法》规定的违法行为,拒不改正或者导致危害网络安全等后果	对直接负责的主管人员处 1 万元以上 10 万元以下罚款
	网络产品服务、提供者提供的网络产品、服务不符合国家标准的强制性要求,或者未依法提供网络产品和服务的安全维护服务,且存在《网络安全法》规定的违法行为,拒不改正或者导致危害网络安全等后果	对直接负责的主管人员处 1 万元以上 10 万元以下罚款
	网络产品、服务提供者违法开展网络安全服务活动,包括违法开展网络安全认证、检测、风险评估活动等,拒不改正或者情节严重	对直接负责的主管人员和其他直接责任人员处 5000 元以上 5 万元以下罚款
	CIIO 未履行网络安全保护义务,包括未对重要系统和数据库进行容灾备份,未制定网络安全事预案,未对网络安全性和可能存在的风险进行检测评估等,且拒不改正或者导致危害网络安全等后果	对直接负责的主管人员处 1 万元以上 10 万元以下罚款
企业未履行数据安全保护	企业未履行数据安全保护义务,包括未建立数据安全管理制度、未采取技术措施保障数据安全,未进行数据风险监测、风险评估等	对直接负责的主管人员和其他直接责任人员处 1 万元以上 10 万元以下罚款
	企业未履行数据安全保护义务,且拒不改正或者造成大量数据泄露等严重后果	对直接负责的主管人员和其他直接责任人员处 5 万元以上 20 万元以下罚款
	CIIO 违法向境外提供重要数据	对直接负责的主管人员和其他直接责任人员处 1 万元以上 10 万元以下罚款
		情节严重的,对直接负责的主管人员和其他直接责任人员处 10 万元以上 100 万元以下罚款

二、刑事责任

（一）侵犯公民个人信息罪

在日常经营过程中，如果企业违法向他人出售或者提供公民个人信息，情节严重的，可能构成侵犯公民个人信息罪；如果企业将在提供服务过程中获得的公民个人信息，出售或者提供给他人，还可能被从重处罚。对于构成侵犯公民个人信息罪的企业，其直接负责的主管人员和其他直接责任人员也可能被处以拘役、有期徒刑、单处或并处罚金等刑事处罚。

（二）拒不履行信息网络安全管理义务罪

根据《刑法》规定，如果企业不履行法律、行政法规规定的信息网络安全管理义务，经监管部门责令采取改正措施而拒不改正，且有下列情形之一的，构成拒不履行信息网络安全管理义务罪，企业直接负责的主管人员和其他直接责任人员（包括 DPO）可能被处 3 年以下有期徒刑、拘役或者管制，并处或者单处罚金：（1）致使违法信息大量传播的；（2）致使用户信息泄露，造成严重后果的；（3）致使刑事案件证据灭失，情节严重的；（4）有其他严重情节的。

三、职业限制

除行政、刑事处罚外，DPO 如对企业的数据安全或网络安全违法行为负有责任，还可能导致其未来无法继续从事企业高管或网络安全相关工作。对于从事、帮助他人从事危害网络安全的活动，尚不构成犯罪但受到治安管理处罚的 DPO，5 年内不得从事网络安全管理和网络运营关键岗位的工作；受到刑事处罚的 DPO，终身不得从事网络安全管理和网络运营关键岗位的工作。对于违反个人信息保护法的主管人员和直接责任人，可能在一定期限内被禁止担任企业董事、监事、高管和个人信息保护负责人。

第五节　DPO 的成长路径

本章前节对中国法下 DPO 的内涵、企业在何种情况下需要设置 DPO 以及 DPO 自身需要承担的责任展开了系统性介绍。总结而言，担任 DPO 一方面需要具备综合实力，对专业技能和职业素养要求较高；另一方面 DPO 还可能面临一定的职业风险，需要为任职企业数据相关的业务决策“殚精竭虑”。但相应地,权力与责任是相匹配的,DPO 可以顺理成章地参与数据处理有关的所有重要决策。在数字化转型、数据资产化业务化成为大势所趋的背景下,DPO 将在企业谋求转型发展的过程中承担关键角色。

一、DPO 的未来职业发展前景

目前,随着各类数据的多样化、复杂化程度与日俱增,DPO 的重要性日益凸显。在这样的背景下,许多企业也是初次尝试设置 DPO 这一岗位,因此对于确定该岗位的职责范围、职级薪酬等缺乏明确的方向。甚至在接受聘用入职后,员工可能发现其实际的工作范围与原先招聘者的预设大相径庭。因此,如 DPO 能够化被动为主动,引导公司逐步搭起数据合规版图、将公司数据业务导向正轨、为公司建立良性务实的合规体系、为公司规避风险甚至创造商业价值,这样的 DPO 候选人将大受市场欢迎,也定能在公司中谋得更高的地位。

随着各类企业纷纷拥抱数字化转型,本书作者预计市场对于能够胜任 DPO 职责的人才的需求将会持续增长。全球最具权威的 IT 研究与顾问咨询公司之一,高德纳(Gartner,又译为“顾能公司”)对数字化转型下做出如下定义:“开发数字化技术及支持能力以新建一个富有活力的数字化商业模式。”数字化转型是通过应用数字化技术来重塑企业的信息化环境和业务过程,其价值不仅在于企业的增效降本提质,更侧重企业的管理和业务创新。[①] 以网飞公司(Netflix)为例,作为目前全球最大的互联网视频公司,其在转型前只是一家很小的在线录像制品租赁公司,但其通过积累用户习惯制作原创剧集,比如发现用户喜欢刷剧模式,便做出了一次性推出《纸牌屋》(House of Cards)第一季共 13 集的有力尝试。因此,所谓的数字化转型,更类似于产业革命,这要求企业能够通过数字化的方式刻画出各行业的规律、轨迹,进而预测分析调整产业发展方向。

在这样的背景下,DPO 作为数据利用与发展的第一线成员,企业对 DPO 的依赖性也将与日俱增。当然,这同时也对 DPO 的能力提出了更高的要求。未来,一个合格的 DPO 不仅应当探求有效的风险与合规策略,还应具备协助企业在确保公众信任和实现企业责任的基础上使用数据推动创新,并与合作伙伴分享数据以获得数据业务化的竞争优势。可以明确的是,在当下营商环境中,一味地强调数据保护并不能符合企业谋求突破性发展的现实需求。因此,DPO 应综合考虑数据伦理和数据分享、着

---

① 朱玲凤:《解密 DPO 能力模型与未来前景畅想(DPO 社群观点)》,载微信公众号“网安寻路人”:https://mp.weixin.qq.com/s/M_7lfdQ5p_hXwGghkXhRww,最后访问日期:2023 年 4 月 15 日。

重解决数据合规和数据创新之间的平衡，并从实际工作中发掘数据的竞争性价值，从而协助并推动企业完成数字化转型。

二、DPO 的职业成长道路

作为律师，接触到的 DPO 大多属于法律背景。因此，就法律人的视角而言，DPO 的成长道路，可以大致总结为两种上升路径：一是持续深耕于法律领域，二是在法律之外开拓新的技能，如着眼于技术或管理层面的能力提升。对于技术背景出身的人选而言，这一道理同样适用。

第一种路径无疑需要扩大自身在数据合规法务律师圈内的竞争力，并做到持续深耕数据合法律专业领域，专注于与法律法规的解释与应用、监管口径与政策动向、法律技术与道德方面的理论和实务研究。比如在法律未有明确解释时厘清“个人信息”“匿名化”“数据出境”等概念的边界；提高应对个人信息保护的诉讼、监管部门的调查与监管的能力等。

第二种路径则是扩大在数据合规整个行业内的竞争力，成为数据应用与管理方面的实务专家。比如深入到数据实践的业务场景中，平衡大数据分析、移动应用程序（Application，App）合规、数字化转型/营销、新业务（诸如 Non－Fungible Token，NFT）、人工智能、元宇宙等场景中的业务需求和合规要求；补足或加强与技术措施、技术交互方案有关的专业知识；增强管理统筹方面的复合能力，更高效地协调多部门多领域专业人才进行分工合作，跨越式成长为数据合规方面的管理型人才。

2022 年 5 月 24 日法国劳工部公布的《DPO 职业年度研究结果》显示，①DPO 的受访者中有 47% 来自法律和 IT 以外的专业领域，如行政、财务、质量合规、审计行业。这也表明，除了法律和信息技术领域之外，其他专业领域的人才，如能够进行必要的学习培训，也能够胜任该职位并保持专业程度。因此，IT 和法律人才进入 DPO 这一赛道本就有先天优势，通过 DPO 这一岗位尝试打通公司内部的上升通道更是不可多得的机会。

三、DPO 的能力模型

以前节中所述 DPO 的职责为基础，DPO 所需的能力模型包括以下几方面。

---

①　数据合规公社：《数据保护官（DPO）年度研究报告：1811 名 DPO 的职业发展》，载微信公众号“上海数据安全协同创新实验室”：https://mp.weixin.qq.com/s/0V9s－WF－aX6M6p7EwLL12w，最后访问日期：2023 年 4 月 15 日。

(一)数据保护管理体系的建设能力

首先DPO应当有能力去构建全景式的数据保护管理体系,并组织企业内部各部门各职能机构来实现数据保护管理体系的落地。当前国际通行的数据保护管理体系较多,包括美国国家标准与技术研究院(National Institute of Standards and Technology, NIST)提供的隐私框架(Privacy Framework)和数据安全框架(Cybersecurity Framework)、ISO 27701隐私信息安全认证以及国际隐私专家协会(International Association of Privacy Professionals, IAPP)隐私信息管理框架(Certified Information Privacy Manager, CIPM),企业可以根据需求选择适用。

综合而言,企业的数据保护管理体系大致可以包括四个方面:(1)制定并实施治理架构,建立完善相关制度文件;(2)设立相关职位,由专人、独立的部门负责,建立相关沟通流程和制度;(3)采取适当的技术措施和其他必要安全管控措施;(4)对员工等进行隐私意识教育和数据安全、网络安全的相关培训,并对企业的合规状态进行持续监测。因此,若想成为合格的DPO,应注重培养自身体系化的思维方式和能力,全面整体地考虑网络安全、数据与个人信息合规的计划、实施和落地,避免出现重大缺失和不足。

(二)从商业角度理解数据价值并开展利益相关方管理

数据被认为是“21世纪的石油”。如果恰当运用,数据便能够能发挥出促进业务发展的核心作用,因此DPO在进行数据合规工作时应当充分了解企业的使命、愿景以及数据在企业发挥的作用等,从而在法律法规强制性要求的基础上作出合理的商业理解,真正成为企业的商业策略伙伴。以苹果公司在数据合规上的战略部署为例,其内部合规要求高于强制性的法律规定,包括推动追踪透明框架,要求App主动告知用户是否追踪以及由用户自由选择是否同意被追踪等。所以DPO应当拥有前瞻法律、从企业的商业角度考量隐私合规与公司发展的关联与结合点的能力。

另外,DPO应尽力避免内部的利益相关方对数据合规等产生抵触或僵化执行,甚至以“过关思维”试图敷衍应对内部控制措施。这需要DPO准确把握利益相关方的利益诉求、平衡各方所需,使其明白合规管理的商业价值所在。

(三)合规审计能力

风险评估与处置能力是DPO的核心竞争力。审计作为合规情况的一种事中/事后的监督措施,根据实施主体的不同,可分为内部审计和外部审计。数据合规审计的核心在于以中立的地位审视数据合规状态,对比数据合规要求和实践现状的差距。

审计步骤一般包括确定审计目标、审计框架、审计范围等，制定审计方法和步骤，输出审计结果。因此，DPO 也应当具备审计的基本素养和能力。

（四）网安数据保护技术

DPO 应实时关注网安数据保护方面的最新技术措施。除加密、脱敏等传统安全技术的迭代升级以外，DPO 亦应及时跟进学习了解新兴的隐私计算、人工智能模型计算等技术。

（五）合规文化

数据合规的良性发展，仅依靠合规和审计是不够的，更需要长远的数据合规文化建设。可以说，企业一旦建立了数据合规文化，就拥有了“放大器”，可以将数据保护的理念深入到公司的每个分支机构。数据合规文化构建的方式包括意识活动宣传以及专业知识培训等，比如设立公司数据合规日、新员工的意识和技能培训、专业知识的律师讲堂等。

DPO 在能力模型上应当具备上述数据保护管理体系建设、从商业角度理解数据价值并开展利益相关方管理、合规与审计、网安数据保护技术措施以及文化构建的综合能力，具备相关认识与格局，无论是对自身职业还是企业长远发展，都将有巨大助益。

第二章

DPO的职责与工作

第一章中，笔者介绍了企业选聘DPO的考量因素、DPO将面临的义务和责任以及DPO的成长路径。本章笔者将结合为企业提供数据合规治理的经验，进一步聚焦DPO的具体职责内容和开展工作的方式，为读者介绍DPO如何高效地搭建和落实数据合规治理体系。

想要成为优秀的企业DPO，除法律法规本身赋予的职责外，DPO应当考虑如何将网络安全和数据合规体系建设纳入到企业的经营发展战略之中。为此目的，DPO可重点从以下方面着手开展整体体系的建构工作，包括：(1)组建数据合规管理机构；(2)建设数据合规治理体系；(3)建立数据分类分级管理制度；(4)识别、应对企业面临的数据安全合规风险。本章内容旨在帮助DPO全面地认识组建数据合规管理机构的必要性、主要构成和注意事项。

第一节　组建数据合规管理机构

一、组建数据合规管理机构的必要性

企业管理机构是一家企业的“大脑”，为企业的各种经营管理活动提供决策。除股东会和董事会两大最常见的企业管理机构外，企业会根据业务和内部管理的需要设立不同的专门管理机构，例如人事管理机构、薪酬管理机构、财务管理机构等。建立专门的管理机构，不仅体现出企业对于某一方面内部管理的重视，也可以为该方面的管理提供更高效的决策和更精准的管理。数据合规管理机构，则是企业在数据合规方面的专门管理机构。一般而言，企业数据合规管理体系必须同时抓住“管理”和“技术”两个要点，既要满足外部监管要求，还要满足企业的经营管理需求。企业数据合规管理体系建设实施的主体包括企业的管理和业务部门。因此，DPO只有先从实

施主体层面提出数据合规要求、落实相应责任，才能稳扎合规根基，避免合规目标沦为一纸空文、无根漂萍。

具体来讲，组建数据合规管理机构当然不能脱离法律法规的要求，但法律对于数据合规管理机构的设置并无过多的强制规定，企业能够最大限度地实现自治，组建适合自身情况的数据合规管理机构，从而能更好地管理数据，促进数据流通的同时充分挖掘其价值。

二、数据合规管理体系中的重要部门

首先，根据《网络安全法》第34条、《网络安全等级保护条例（征求意见稿）》第21条、《关键信息基础设施安全保护条例》第13～15条的规定，特定企业需要设立网络安全管理机构。所有网络运营者均需指定网络安全负责人，而网络安全等级测评第三级以上的网络运营者和CIIO需要设置专门的网络安全管理机构。

网络安全管理机构的职责包括：(1)建立网络安全管理、评价考核制度，拟订安全保护计划；(2)建设网络安全防护能力，开展网络安全监测、检测和风险评估；(3)制定本单位应急预案，定期开展应急演练，处置网络安全事件；(4)认定网络安全关键岗位，组织考核，提出奖励和惩处建议；(5)组织网络安全教育、培训；(6)履行个人信息和数据安全保护责任，建立相应保护制度；(7)对关键信息基础设施设计、建设、运行、维护等服务实施安全管理；(8)按照规定报告网络安全事件和重要事项。

其次，《数据安全法》规定了数据合规组织机构制度。《数据安全法》第27条第2款规定，重要数据的处理者应当明确数据安全负责人和管理机构，落实数据安全保护责任。该机构的职责主要包括：(1)研究提出数据安全相关重大决策建议；(2)制定实施数据安全保护计划和数据安全事件应急预案；(3)开展数据安全风险监测，及时处置数据安全风险和事件；(4)定期组织开展数据安全宣传教育培训、风险评估、应急演练等活动；(5)受理、处置数据安全投诉、举报；(6)按照要求及时向网信部门和主管、监管部门报告数据安全情况。

最后，《个人信息保护法》虽然没有直接规定企业应当设立个人信息保护工作机构，但其对企业收集和处理个人信息规定了各方面义务，而履行该等义务显然也需要专门工作机构的支持。此外，《个人信息保护法》明确要求提供重要互联网平台服务、用户数量巨大、业务类型复杂的个人信息处理者（比如大型互联网平台企业）应当成立主要由外部成员组成的独立机构，负责对其个人信息保护情况进行监督（独立监督机构）。为落实上述《个人信息保护法》所规定的义务，涉案企业合规第三方监督评估制度和上市公司独立董事制度或可作为重要参考依据。此外，企业可考虑合并设立从事个人信息保护的专门机构和独立监督机构，形成对个人信息保护的有效监督体制。

在以上法律法规的基础上,DPO应综合考虑网络安全管理机构、数据合规组织机构和个人信息保护工作机构的制度要求,结合公司组织架构和部门权责,构建数据合规团队并确定职责分工。具体来说,DPO所牵头组建的数据合规工作组,建议分为领导小组、能力小组、实施小组三个不同组别(见图2-1)。领导小组主要由公司领导和管理层、DPO本人担任主要负责人、各业务部门负责人为小组成员,负责制定整体策略,决策数据合规方案;能力小组由法务合规专家、技术专家(如IT部门员工)、人力资源部门负责人组成,负责制定数据合规要求、跨部门统筹协调等;实施小组则主要由各业务部门有能力对接领导和能力小组的业务人员组成,可称为"网络安全与数据合规业务伙伴"(Business Partner,BP),负责数据合规的具体落实。而为应对网络和数据安全事件等突发危机,可考虑在数据合规团队中遴选人员成立网络数据安全事件应对小组和危机管理小组。网络数据安全事件应对小组将主要负责统筹处理一般网络数据安全事件和网络数据安全事态,危机管理小组则需负责重大网络数据安全事件的处理以及对外向监管部门的汇报工作。

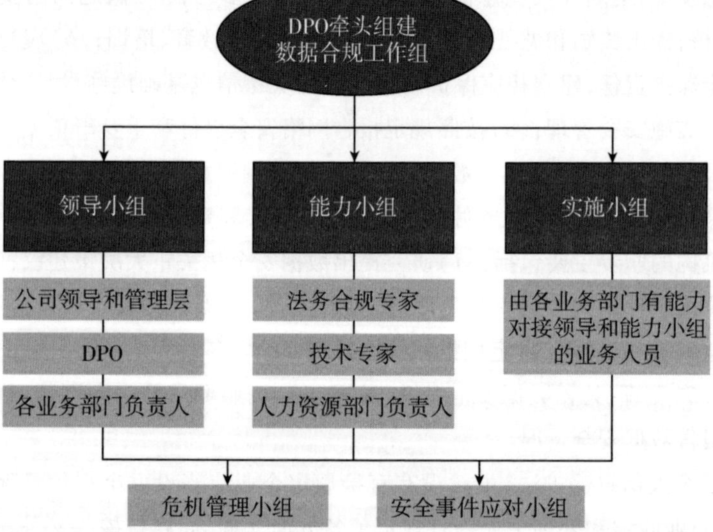

图2-1 数据合规工作组架构

三、数据合规管理机构的重要职能

(一)统筹跨部门的协调合作

数据合规管理机构应在有关数据安全的全局问题上扮演跨部门统筹协调的角色。为此,数据合规管理机构应协调合作各部门,对日常业务中重点情形的数据安全风险加以评估,对数据资产进行梳理并分类分级,并在发生网络和数据安全事件时统筹应急管理相关事宜。

1. 数据安全风险评估

为确保业务合规,企业在开展业务之前需要进行相应的风险评估,数据合规领域亦不例外。具体而言,当开展对个人权益有重大影响的个人信息处理活动(处理敏感个人信息、利用个人信息进行自动化决策、委托处理个人信息、向其他个人信息处理者提供个人信息、公开个人信息、向境外提供个人信息)时,应当进行事前的 PIA;当涉及符合向网信办申报数据出境安全评估的情形时,还需先进行自评估并形成自评估报告,再申报数据出境安全评估。前述风险评估义务源于法律强制性要求。实践中,为降低业务的数据合规风险,企业宜进行更多场景下的安全风险评估。例如:(1)处理重要数据;(2)向境外提供受监管的数据;(3)采购用户画像、用户设备信息等数据;(4)使用新系统、新技术处理数据;(5)将数据在数据交易所进行交易。

在明确需进行数据安全风险评估场景的基础上,为保障评估效率并避免错漏,企业可以考虑分类别分场景明确风险评估流程。例如,针对企业出现频次较高、风险相对可控的典型业务场景,以制作"白名单"的方式允许业务部门自行评估风险并安排具体实施;而针对未实施过的新业务、新场景,或发生了重大变化的成熟场景,由数据合规管理机构进行初次评审,进一步形成成熟的合规风险建议供后续类似业务模式参照适用。详细机制梳理可参见表 2 – 1。

表 2 – 1　分类别分场景风险评估流程

场景	评估部门	操作指引
出现频次较高、风险可控的成熟场景	业务部门	• 由数据合规管理机构建立成熟场景白名单、适用的合规要求; • 由业务部门或 BP 判断相关业务是否落入白名单范围; • 落入白名单范围的业务可直接适用相关合规要求并实施
新业务、新产品上线,或成熟场景发生了重大变更	数据合规管理机构中的能力小组、领导小组	• 由数据合规管理机构建立成熟场景"重大变更"认定方法; • 由业务部门或 BP 判断相关业务是否无法落入白名单范围,需交由数据合规管理机构进行合规风险评估; • 由数据合规管理机构的能力小组进行初审,领导小组进行终审
其他情形	业务 BP、数据合规团队(能力小组)	• 当出现其他情形时,首先由 BP 进行数据合规风险初审,将初评结果交由能力小组终审; • 当 BP 无法确认其是否有权力进行初审时,可交由能力小组进行评估权限判断,确认初审、终审角色

2. 数据资产盘点

企业通常会对其有形资产(如库存等)进行盘点,对数据资产的盘点同样重要。数据资产盘点是对于企业数据情况“攒家底”,也是其他数据合规工作(如数据分类分级)的前提的基础。企业的数据资产梳理及分类分级是将企业所掌握的数据根据法律法规及企业自身实际情况进行分类,并在分类的基础上,根据不同类别数据的重要程度及“灾害后果”严重程度,实施不同级别的管理措施,对可以访问数据的用户需符合实现业务需求的权限最小化原则,特定的用户只能拥有特定的权限,在给予的权限范围内进行操作。

在此过程中,特别是对数据资产进行全面梳理时,应统筹协调各部门以填写问卷、访谈等形式,对以物理或电子形式记录的数据库表、数据项、数据文件等结构化和非结构化数据资产进行整理,明确数据资产基本信息和相关方,形成数据资产清单。

3. 网络和数据安全事件应急管理

网络安全事件,指由于自然或者人为以及软硬件本身缺陷或故障的原因,对网络或信息系统造成危害或对社会造成负面影响的事件;数据安全事件,指数据控制方已经或可能遭受的与数据泄露、窃取、篡改、毁损、丢失、非法使用的事件。一旦发生网络和数据安全事件,现场相关发现人员应立即报告部门负责人,由部门负责人通知相关人员开展现场处置,并立即报告数据合规管理机构中的网络数据安全事件应对小组。网络数据安全事件应对小组应结合 IT、业务部门的意见对事件进行分级,网络和数据安全事件一般可分为重大网络数据安全事件、一般网络数据安全事件和网络数据安全事态三个级别,并尽快制定并组织实施相应的应急预案。

如评估为一般网络数据安全事件和网络数据安全事态,由网络数据安全事件应对小组汇报危机管理小组,同时将制定的应急预案下发给各部门,配合执行相应应急措施。如果该事件被评估为重大网络数据安全事件,除上述操作外,还应根据法律规定报告相关监管部门,如网信部门或公安部门。

(二)确保数据合规管理机构与其他部门的高效沟通

在企业内部成立网安数据合规方面的专业化队伍的同时,DPO 还应对管理机构与其他部门的沟通提出指导性意见,以保证沟通机制的高效运行。

举例而言,与 IT 部门的沟通应注重对某些法律概念的解释说明,特别是某些会引起双方产生理解分歧的术语。如针对个人信息的匿名化,《个人信息保护法》指出,匿名化是指个人信息经过处理无法识别特定自然人且不能复原的过程;但是对于 IT 部门理解的“匿名化”很可能指 IT 行业内常用的去标识化手段,而达不到法律上较为严苛的匿名化要求。为确保法律要求的落实,该种情形下,可参照《信息安全技术个人信息去标识化指南》(GB/T37964－2019)的相关要求并结合具体应用场景选择合适的去标识化模型和技术,并对去标识化效果进行评估。此外,在实施过程中和完成后应进行有效的监控和审查。

就数据合规风险评估而言,具体的风险评估项、权重赋值、对应关系还需要根据企业业务实践、风险偏好等因素进行调整。因此,数据合规管理机构需在风险评估过程中,与业务部门保持良好沟通,不断调整更新评估模型。

(三)关注各地地方性法规要求

数据合规管理机构在日常工作中需密切关注法律法规的更新与变化,以便汇报管理层并适时制定修改、打造适应新形势的合规政策,这也应是 DPO 需牵头完成的工作。以上海市 2022 年 1 月 27 日颁布的《企业数据合规指引》为例,其特别提出"鼓励各类企业设置专门的数据合规管理部门,或者将数据合规管理职能融入现有的企业合规管理体系,但是不建议由法务部门履行合规管理职能"。虽然该指引提出的内控思路并非强制性规定,但从中也不难看出上海地方监管部门希望企业单独成立网安数据合规方面的专业化队伍。上海市《企业数据合规指引》对于数据合规管理机构的具体要求如表 2－2 所示。

表 2－2　上海市《企业数据合规指引》具体要求

项目	具体要求
授权与配合	企业应当向数据合规管理部门负责人提供足够的授权、人力、财力来支持数据合规管理体系的运行
直隶董事会	一般由董事会直接设立企业合规部门,下设数据合规管理部门等各类专业合规部门
管理职责	• 制定数据合规管理整体方针策略,协调建立数据合规技术保障措施,牵头做好数据风险识别、风险评估、风险处置等工作 • 制订、完善数据合规计划,并推动其有效实施 • 审核评估企业的经营管理和业务行为,确保企业与供应商、代理商、经销商、关联企业、分支机构的业务活动,以及处理个人信息等活动符合数据法规的要求,并制定数据风险应对措施 • 组织或协助管理部门、业务部门等开展数据合规教育培训,并向管理层和各部门员工提供数据合规咨询 • 建立数据合规举报记录台账,对数据合规举报制定调查方案并开展调查 • 推动将数据合规责任纳入企业岗位职责和员工绩效考核评价体系,培养数据合规文化 • 持续关注国内和业务所涉国家(地区)数据法规的发展动态,及时提供数据合规建议

续表

项目	具体要求
管理协调	●业务部门:主动进行日常数据合规管理工作,识别业务范围内的合规要求,制定并落实业务管理制度和风险防范措施,配合数据合规管理部门进行合规风险审查、评估和调查、处置、整改工作 ●数据合规管理部门:与其他具有合规管理职能的监督部门(如法务部门、审计部门、监察部门等)建立明确的合作和信息交流机制,加强协调配合 ●与数据监管部门建立沟通:了解数据监管部门期望的数据合规体系,并制定符合其要求的数据合规制度;对于复杂或专业性强且存在重大数据风险的事项,可以向数据监管部门咨询;面对数据监管部门的调查,企业应积极沟通并予以配合
发现、举报和激励机制	●发现机制:数据合规管理部门通过日常监测和定期评估发现数据不合规行为的机制,可以通过设置日常的流程监控、内部审核、重点核查以及定期评等方式发现企业及员工的违规行为,并及时按照合规计划采取相应的处置措施 ●举报机制:员工根据合规计划举报企业内部违规行为的机制,应当允许员工实名或者匿名通过内部举报系统举报数据违规行为,并严格保护实名举报者和匿名举报者不受打击和报复,尤其是保护匿名举报者的个人信息安全 ●激励机制:企业应当建立数据合规考核机制,数据合规考核结果作为企业绩效考核的重要依据,与员工的评优评先、职务任免、职务晋升以及薪酬待遇等挂钩

第二节　建设数据合规治理体系

当网络安全与数据合规成为监管重点,企业的数据合规治理体系建设也应当成为合规的重要一环。在数据合规领域,建立有效、具有执行性的合规体系不但能够降低企业的业务风险,还能成为应对监管执法或发生民事争议时的合规证明。

数据合规治理体系需涵盖企业处理的数据全生命周期,包括收集、存储、出境、第三方共享委托处理等各情形,涉及的相关方包括企业内部各业务部门、企业外部各关联方、合作伙伴等第三方;不仅涉及对法律法规的解读,还涉及信息安全专业知识、数据应用方面的前沿理论,因此数据合规治理体系在组织建设、落地应用方面较为复杂。为此,笔者建议企业从以下四个方面入手建设数据合规治理体系:(1)建立完善相关制度文件;(2)设立相关职位,由专人、独立的部门负责;(3)采取适当的技术措施和其他必要安全管控措施;(4)组织开展数据安全、信息安全的教育培训。

一、建立完善个人信息保护及数据合规制度文件

网络是数据传输的通道，而数据是个人信息的载体，网络安全与数据安全、个人信息安全是密不可分的。因此，企业在建立数据安全合规体系时，需综合考虑《网络安全法》《数据安全法》《个人信息保护法》关于网络安全、个人信息安全以及数据安全的各方面规定，从合规制度层面建立和完善个人信息保护及数据合规制度。

（一）个人信息相关政策文件

企业应区分不同的适用场景和个人信息主体，建立完善个人信息保护管理制度。在考虑建设相关制度时，建议区分不同个人信息主体（包括应聘人员、员工、外部用户/消费者、公司客户/供应商联络人、访客等）分别进行制度设计。

对于外部用户，建议发布《隐私政策》《个人信息主体权利请求响应制度》等个人信息隐私保护和个人信息主体权利行使的对外政策，同时指导相关人员妥善及时地响应个人信息主体提出的权利请求，并相应制定决策和行动步骤。

对于员工，应制定《员工隐私政策》《员工个人信息保护制度》，或者将相关政策整合到员工手册等内部制度，以向员工告知其个人信息处理的相关情况，确保负有人力资源管理职责的内部人员在处理员工个人信息时遵守个人信息及隐私保护的相关规定。

对于应聘人员，个人信息合规管理亦不容忽视。企业需在招聘过程中向应聘人员告知其个人信息处理的相关情况，尤其是涉及个人信息登记、保留的环节。企业在设计面试人员登记表单时，需充分考虑收集相关个人信息的必要性。此外，如果应聘人员落选，告知其是否会将简历保留在企业人才库中、留存期限也是企业容易忽略的环节。

对于公司客户、供应商联络人，如果企业有直接与该等人员发生交互的信息系统/平台，需在该等信息系统/平台中设置相应的《隐私政策》。如果没有，则建议企业要求客户、供应商出具承诺函，确保其向企业提供的个人信息合法合规。

对于访客而言，需评估收集访客各类个人信息的必要性、确定访客所登记信息的保存期限、明确到期后如何处置，并确保相关个人信息被安全地保存。前述个人信息处理情况还应以合理便捷的方式向访客进行告知。

除上述具有针对性的政策文本外，企业还应统一建立《个人信息安全事件应急管理制度》，建立健全个人信息安全事件应急工作机制，提高应对个人信息安全事件的应急处置能力，防范或降低安全事件对个人信息主体可能造成的危害。

此外，企业应建立相匹配的《个人信息存储与销毁制度》、《个人信息对外提供制

度》、摄像头及人脸识别等采集个人敏感信息的设备管理制度等。存储与销毁制度应确保企业各类数据的存储与销毁符合法律法规、企业相关制度以及与客户约定的要求;个人信息对外提供的规范文件则适用于向监管部门、外部客户或其他机构提供内部员工个人信息的情况(如要求填写《数据对外提供记录表》)。对于办公场所的摄像头及人脸识别设备,企业也应提出相应的管理要求,以显著的方式告知员工监控的区域,确保采集员工人脸信息且有必要性等。

最后,企业还需建立PIA流程。根据《个人信息保护法》,企业在发生以下情形之前,应当进行PIA,并对处理情况进行记录:处理敏感个人信息、利用个人信息进行自动化决策、委托处理个人信息、向其他个人信息处理者提供个人信息、公开个人信息、向境外提供个人信息、其他对个人权益有重大影响的个人信息处理活动。PIA的配套文件还包括个人信息保护影响初评表、个人信息保护影响检查表、PIA表等。

(二)数据安全相关政策文件

《数据安全法》规定,开展数据处理活动应当依照法律、法规的规定,建立健全全生命周期的数据安全管理制度。由此,建立数据合规治理体系,企业应重视项目研究、业务数据使用的合规管理制度,并特别注意制定和完善数据共享、委托处理相关管理制度。

对于涉及与外部共享数据的场景,除制定《数据共享制度》外,企业还应在业务合同中增加数据合规承诺条款,对公司从外部接收数据(包括个人信息)、向外部提供数据(包括个人信息)活动进行管控,明确公司与外部共享的数据范围、期限等,事先审核共享数据中是否包括个人信息及其他受监管的数据,数据共享活动是否符合数据合规要求。

对于涉及委托处理数据的场景,如采购第三方信息系统服务、涉及数据处理的第三方外包服务,企业需建立针对受托方的资质评估流程,确保第三方有能力确保数据安全,并与第三方签订《数据处理协议》,避免因受托方的违规处理行为承担数据安全责任。

对于特定行业的企业(如军工、能源、交通等),还需要关注其数据处理活动是否会影响国家安全,如果企业判断可能影响国家安全的,应提前建立数据安全评估制度,评估数据处理可能会对国家安全造成的影响以及如何降低、消除该等影响,为应对《数据安全法》下的数据安全审查做好准备。

(三)搭建企业数据分级分类及保密制度

为加强对企业所掌握的数据的管理和保护,履行个人信息、国家秘密、国家核心数据、重要数据等特殊类型数据的合规义务，确保公司商业秘密安全，建议企业建立企业数据分级分类及保密制度。

建立数据分类分级制度需遵循先分类再分级的原则。在分类方面，企业可根据具体的业务需求有效分类管理数据，如从用户数据、业务数据、业务经营数据、管理经营数据等维度进行分类。就分级而言，可依据数据的重要程度，依次定级为国家秘密、国家核心数据、重要数据、特定类型的数据。针对"特定类型的数据"，可结合相关数据对企业自身的重要程度再进行细分定级，如常见的L1～L5的五级分级法。

初步确定数据的分类分级后，企业还应做到及时更新数据分类分级系统，因为数据的类别和级别可能因时间和政策环境变化、安全事件发生、不同业务场景的敏感性或行业规则不同而发生改变，因此需要对数据分类分级进行定期审核并及时调整。

以国家秘密为例，根据《保守国家秘密法》规定，国家秘密是关系国家安全和利益，依照法定程序确定，在一定时间内只限一定范围的人员知悉的事项。其范围包括：国家事务重大决策中的秘密事项、国防建设和武装力量活动中的秘密事项、外交和外事活动中的秘密事项以及对外承担保密义务的秘密事项、国民经济和社会发展中的秘密事项、科学技术中的秘密事项、维护国家安全活动和追查刑事犯罪中的秘密事项以及经国家保密行政管理部门确定的其他秘密事项。

《保守国家秘密法》《保守国家秘密法实施办法》等法律法规对国家秘密的定级、制作、使用、复制、保存、出境、销毁以及涉密信息系统、涉密人员管理等进行了严格规定。例如，国家秘密一经确定，应当同时在国家秘密载体上标注国家秘密标志。国家秘密标志形式为"密级★保密期限"、"密级★解密时间"或者"密级★解密条件"。因此，企业还需及时对其掌握的数据进行摸排，识别其是否可能属于国家秘密，并制定国家秘密识别及管理的相关制度。

数据分类分级管理制度的详细分析请见本章第三节"建立数据分类分级管理制度"。

（四）数据出境合规相关的管理制度

首先，企业应判断涉及出境的数据类型包括何种受规制的数据，再确定适用的出境法律要求和限制。国家秘密、国家核心数据、重要数据、个人信息均受制于不同的数据出境限制。针对特定行业如金融、医药、医疗、保险、网联汽车等，还可能涉及其他受限制出境的数据类型。

就个人信息跨境传输而言，数据出境规则已经较为明确。《个人信息保护法》第38条规定了个人信息出境的三种路径，即通过数据出境安全评估、完成个人信息保护认证和签订个人信息出境标准合同。上述路径均涉及较为复杂的内部、外部协调沟通程序,需要企业建立明确的工作机制以达成个人信息出境的前置条件。有关个人信息的出境的详细分析,请见本书第三章第八节内容。

总结而言,数据出境合规是综合性的跨部门工作,需要一定的法律、技术知识方能厘清,且相关的企业内部流程需要调动多部门人员的分工合作,企业应建立相应的数据出境审控制度,对数据出境活动进行事先的数据安全风险评估(自评估),确认数据出境是否需要进行事先审批程序。

二、设立数据合规治理的专门机构并加强合规宣贯

除了建立完善相关政策制度,企业的数据合规治理效果也离不开管理层的重视以及有专业能力的人员的配合。在数据合规体系构建过程中,首先,可以对管理层人员进行相应的培训和宣贯,帮助管理层人员理解数据合规的概念和重要性,尤其是针对合规部的负责人或者首席合规官、DPO、IT 负责人等关键职位人员。其次,企业还应通过定期培训的方式,加强执行层面企业员工对于数据合规管理体系的理解,增强整体风险意识。

基于此,如前文所述,建议企业内部设立专门的数据合规管理机构。这一专门机构将统筹负责数据合规治理体系的诸多事宜,包括定期组织宣讲培训、制定和发布网络安全与数据合规制度、解答公司内外部关于合规制度的疑问等。

三、采取适当的技术措施和其他必要安全管控措施,保障数据安全

企业可采取形式多样的技术和其他必要措施,包括权限管理、数据处理活动记录等数据全生命周期管理措施,以及对特殊类型数据的有效管控措施。

首先,企业可为公司的各个系统配置数据库管理员,并为各部门及各项目文件夹设定及管理相匹配的访问权限。同时,根据网络安全等级保护的要求,在数据全生命周期处理过程中,建议企业记录数据处理、权限管理、人员操作等日志,且日志需至少留存6个月。企业还可采用其他技术措施,包括身份验证技术、密码技术等措施对数据进行安全存储,实施数据容灾备份,定期做灾备测试,为服务器部署 VPN 系统等。最后,企业还应加强对各类设备和存储介质的使用管控,建立设备领用管理制度、移动设备管控制度、设备报失报损制度等。

需要特别注意的是,如确认企业掌握重要数据,应采取相应的保护措施,就重要数据的出境活动申报数据出境安全评估;对重要数据的处理活动开展风险评估,并向主管部门报送风险评估报告;明确数据安全负责人和管理机构,落实数据安全保护责任。此外,如发现企业掌握国家秘密,应依法对涉密信息系统、涉密人员进行管理,例如,按照国家保密标准配备保密设施设备,对涉密人员的聘用、培训、入职、出境、离职

等进行管控。

四、组织开展数据安全、信息安全的教育培训

企业可根据自身需求,加强数据安全方面的员工入职培训,并定期开展员工培训,特别是涉密及其他频繁接触企业重要数据的核心岗位人员,增强企业员工的数据安全、信息安全合规意识。

第三节 建立数据分类分级管理制度

作为重点制度建设项目,国家已颁布多部有关数据分类分级制度的法律法规和指导性文件征求意见稿(见表2-3)。这些法律法规旨在细化数据分类分级制度,具体指导政府部门和组织实施分类分级制度。从企业合规视角,也有必要借助数据的分类分级管理履行繁杂交织的数据合规义务。笔者在诸多法律法规中"去芜存菁",针对企业关心的三个核心实务问题进行简要解析。

表2-3 数据分类分级制度的主要法律法规

发文机关	法律法规
全国人大常委会	《数据安全法》
工业和信息化部和/或其地方派出机构(以下简称"工信部"或"工信部门")	《工业和信息化领域数据安全管理办法(试行)》
工信部	《关于加强车联网网络安全和数据安全工作的通知》
网信办、国家发展和改革委员会(以下简称"发改委")、工信部、公安部、交通运输部	《汽车数据安全管理若干规定(试行)》
北京市人大常委会	《北京市数字经济促进条例》
重庆市人大常委会	《重庆市数据条例》
广东省人大常委会	《广东省数字经济促进条例》
上海市人大常委会	《上海市数据条例》
深圳市人大常委会	《深圳经济特区数据条例》
浙江省人大常委会	《浙江省公共数据条例》

续表

发文机关	法律法规
信安标委秘书处	《网络安全标准实践指南——数据分类分级指引》(TC260 - PG - 20212A)
信安标委	《信息安全技术　网络数据分类分级要求(征求意见稿)》
贵州省人大常委会	《贵州省大数据安全保障条例》
国务院办公厅	《科学数据管理办法》
中国证券监督管理委员会	《证券基金经营机构信息技术管理办法》 《证券期货业数据分类分级指引》(JR/T 0158 - 2018)
工信部	《工业数据分类分级指南(试行)》
中国人民银行	《个人金融信息保护技术规范》(JR/T 0171 - 2020)
中国人民银行	《金融数据安全　数据安全分级指南》(JR/T 0197 - 2020)

一、什么是"数据分类分级"制度(What)

除《数据安全法》规定的重要数据分级分类制度外,各部门、各地区政府也正在逐步制定不同行业、领域的数据分类分级制度或指引,为企业的数据分类分级工作提供参考。

2021 年 9 月 1 日生效的《数据安全法》第 21 条规定,国家建立数据分类分级保护制度,根据数据在经济社会发展中的重要程度,以及一旦遭到篡改、破坏、泄露或者非法获取、非法利用,对国家安全、公共利益或者个人、组织合法权益造成的危害程度,对数据实行分类分级保护。国家数据安全工作协调机制统筹协调有关部门制定重要数据目录,加强对重要数据的保护。关系国家安全、国民经济命脉、重要民生、重大公共利益等数据属于国家核心数据,实行更加严格的管理制度。各地区、各部门应当按照数据分类分级保护制度,确定本地区、本部门以及相关行业、领域的重要数据具体目录,对列入目录的数据进行重点保护。

简言之,数据分类分级是将企业所掌握的数据根据法律法规及企业自身实际情况进行分类,并在分类的基础上,根据不同类别数据的重要程度及"灾害后果"严重程度,实施不同级别的管理措施。

需要注意的是,数据分类分级并不仅仅限于重要数据,企业的所有数据都可以,也应当进行数据分类分级管理。除重要数据相关的分类分级制度外,若干法律法规对部分其他类型数据的分类分级设定了具体制度,数据分类分级制度正在逐步构建。

二、为什么要实施数据分类分级(Why)

从国家监管的角度看,实施数据分类分级制度,是落实管理《网络安全法》《数据安全法》《个人信息保护法》等法律法规管理重要数据和其他受监管数据的必要措施。同时,数据分类分级也是国家推动数据开放共享、提升数据资源价值的前提。从企业治理的角度看,企业既面临个人信息、重要数据等合规义务,也必须遵守其所在行业、领域的特殊类型数据的合规义务。如果企业没有对自身数据情况进行充分评估,并将数据进行分类分级管理,数据合规义务无疑将成无源之水、无本之木。

作为数据处理者的企业应履行数据分类分级的法定义务。并且,企业为了遵从相关法律法规,履行个人信息保护、数据收集与使用、数据出境、重要数据等各类数据合规义务,有必要做好数据分类分级工作。按照相关法律法规,未履行数据分类分级义务的企业可能受到信用惩戒、公开曝光、没收违法所得、罚款、暂停营业、停业整顿、关闭网站、吊销业务许可证或者吊销营业执照等行政处罚;构成犯罪的,依法追究刑事责任。对于处在特殊行业的企业而言,部分内部经营数据可能直接构成受规制的特殊类型数据,未能将该类数据进行单独处理和保护的话,亦有可能违反特殊法律法规规定(例如,医药健康企业收集的人口健康信息、人类遗传资源信息等)。

数据分类分级在相关法律法规未实质出台的情形下,企业普遍感到困惑,是否应等到相关法律法规正式生效后开展数据分类分级工作?结合数据立法和执法实践,笔者认为,企业不应抱着"等(立法)""靠(政府)""要(示例)"的态度,而应积极主动实施数据分类。首先,作为新生法律制度,我国数据分类分级制度立法一直"摸着石头过河",其立法逻辑亦经历从"自下而上"到"自上而下"的转变。《网络安全标准实践指南——数据分类分级指引》(TC260 - PG - 20212A)特别指出,企业可参考指南建立自身的数据分类分级规则,即在国家数据分类分级规则的框架下,根据自身管理需要,行业、领域、地方或组织自主细化确定所管辖数据的类目设置和层级划分。因此,在框架规则基本建成的前提下,企业应考虑自主进行细化工作;其次,如上文所述,企业有必要对其持有的数据"摸家底",实施数据分类分级制度,并对不同重要和敏感程度的数据采取不同的管控和保护措施,建立、完善数据风险管理内部流程,这将有助于企业履行其他网安数据合规义务。

三、如何实施数据分类分级(How)

参考相关法律法规和实践,笔者总结企业实施数据分类分级的工作要点。

(一)成立由企业法务合规、IT 数据、业务人员等组成的项目组

数据分类分级需要完成识别数据、理解法律法规要求、甄别数据危害对象和危害程度等工作,而这些工作需要企业法务合规、IT 数据和业务人员合力完成。

举例而言,企业的数据包括结构化数据(RDD、SQL、NOSQL、JSON 等数据)、半结构化数据(日志文件、XML 文档、Email 等)、非结构化数据(办公文档、文本、图片、HTML、报表、图像音频视频资料等)。对于法务合规和业务人员而言,结构化和半结构化数据“不可读”,这些数据的识别需要企业 IT 数据部门的支持;诸多法律合规要求,有赖于法务合规部门的专业解读。即使是看似基础性的法律问题,也需要上述人员共同合作。例如(受法律保护的)个人信息范围亦需要结合法律法规、司法和行政执法实践作出细致分析;有关数据受篡改、破坏、泄露的后果分析,有赖于业务部门具体说明数据来源、用途、对上下游产业的影响等。

(二)数据资产梳理

企业首先应对其掌握的结构化、半结构化、非结构化数据资产进行梳理,识别数据资产的基本信息(内容、数据量、存储的信息系统等)和相关方(数据提供方、数据接收方、数据委托处理方),形成数据资产清单并定期更新。

(三)先分类

进行数据分类时,应优先遵循国家或地方法规的数据分类要求。如果该行业领域存在行业主管部门认可或达成行业共识的行业数据分类规则,应按照行业数据分类规则对数据进行分类;如果所在行业没有行业数据分类规则,企业通常可将其持有的数据分类分为三类:公共数据、个人信息和企业数据。每一数据大类又可以根据法律法规、企业自身需求及实际情况进行进一步细分(见表 2-4)。

表 2-4　数据类别

数据类别	数据类别的定义	示例
公共数据	公共管理和服务机构在依法履行公共管理和服务职责过程中收集、产生的数据,及其他组织和个人在提供公共服务中收集、产生的涉及公共利益的数据	政务数据,以及提供供水、供电、供气、供热、公共交通、养老、教育、医疗健康、邮政等公共服务中涉及公共利益的数据
个人信息	以电子或者其他方式记录的与已识别或者可识别的自然人有关的各种信息,不包括匿名化处理后的信息	个人身份信息、个人生物识别信息、个人财产信息、个人通信信息、个人位置信息、个人健康生理信息

续表

数据类别	数据类别的定义	示例
企业数据	企业在研发设计、生产制造、经营管理、运维服务、平台运营、应用服务、内部管理中收集和产生的数据	业务数据、经营管理数据、系统运行和安全数据

（四）后分级

企业可参考《网络安全标准实践指南——数据分类分级指引》（TC260 - PG - 20212A）数据定级规则，考虑影响对象、影响程度两个要素进行分级，将各类数据分为一般数据（1 到 3 级）、重要数据（4 级）和核心数据（5 级）。如果数据集出现“跨级”现象，采取就高从严原则对数据进行定级。

毋庸置疑，企业判定其持有的数据是否构成核心数据和重要数据至关重要。如果企业持有核心数据及重要数据，必须按照法律法规的规定予以管理。以医药健康企业为例，企业可考虑采取以下两步骤加以识别：

第一步，识别重要数据和核心数据。企业首先应梳理是否持有以下数据：

（1）与传染病、新型生物技术、实验室生物、国家重要遗传资源和基因数据相关；

（2）与突发传染病、重大动植物疫情、微生物耐药性、生物技术环境安全相关；

（3）在药品和避孕药具不良反应报告和监测过程中获取的个人隐私、患者和报告者信息；

（4）突发公共卫生事件与传染病疫情监测过程中获取的传染病病人及其家属、密切接触者的个人隐私和相关疾病、流行病学信息等；

（5）医疗机构和健康管理服务机构保管的个人电子病历、健康档案等各类诊疗、健康数据信息；

（6）人体器官移植医疗服务中人体器官捐献者、接受者和人体器官移植手术申请人的个人信息；

（7）人类辅助生殖技术服务中精子、卵子捐献者和使用者以及人类辅助生殖技术服务申请人的个人信息；

（8）计划生育服务过程中涉及的个人隐私；

（9）个人和家族的遗传信息；

（10）生命登记信息。

因上述数据可能构成重要数据甚至核心数据，如企业持有该等数据，企业应进一步分析该等数据如果遭到篡改、破坏、泄露或者非法获取、非法利用，对国家公共卫生安全与利益、企业及上下游行业业务服务能力、个人合法权益造成的危害程度,结合表2－5甄别界定重要数据和核心数据。

表2－5　数据级别

基本级别	影响对象			
	国家安全	公共利益	个人合法权益	组织合法权益
核心数据	一般危害、严重危害	严重危害	—	—
重要数据	轻微危害	一般危害、轻微危害	—	—
一般数据	无危害	无危害	无危害、轻微危害、一般危害、严重危害	无危害、轻微危害、一般危害、严重危害

第二步,对一般数据进行定级分级。按照数据一旦遭到篡改、破坏、泄露或者非法获取、非法利用,对个人、组织合法权益造成的危害程度,将一般数据从低到高分为1级、2级、3级、4级共四个级别(见表2－6)。

表2－6　一般数据分级规则

一般数据级别	数据一旦遭到篡改、破坏、泄露或者非法获取、非法利用,对个人、组织合法权益造成的危害程度	对应的保护措施
1级数据	无危害	可对外公开发布、转发传播,但也需考虑公开的数据量及类别,避免由于类别较多或者数量过大被用于关联分析
2级数据	轻微危害	通常在组织内部、关联方共享和使用,相关方授权后可向组织外部共享
3级数据	一般危害	仅能由授权的内部机构或人员访问,如果要将数据共享到外部,需要满足相关条件并获得相关方的授权
4级数据	严重危害	按照批准的授权列表严格管理,仅能在受控范围内经过严格审批、评估后才可共享或传播

在考虑数据对组织合法权益造成的危害程度时,可考虑企业是否可能因遭到篡改、破坏、泄露或者非法获取、非法利用而遭受监管部门处罚、影响重要/关键业务正常开展、声誉遭到破坏、面临破产、造成经济或技术损失等不利后果。

（五）分类分级管理

数据分类分级完成后，企业应按照法律法规履行对外、对内合规义务：对外向监管部门履行备案和数据安全评估等义务；对内依据国家给出的关于核心数据、重要数据、个人信息、公共数据等安全要求，以及行业领域给出的数据分类分级保护要求，建立数据分类分级保护策略，对数据实施全流程分类分级管理和保护。

第四节　识别企业面临的数据安全合规风险并进行应对

《数据安全法》和《个人信息保护法》对违法处理数据规定了严厉的法律责任，在愈加活跃的执法活动和不断加重的处罚力度之下，企业面临的数据合规风险越发显著。数据盘点和分类分级仅能让企业了解和管理内部已掌握的数据资产，而识别数据安全合规风险则能够指引企业推进合规整改工作，有效规避数据合规风险。

一、开展合规风险识别前需做哪些准备

开展合规风险识别工作，首先需明确判断合规风险的标准和尺度，如相关业务仅在中国境内开展，主要应考虑中国的法律法规及行业实践情况，但如业务面向海外或直接在海外进行，则应识别当地国家或地区的法律要求，甚至是非东道国的，但具有域外效力、可能会对相关经营活动产生影响的域外法律法规。

其次需明确此项工作的负责部门和人员。由于数据合规风险识别及整改关系到企业的经营模式、产品开发、运营管理、外部合作等多方面，数据合规风险识别应是一项全局性的工作，需要企业内部多部门联动。因此，此项工作可以由法务或数据合规管理机构牵头，但是业务、技术、管理等其他部门人员必须参与，且需获得企业管理层的支持并调配所需资源，以确保识别和整改工作能够顺利实施。具体的数据合规管理机构与其他部门分工合作的方式可参考本章第一节的相应内容。

在识别具体的数据安全合规风险前，应充分了解相关产品或项目的业务流程、数据流转和所有参与方。企业的数据处理活动是以业务开展为基础的，数据处理存在于企业日常运营的诸多场景中。了解业务活动能够更好地理解数据处理活动的性质，确认各参与方的角色和地位，以对存在的数据安全风险和各方应履行的数据保护义务作出更精准的评估。例如，在和第三方交互的场景中，如自第三方获取数据，数据来源合法性确认是重点关注问题；涉及数据处理或对外提供，则需注意传输过程和

后续处理活动的安全性。

二、如何开展合规风险识别

现阶段企业识别数据安全合规风险主要包括两类:第一类是针对所有业务场景进行整体摸排,第二类则是针对特定产品的安全评估,两者相互配合能够最大限度保障企业的数据合规和安全能力。无论何种类型,其方法论是一致的,即按照相关法律法规、标准指南和监管实践,制定相应的合规标准,根据合规标准对数据处理场景和环节一一进行核查,识别出各场景或环节存在的风险漏洞,对识别出的风险漏洞按照可能造成的后果大小进行风险等级排序,并根据排序对相关合规风险进行改进和纠正。

具体而言,整体的数据安全合规风险摸排通常涵盖内控制度及组织机构、网络设施和信息系统、数据来源与数据处理场景、数据跨境传输场景等方面。特定的产品安全风险评估则会基于商业目的和开发方案,对相关数据的处理方式和技术手段进行重点拆解。合规风险识别依据的法律法规除《网络安全法》《数据安全法》《个人信息保护法》外,还需根据企业所在的特定行业和数据处理活动类型进行调整和补充。例如,针对医药行业,需考虑《生物安全法》《人口健康信息管理办法(试行)》《人类遗传资源管理条例》《人类遗传资源管理条例实施细则》《医疗机构病历管理规定》《国家健康医疗大数据标准、安全和服务管理办法(试行)》等法律法规影响;如需评估游戏类 App 的合规风险,则需参照《App 违法违规收集使用个人信息行为认定方法》《未成年人保护法》《儿童个人信息网络保护规定》等规定。

在评估风险时,需根据法律法规、司法和执法实践情况全面考虑各项漏洞可能造成的法律后果,不仅包括通报批评、责令整改、罚款等行政处罚及企业和直接责任人员承担刑事责任的严重后果,还需评估社会媒体曝光、陷入民事诉讼等方面的负面影响,上市企业还应考虑遭到交易所、监管机构问询、股价波动等后果。

三、如何提升合规风险识别能力

在开展合规风险评估时,除法律从业人士惯常的定性分析外,还可对各类风险影响因素进行量化的分析,以便更加精确地确定法律风险等级和揭示主要法律风险。为此目的,企业可将影响后果、影响范围和影响后果发生的可能性作为风险评估项,事先确定各评估项的具体情形并赋值,在统计分值的基础上划定风险等级和整改优先级,并按照整改优先级分阶段分批次完成整改工作,以使企业的业务运营和数据处理达到合法合规状态。

此外,企业在开展数据安全合规风险识别时,还可考虑采用自动化检测工具,提升数据风险识别能力。例如，在 App 合规检测中，仅依靠人工检测可能难以识别后台权限存在的合规风险，包括超范围收集用户个人信息、频繁过度索取用户权限等。目前越来越多企业开始利用技术工具设计 PIA 流程和问卷，由相关人员在线填写和审核，一方面可以提高影响评估的效率，另一方面可以达到评估过程留痕的目的。善用自动化系统或技术工具已成为识别企业数据合规风险的有效途径。

需要强调的是，企业数据合规风险识别是一项持续性工作，无法做到一劳永逸。企业数据合规面临的内外部环境随时都可能发生变化：企业内部新产品开发上市或某项产品推出新功能；外部新的法律法规出台或监管提出新要求。因此，即使整体的合规风险识别和整改工作已完成，相关人员仍须及时跟进内外部变化，并在相关工作中重新识别和及时调整。

第五节　调动企业资源并促成跨部门、跨区域合作

许多企业将个人信息保护负责人、数据安全负责人和网络安全负责人的职能归集合一，由 DPO 行使。在此情况下，DPO 应履行全面统筹和监督内部网络安全、数据保护和个人信息保护相关工作的职能。DPO 须指导企业内部各部门将网络安全和数据合规实践纳入日常业务，提供专业知识和必要协助，确保业务活动符合所有网络安全和数据保护相关法律法规，建立和实施相应的制度体系和操作流程。

基于 DPO 的职能和职责，DPO 在日常工作中必须充分调动企业资源，与多方有效沟通、通力协作，以应对综合性的挑战。

一、与业务部门的合作

合规整改牵一发而动全身。DPO 工作的最终目的是实现网络系统的安全和数据全生命周期的合规，但该等合规工作很有可能会影响到业务的正常开展。如何确保合规工作支持业务发展、如何平衡业务增长与合规成本，是业务部门与 DPO 配合协作的基础。

目前部分企业在相关产品上线前开展 PIA 工作，即在了解业务和产品功能的基础上作出评估和适当整改。必要时，需要以用户身份亲自体验产品功能，才能对产品运营模式、基础功能、数据收集有更全面准确的认识。因此，DPO 应与业务部门积极沟通，并可通过试用方式从外部消费者角度作出评价，对于仅从外部无法了解的信息，则可进一步向业务部门调研，例如产品是否存在后台自启动现象、热更新频率如何、用户退出程序后是否仍会收集个人信息。此外，此项业务对应的用户量级、用户

人群、用户敏感度、投诉比例、市场价值等也会对风险评估产生重要影响,DPO 有必要在项目初始即掌握该等信息,以便更准确地把握风险程度,并对产品的设计和整改提供更有针对性的建议。

DPO 开展工作需掌握系统架构和数据处理活动,但更要理解业务与场景,理解可承受的风险与不可逾越的红线。风险等级的划分既要确保合规工作不影响业务正常开展,还要控制成本、避免过度投入对企业经营造成负担。在这个层面,DPO 需与业务部门保持紧密沟通,在展开定性分析的基础上,对各类法律风险的影响因素适当展开量化的分析,以便业务部门了解风险的具体落点、探索优化业务模式的可能性。例如,在业务目的允许的前提下,考虑是否尽可能获取“非个人信息”;在确保合规的前提下,是否能够以更用户友好的方式设计同意页面,避免影响用户体验。

此外,就数据合规风险评估而言,具体的风险评估项、赋值、对应关系还可能根据企业业务实践、风险偏好等因素进行调整。因此,数据合规管理机构需在风险评估过程中,与业务部门保持良好沟通,不断调整更新评估模型。

二、与 IT 部门的合作

数据合规制度和措施的落实、网络安全与数据合规管理制度的实行、隐私政策的部署与更新等合规事项均离不开 IT 部门的支持。以如何实施匿名化手段为例,除了与 IT 明确“匿名化”相关的技术要求外,匿名化技术的实施还应与“授权同意”管理结合考虑。针对某些业务场景,匿名化处理后的数据是否能达到最佳的利用效果可能需由业务与 IT 共同判断;如无法达到预定的利用效果的,可能还需回归征得个人信息主体授权同意的合规流程,此时仍需要 IT 在规划授权同意界面方面提供支持。因此,与 IT 部门保持密切沟通,架起业务需求与技术手段之间的桥梁,对数据合规管理而言至关重要。

三、与境外关联方的沟通

对于跨国企业而言,企业内部使用的信息系统多数由境外总部统一部署,部分岗位职能由总部相关人员担任,或需定期向总部汇报或传输数据,因此,DPO 需重视与境外关联方的沟通和协调。

以近期各类企业正如火如荼开展的数据出境安全评估申报及标准合同备案为例。首先,数据出境企业需要填报境外接收方的相关信息,包括境外接收方基本信息、数据安全负责人/管理机构信息、数据安全保障能力信息、处理全流程信息、合同签署相关信息等。其次,对于境外方统一部署的信息系统,以及自境内接收数据的境外信息系统,也需由境外方提供境外数据中心、云服务器等配置信息。最后,安全评估中数据出境方还需要与境外接收方签订数据出境合同等法律文件。因此,DPO 需尽早与境外接收方沟通,并尽可能在短时期内获得所需信息。

获得境外方的配合往往并非是一蹴而就的,需依靠 DPO 长期的交流和汇报,包括对法律法规要求和监管执法的解读、对不同法域近似概念的澄清、对相关业务影响的分析和洞察。例如,中国法下“个人信息处理者”对应的是 GDPR 下“数据控制者”的概念,而 GDPR 下的“Data Processor”意为中国法下的“受托处理方”。因此,如果直译为“Data Processor”,无疑会导致境内外双方之间的误解。再如,“人口健康信息”对应的英文是“Population Health Information”,经常缩写为“PHI”,而“PHI”在美国法下通常被认为是“Protected Health Information”,加上人口健康信息的定义和范围本就存在不确定性,导致境外境内法务合规部门之间沟通存在障碍。只有保持与境外各方的积极主动沟通,才能在业务需要时取得境外总部的理解和支持,更高效地调配内部资源。

四、寻求外部机构协助

DPO 的职责极具综合性和复杂度。尽管 DPO 的选任一般要求兼具法律、信息技术等复合背景,考虑到 DPO 的职责包括完成一系列复杂、全面的工作任务,既有法律合规的部分,也有业务评估、系统改造等内容。基于全面履职的需要,DPO 仍应适时获取外部专业机构的建议和协助。

首先,DPO 的工作内容包括隐私政策的设置、经营备案与安全认证、PIA、企业安全管理制度体系建设、数据处理/传输协议签署等。从法律法规出发,DPO 建议向相关法域律师等专业人员咨询,确认法律法规要求,了解行业实践情况,探讨并制定合规策略。

其次,DPO 需确保基础设施安全和数据安全。一方面,从技术上守护数据资产安全,保护数据免受未经授权的访问和操作,例如数据备份、身份验证、访问控制、安全传输、静态加密等;另一方面,从技术上保障用户权利,确保个人信息得到合法合规的处理,包括完成数据迁移、实现用户请求等。在内部技术能力欠缺的情况下,DPO 需与云厂商、数据安全供应商协同,建立云基础设施和数据安全技术策略,从产品、架构等多维度将方案落地实践。

第三章

DPO 工作必备的基础知识

正如第二章中所述,DPO 具体的职责和工作将主要围绕为企业搭建和完善网络安全、数据安全、个人信息和隐私保护体系展开,并需要有一定的管理能力协调多部门、各类资源展开分工与合作。这些工作若需落到实处,离不开扎实的基本功,DPO需对相关的法理概念、技术术语、监管部门执法程序等有所了解。唯有如此,才能在开展具体工作时,与利益相关方驾轻就熟地讨论相关概念和要求。因此,本章将为读者们介绍 DPO 工作必备的基础知识,并对某些实践中有争议、或未有定论的话题进行深入探讨。同时笔者将结合实务经验,以业务场景为例,深入浅出地为您讲解这些基础知识,不论您是否接受过法律专业教育或培训,本章内容都将给您带来一定启发。

第一节　数据合规主体的厘清

开展数据合规管理前,应当首先明确数据合规相关主体网络经营者、个人信息处理者、数据处理者、关基单位等的概念,明确不同数据安全法律法规所调整的具体对象。《网络安全法》聚焦国家网络安全及网络空间主权,《数据安全法》注重数据安全及其背后的国家安全,《个人信息保护法》通过设定个人信息的处理规则,重点保护个人权益。根据监管领域的不同,对应的受监管主体也不同。

一、网络安全

(一)网络运营者

网络运营者指网络的所有者、管理者和网络服务提供者。网络是指由计算机或者其他信息终端及相关设备组成的按照一定的规则和程序对信息进行收集、存储、传输、交换、处理的系统。

《网络安全法》强调维护网络空间主权和国家安全、社会公共利益,《网络安全法》中对于“网络”的定义十分宽泛,不仅包括对外开放的网站系统、线上服务系统,公司的内部管理系统及业务系统同样属于“网络”。故“网络运营者”除了传统的网络运营商、互联网企业以外,还包括所有使用各类内外部网络系统的企业。因此,几乎所有接入网络的企业均属于“网络运营者”,需要履行《网络安全法》的相关义务。

举例而言,网络运营者包括:(1)运行公司官方网站的企业;(2)拥有 App、小程序服务的企业;(3)使用内部管理系统及业务系统等信息化系统的企业;(4)网络服务提供商等。

(二)关基单位

关基单位即指运营关键信息基础设施的网络运营者。关键信息基础设施是指公共通信和信息服务、能源、交通、水利、金融、公共服务、电子政务、国防科技工业等重要行业和领域的,以及其他一旦遭到破坏、丧失功能或者数据泄露,可能严重危害国家安全、国计民生、公共利益的重要网络设施、信息系统等。

关基单位的认定前提是关键信息基础设施的识别。识别过程应当基于《关键信息基础设施安全保护条例》,结合相关行业、领域的认定规则(如有)进行。现行法规对关基单位均采用“行业列举 + 后果概括”的复合定义。应当注意的是,并非所有落入法规列举的行业的网络运营者,就必然属于关基单位;反之,未落入法规列举的行业的网络运营者,并非必然就不构成关基单位。在大数据时代,掌握大量用户的大型生活类、服务类平台亦可构成关基单位。

举例而言,关基单位包括:(1)送变电系统的运营企业;(2)电信网络运营商;(3)大型电商平台等。

二、个人信息保护

(一)个人信息处理者

个人信息处理者指在个人信息处理活动中自主决定处理目的、处理方式的组织、个人。个人信息的处理包括收集、存储、使用、加工、传输、提供、公开、删除等。对个人信息的处理目的及处理方式具有自主决定权的组织、个人即为个人信息处理者。

举例而言,个人信息处理者包括:(1)为个人提供服务,收集个人信息的 App 开发、运营者;(2)收集、使用员工个人信息的用人单位等。

(二)个人信息处理受托方

个人信息处理受托方指接受个人信息处理者委托,按照约定的处理目的、期限、方式、个人信息的种类、保护措施以及双方的权利和义务进行个人信息处理活动的组织、个人。

举例而言,个人信息处理受托方包括:(1)为 App 所有者提供 App 运维服务的主体;(2)涉及个人信息处理的系统平台的运维服务主体。

(三)共同处理者

两个以上的个人信息处理者共同决定个人信息的处理目的和处理方式的,属于个人信息的共同处理者。

举例而言,共同处理者包括:(1)跨国公司总部和其在中国境内的分支实体,二者共同对中国区员工的个人信息进行处理;(2)共同设计商业计划,面向双方的消费者共同提供服务且共同收集个人信息的两家公司。

(四)境外接收方

境外接收方指自境内的个人信息处理者接收个人信息的境外主体及自境外访问境内个人信息处理者处理的个人信息的境外主体。境外接收方不仅包括境外的个人信息处理者,也包括受境内个人信息处理者委托处理个人信息而位于境外的个人信息处理受托方。

举例而言,境外接收方包括:(1)出于统一管理的需要,跨国公司在中国境内的分支实体将境内的员工个人信息跨境传输至境外总部服务器,总部为境外接收方;(2)境内 A 公司委托境外 B 公司开展用户偏好分析服务,为开展数据分析,A 公司将其用户数据跨境传输至境外 B 公司的服务器,B 公司为境外接收方。

三、数据安全

数据处理者指数据处理活动中自主决定处理目的和处理方式的组织、个人。[①] 数据处理,包括数据的收集、存储、使用、加工、传输、提供、公开等。

举例而言,数据处理者包括:(1)对产品销售数据进行统计分析的公司;(2)对设备运营参数进行收集、存储及监控的公司。

---

① 目前生效法规未对“数据处理者”做出明确定义,此处定义源于《网络数据安全管理条例(征求意见稿)》第 73 条。

第二节　个人信息、重要数据、国家核心数据一般业务数据,您分清了吗

在明确了数据合规管理的相关主体后,应当进一步对数据合规管理的对象予以明确。不同类型、性质的数据,其法律意义和相关法律义务也千差万别。《网络安全法》《数据安全法》《个人信息保护法》分别从国家主权、国家安全和自然人个人权益保护的角度对数据处理活动进行规制。具体从调整对象而言,《数据安全法》将“数据”定义为任何以电子或者其他方式对信息的记录,并且提出要建立数据分类分级保护制度,对数据实行分类分级保护,对国家核心数据进行更严格管理,对重要数据进行重点保护;《个人信息保护法》则明确了“个人信息”的定义,通过规范个人信息的处理活动保护个人信息主体的权益。数据合规监管主要涉及以下数据类型。

一、个人信息

个人信息指以电子或者其他方式记录的与已识别或者可识别的自然人有关的各种信息,不包括匿名化处理后的信息。识别个人信息时应注意:

- 纸质档案及其他以书面方式记录的信息等非电子形式存储信息也属于个人信息。
- 去标识化的个人信息依旧是个人信息,匿名化后的个人信息不再属于个人信息。
- 通过与个人信息处理者处理的其他个人信息结合后可以识别到自然人的信息同样属于个人信息。
- 不能以单个字段孤立地判断是否属于个人信息,例如,“性别”本身可能不能识别到具体的个人,但“姓名”与“性别”等其他信息结合,则可能能够识别相关个人信息主体,因此单独的“性别”也构成个人信息。
- 个人信息被去标识化处理后,仍可以通过其他方式(例如,通过与其他公司系统数据结合)识别到个人,因此仍然属于个人信息。
- 匿名化处理后的信息不属于个人信息,实务中,需要仔细区分匿名化与去标识化的区分,如果相关个人信息经过处理之后仍然可以单独或与其他信息结合识别具体的个人,则相关处理并不符合匿名化要求,处理后的数据仍然属于个人信息。

举例而言,个人信息包括:(1)线上商城的消费者账户信息、联系方式、收货地址;

(2)求职者的纸质简历;(3)公开于公司官方网站的员工信息;(4)临床试验中用于识别患者的鉴认代码;(5)单个用户的用户画像。

二、重要数据

重要数据指一旦遭到篡改、破坏、泄露或者非法获取、非法利用等,可能危害国家安全、经济运行、社会稳定、公共健康和安全等的数据。本书建议读者持续关注最新法律法规及相关国标对重要数据定义的更新。

识别重要数据时应注意:

- 重要数据的识别应通过“后果测试”标准进行识别,即判断数据遭到篡改、破坏、泄露或者非法获取、非法利用后是否会危害国家安全、经济运行、社会稳定、公共健康和安全,实践中,重要数据将可能由各地区、各行业主管部门以制定“重要数据”目录的方式确定范围。①
- 应注意单条不属于重要数据的数据累积到一定量级后,可能被认定为重要数据。即使单个数据并不属于数据合规监管涉及的数据类型,该等数据在汇集分析后产生的信息仍有可能会被视作重要数据而受到监管限制。例如,某公司采集了其消费者经匿名化后的健康信息,但通过对匿名化的健康信息进行汇集整理得到了某地区/民族群体中某种疾病的发病率以及年龄分布情况。该等分析结果一旦遭到泄露,可能会危害公共健康。因此,该等信息仍可能属于重要数据。

举例而言,以下数据可能构成重要数据:(1)人类遗传资源信息;(2)人口普查资料;(3)覆盖一定区域的地图测绘数据。

三、国家核心数据

国家核心数据指关系国家安全、国民经济命脉、重要民生、重大公共利益等数据。国家核心数据是比重要数据更为重要的数据,实行更加严格的管理制度。“核心数据”的详细目录及法律义务有待后续立法予以明确。

除以上数据合规监管聚焦的数据类型,公司也可能视自身需要对一些特定类型的数据进行特别管理,例如,商业秘密、保密信息等。

---

① 国标《信息安全技术 重要数据识别指南》征求意见稿拟定了重要数据识别流程,要求各地区、各部门按照国家有关要求,基于该标准第5章提出的重要数据特征,根据本地区、本部门及相关行业、领域具体情况制定有关规定,明确本地区、本部门以及相关行业、领域重要数据的具体类别和详细特征,指导本地区、本部门以及相关行业、领域展开重要数据识别工作。

四、商业秘密

商业秘密指不为公众所知悉(秘密性)、具有商业价值(价值性)并经权利人采取相应保密措施(保密性)的技术信息、经营信息等商业信息。在司法案件中,商业秘密的认定具有一定的不确定性。公司应当预先对相关信息进行识别和判断,并通过施以适当的内部管理措施、技术措施,确保相关信息符合三性(秘密性、价值性、保密性)要求,以使得公司在遇到相关争议时可获得商业秘密保护救济。

举例而言,商业秘密包括:(1)公司产品的保密配方、设计图;(2)客户的名单及联系方式等。

五、保密信息

对于无法被认定为是商业秘密的信息,公司仍然可以通过合同约定某类信息为保密信息,约束合同各方履行不披露的义务。该等约定包括公司与其员工之间的约定以及公司与其他主体间的约定,前者通常是为了约束员工在任职过程中对接触到的业务信息予以保密,而后者则是为了保护商业合作中的各方对合作中取得的各方的敏感信息。

合同准备时应当注意对保密信息的范围以及使用限制进行明确:确保拟保护的信息被列入保密信息范围;确保计划的保密信息的使用行为未被合同条款限制。

第三节 什么是去标识化和匿名化

《个人信息保护法》提及个人信息处理相关的两个概念,“去标识化”和“匿名化”。作为数据的技术处理方法,两者目的都是通过一定的技术手段降低数据的敏感度及与特定个体的联系。“去标识化”为个人信息处理活动增添安全保障,而个人信息经“匿名化”后将不再被视作个人信息,不适用《个人信息保护法》等个人信息保护相关法律法规的要求。因此,明确区分“去标识化”和“匿名化”,对判断应适用的合规要求而言至关重要,笔者从定义、实现方式以及使用场景三个角度进行解释与分析。

一、定义

从定义来看,《个人信息保护法》中提及的“去标识化”是指个人信息经过处理,使其在不借助额外信息的情况下无法识别特定自然人的过程;而“匿名化”是指经过处理无法识别特定自然人且不能复原的过程。“去标识化”和“匿名化”的最终目的都是为了消除借助个人信息识别到具体自然人的可能。而两者的主要区别为:(1)是否能借助额外信息识别到特定自然人;(2)经过处理后的个人信息是否能被复原。若前述两种情形均不满足,则可以认定个人信息进行了“匿名化”处理;反之,则属于个人信息的“去标识化”。需要注意,“去标识化”后的信息仍然属于个人信息。

二、实现方式

从实现方式来看,“去标识化”和“匿名化”的实现方式大体类似,常见的技术手段如下:(1)统计技术,包括数据抽样和数据聚合,通过对数据集进行抽样或统计计算(如求和、取平均值、取中位数),生成能够代表原始数据集的结果;(2)密码技术,通过对数据集中的可识别到特定自然人的数据值(“标识符值”)进行加密,利用加密结果值替代标识符值;(3)抑制技术,对标识符值进行删除或屏蔽,例如,删除数据集中的用户姓名;(4)假名化技术,创建唯一识别符替换标识符值,例如,用随机生成的用户编号替换用户姓名;(5)随机化技术,对数据集进行随机化处理,利用随机化数据替代部分原始数据,在保留统计特征的同时使得数据无法准确识别到特定自然人,例如,差分隐私是一种典型的随机化技术;(6)数据合成技术,利用特定算法或随机生成一个与原始数据集具有相同特征的合成数据集。

通过调整技术手段的技术细节,可以在“去标识化”的基础上实现“匿名化”。例如,应用抑制技术后,彻底删除原始的标识符值;应用密码技术后,彻底删除原始的标识符值以及用于解密的密钥,均可以阻止数据集被复原,达到“匿名化”的要求。

三、应用场景

“去标识化”和“匿名化”可以应用于不同的场景,常见的场景包括:

(一)客户数据管理

客户数据对于公司具有重要价值,公司内部的销售、市场、财务、物流等部门都可能需要访问客户数据中的部分字段以履行职能。授予大范围的访问权限意味着更高的数据泄露风险。为了公司数据安全以及保障相关个人信息主体权益,公司可以对客户数据中的敏感字段(如姓名、联系方式等)进行“去标识化”处理,对于无须获知敏感字段的公司员工,仅允许其访问“去标识化”后的客户数据,以保证客户数据不被非授权访问/泄露。

(二)超期个人信息处理

按照《个人信息保护法》的要求,个人信息处理活动应当设定保存期限,保存期限应当为实现处理目的所必要的最短时间。保存期限已届满时,个人信息处理者应删除相关个人信息。对于可进行匿名化处理且处理后仍具有利用价值的个人信息,公司可考虑对个人信息匿名化后继续使用。例如,公司的订单信息记录、售后信息记录中通常包括消费者的个人信息,个人信息保存期限届满后应当删除,但这些数据在进行匿名化处理后仍可用于销量分析、质量控制等用途。通过对相关数据进行匿名化处理,公司可以在遵守法律法规的前提下实现数据价值最大化。

综上所述,"去标识化"和"匿名化"作为数据处理方式,通过类似的技术手段对数据集中的敏感字段进行处理,降低数据的敏感度及与特定个体的联系,并尽量保留数据集的统计特征和价值。根据实现方式的不同,经处理后的数据可能会损失部分细节、精度可能会降低,公司可以通过实际需要,选择合适的实现方式进行数据的"去标识化"或"匿名化"。"去标识化"后的数据在降低数据敏感度及与特定个体的联系的同时保留了恢复原始数据的可能,可以帮助数据在处理活动中的安全性,同时为公司在数据处理活动中提供足够的灵活度。然而,由于相关数据仍然构成个人信息,企业仍然需要遵守个人信息相关的法律义务;"匿名化"处理不可逆地降低了数据的敏感度及与特定个体的联系,相关数据不再被视为是个人信息,虽然数据的可用性和价值会被进一步降低,但公司在处理"匿名化"后的数据时将受到更少的监管限制。

第四节 自动化决策的合规义务

根据《个人信息保护法》,自动化决策是指通过计算机程序自动分析、评估个人的行为习惯、兴趣爱好或者经济、健康、信用状况等,并进行决策的活动。日常生活中常见的自动化决策应用场景包括金融机构对个人客户的风控管理及放贷决策、短视频软件的视频推送、购物软件的商品推荐、消费信贷产品的资格审查等。

在自动化决策的帮助下,运营者可以高效地分析用户特征并为其提供精准服务,用户可以尽情浏览自己感兴趣的内容、商品。但自动化决策同时也带来了一系列弊端,包括既定算法可能因各种原因导致用户受到不合理的差别待遇、未经用户授权的自动化决策侵犯个人权益的情况也时常发生,"大数据杀熟"事件也不乏见。

为了避免自动化决策侵害个人信息主体权益,《个人信息保护法》等法规对个人信息的自动化决策设定了通用的合规要求以及针对特定自动化决策场景的特殊要求。

(一)自动化决策的通用合规要求

1. PIA

和处理敏感个人信息等个人信息处理情形一样,利用个人信息进行自动化决策,个人信息处理者需要在事前进行PIA,并对处理情况进行记录。在开展PIA时,应当评估:(1)处理目的及方式的合法、正当、必要性;(2)对个人权益的影响及安全风险;(3)所采取的保护措施是否合法、有效并与风险程度相适应。PIA过程中可以参考《信息安全技术 个人信息安全影响评估指南》(GB/T 39335 - 2020),评估过程中涉及的文件记录应当妥善留存备查,其中PIA报告和处理情况记录应当至少保存3年。PIA可由公司自行完成,针对情况复杂、对相关个人可能造成重大影响的个人信息处理活动,公司还可聘请第三方机构协助开展PIA。

2. 决策透明度

《个人信息保护法》第7条规定处理个人信息应当遵循公开、透明原则,第24条强调处理活动应当保证决策的透明度。因此,公司在进行自动化决策时,不仅应当履行告知义务,公开个人信息处理规则,明示处理的目的、方式和范围,还应当考虑对自动化决策的情况(如算法概况、应用自动化决策的目的等)向用户进行告知。对于提供算法推荐服务①的公司,还应当根据《互联网信息服务算法推荐管理规定》履行算法备案工作。

3. 结果公正公平

利用自动化决策作出的结果应当保证公正公平,避免不合理的差别对待。以最常见的消费场景为例,对于同一产品,对不同类型的消费者提供不同的销售价格(如在线旅游平台面向高净值客户报出高价、打车平台就相同行程向不同用户报出不同价格等)即有可能被视作是不公平的差别对待。公司应提前评估自动化决策行为对个人相关权益的影响,以保证结果公正公平。提供差别待遇的行为不仅违反《个人信息保护法》中对自动化决策的要求,还可能违反《消费者权益保护法》中"不得设定不公平、不合理的交易条件"的规定。

(二)信息推送和商业营销

若公司利用自动化决策方式向用户进行消息推送、商业营销,如对基于算法自动标识的特定客户群定向推广信息/促销活动,则公司需要同时向相关用户提供不针对

---

① 算法推荐服务,是指应用算法推荐技术提供互联网信息服务。应用算法推荐技术,是指利用生成合成类、个性化推送类、排序精选类、检索过滤类、调度决策类等算法技术向用户提供信息。

其个人特征的选项，或者向相关用户提供便捷的拒绝此等信息推送、商业营销的方式。举例而言，短视频平台、购物平台等网络平台在针对用户的兴趣特征提供内容/商品推送的行为前应当提前向相关用户告知，提供不针对其个人特征或便于其拒绝的选项。

（三）对个人权益有重大影响的决定

对于公司以自动化决策的形式作出对个人权益有重大影响的决定的情形，《个人信息保护法》为相关个人提供了要求公司进行说明并拒绝公司仅通过自动化决策的方式作出决定的权利。常见的此类情形包括：（1）职位的录用决定；（2）贷款的发放；（3）疾病诊疗、健康资讯等。

为遵从《个人信息保护法》的要求，公司可以采取一定措施确保行为合规：（1）在进行自动化决策前主动向相关个人对自动化决策的安排进行说明，包括自动化决策的逻辑、自动化决策的结果类型、自动化决策可能带来的影响、相关个人行使权利的方式等；（2）在利用自动化决策作出决定前，引入人工对结果进行评估，避免通过自动化决策功能直接作出决策；（3）建立通畅的意见收集渠道，便于及时接受、处理来自相关个人的权利请求。

《个人信息保护法》对利用自动化决策处理个人信息的行为提出了多项原则性的要求，但实践中对于自动化决策的认定、决策透明度及结果公平公正性的判断仍存在不同理解。《互联网信息服务算法推荐管理规定》的生效进一步细化了自动化决策的相关要求，相信未来将会有更多的法规细则出台以对利用自动化决策处理个人信息的行为进行更为细致具体的管控。公司应当保持对监管政策的持续关注，在开展自动化决策时妥善履行风险评估流程和告知义务，在业务创新的同时保障个人的权益。

第五节　等级保护工作，您还在观望

落实网络安全等级保护是《网络安全法》针对所有网络运营者的一项义务要求。违反该义务的，网络运营者可被责令改正，给予警告，导致危害网络安全等后果的，对网络运营者最高可处以 10 万元的罚款，对直接负责的主管人员个人可处以 5 万元的罚款。《网络安全法》生效至今已近七个年头，企业是否已将网络安全等级保护备案和测评纳入日常工作的一环？如果还没有，则需要尽快了解和落实网络安全等级保护义务，避免相关合规风险。

一、网络安全等级保护制度的前世今生

网络安全等级保护制度的前身是“计算机信息系统安全等级保护制度”。1994 年颁布的《计算机信息系统安全保护条例》最早明确了对计算机信息系统实行安全等级保护,由公安机关作为主管部门负责监管实施。此后,公安部会同其他相关部门逐步完善了等级保护制度和管理的具体内容,主导完善了《计算机信息系统安全保护等级划分准则》(GB – 17859 – 1999)等一系列国家标准,现在称当时为“等保 1.0”时代。

随着社会的发展和技术的更迭,网络的外延不断扩展,出现了云计算、大数据、物联网、工业控制系统等形态,“等保 1.0”时代下的计算机信息系统安全等级保护制度已经不能完全涵盖这些新兴的领域。因此,从 2014 年 3 月开始,公安部牵头组织开展了新国标的起草工作,从 2015 年开始陆续对外发布关于等保要求国标的草稿、征求意见稿,“等保 2.0”时代开启。随着 2016 年《网络安全法》公布,信安标委秘书处于同年 11 月 3 日公布了《信息安全技术　网络安全等级保护基本要求(征求意见稿)》,以求与新的网络环境、新的网络治理法律体系配套。2019 年 5 月 13 日,在征求意见稿公开近两年半之后,“等保 2.0”国家标准正式公布,并于 2019 年 12 月 1 日起正式实施。

二、等级保护工作 2.0

(一)法律效力

相较于等保 1.0,等保 2.0 制定修改依据,以及所参照的规范性文件完全不同。以国务院行政法规《计算机信息系统安全保护条例》为顶层设计,公安部、国家保密局、国家密码管理局、国务院信息化工作办公室共同发布的部门规范性文件《信息安全等级保护管理办法》确立核心体系的“信息安全等级保护”为等保 1.0 时代;以《网络安全法》《数据安全法》《保守国家秘密法》等法律为顶层设计的等保 2.0,其核心体系是《网络安全等级保护条例》(已于 2018 年 6 月发布征求意见稿),多项推荐性国家标准,以及行业特殊规定。(见表 3 – 1、表 3 – 2)

表 3 – 1　等保推荐性国家标准

标准号	标准名称	发布日期	实施日期
GB/T 22240 – 2020	信息安全技术　网络安全等级保护定级指南	2020 年 4 月 28 日	2020 年 11 月 1 日
GB/T 25058 – 2019	信息安全技术　网络安全等级保护实施指南	2019 年 8 月 30 日	2020 年 3 月 1 日

续表

标准号	标准名称	发布日期	实施日期
GB/T 25070－2019	信息安全技术　网络安全等级保护安全设计技术要求	2019 年 5 月 10 日	2019 年 12 月 1 日
GB/T 22239－2019	信息安全技术　网络安全等级保护基本要求	2019 年 5 月 10 日	2019 年 12 月 1 日
GB/T 28448－2019	信息安全技术　网络安全等级保护测评要求	2019 年 5 月 10 日	2019 年 12 月 1 日
GB/T 28449－2018	信息安全技术　网络安全等级保护测评过程指南	2018 年 12 月 28 日	2019 年 7 月 1 日
GB/T 36958－2018	信息安全技术　网络安全等级保护安全管理中心技术要求	2018 年 12 月 28 日	2019 年 7 月 1 日
GB/T 36959－2018	信息安全技术　网络安全等级保护测评机构能力要求和评估规范	2018 年 12 月 28 日	2019 年 7 月 1 日
GB/T 36627－2018	信息安全技术　网络安全等级保护测试评估技术指南	2018 年 9 月 17 日	2019 年 4 月 1 日

表 3－2　部分行业特殊要求

行业	文件名称	文件类型
电力	电力行业网络安全等级保护管理办法	部门规章
	电力信息系统安全等级保护实施指南	推荐性国家标准
证券期货	证券期货业网络安全等级保护基本要求	行业标准
	证券期货业网络安全等级保护测评要求	行业标准
广播电视	广播电视网络安全等级保护定级指南	行业标准
	广播电视网络安全等级保护基本要求	行业标准

（二）保护对象范围

等保 2.0 版本的保护范围是“网络空间”，云计算、大数据、物联网、工业控制系统等新兴技术和应用场景也被纳入等级保护范围。值得一提的是，等保 2.0 对所有等保对象采用统一标准，针对不同等保对象采用序号标识体现扩展要求，具体包括安全通用要求、云计算安全扩展要求、移动互联安全扩展要求、物联网安全扩展要求以及工业控制系统安全扩展要求。

三、网络安全等级保护制度的要求

(一)法律要求与义务

网络安全等级保护制度包括法律和技术制度,企业仅靠自身力量实施等保义务的难度较大,宜聘请专业的律所以及有资质的评测机构协助落实。对于法律明确要求的义务,对于企业而言是最低限度的要求,企业应当立即落实如下工作:(1)完成定级、测评、备案工作,落实网络安全等级保护制度,企业应注意到,定级备案和测评是分两步走的工作,完成定级和备案并不意味着等保工作的结束;(2)制定内部安全管理制度和操作规程,确定网络安全负责人,落实网络安全保护责任;(3)采取防范计算机病毒和网络攻击、网络侵入等危害网络安全行为的技术措施;(4)采取监测、记录网络运行状态、网络安全事件的技术措施,并按照规定留存相关的网络日志不少于6个月;(5)采取数据分类、重要数据备份和加密等措施。

(二)等保备案≠等保测评

根据义乌市公安局网警大队于2019年8月作出的行政处罚决定书,[①]义乌市某位置公司开发使用的“某平台”于2016年完成三级信息安全等级保护测评并通过备案,为基础信息网络和重要信息系统,按照法律规定应当每年进行测评。然而,义乌市公安局网警大队在工作中发现该平台2019年度未开展测评,违反计算机信息系统安全等级保护制度。因此,义乌警方对其予以警告处罚,并责令其改正。

此案反映了企业在落实信息安全等级保护的过程中存在的一些认知误区。首先是对等保相关法律法规不了解,误认为取得了公安机关提供的备案证,就具备了等级保护级别,而没有启动测评流程,没有实质落实安全防护技术措施和管理制度。更有甚者误认为进行等级保护备案的目的是仅通过拿备案证“获取资质”,以便在投标时增加“筹码”,而法律要求的网络安全保护各项制度和措施无须实际落地。

(三)定级由评测机构和专业机构说了算吗

虽然聘请了专业的测评机构进行定级、评测以帮助落实等保义务,但是对于网络信息系统定级准确性的责任由企业承担。因此,测评机构仅提出等级建议,最终的定级需要企业正确把握。对于确定为第二级以上的,应当在等级确定后30日内向所在地设区的市级公安机关备案。

---

① 义乌市位置网络科技有限公司违反计算机信息系统安全等级保护制度,义乌市公安局网络警察大队义公(网)行罚决字〔2019〕62419号行政处罚决定书。

(四)一次等保抑或重复等保

对定级为三级或三级以上的网络运营者而言,等保评测与定级并非一劳永逸:三级网络运营者应当至少每一年进行一次评测和自查,四级网络运营者应当至少每半年进行一次评测和自查。

(五)采取 SaaS 等网络构架和租用云服务的网络运营者不承担等保义务吗

企业采取 SaaS、PaaS、Issa 等网络构架或者租用云计算服务("云服务")或系统由他人托管的情况比较普遍,在前述情况下企业应与网络服务商根据网络边界切分厘清双方责任,对落入自身责任范围的内容仍然负有落实等保的法律义务。工信部于2022 年 4 月发布的《云计算安全责任共担模型》(YD/T 4060 - 2022),以及云计算开源产业联盟于 2020 年发布的《云计算安全责任共担白皮书》的责任分配模型可作为参考依据。(见图 3 - 1)

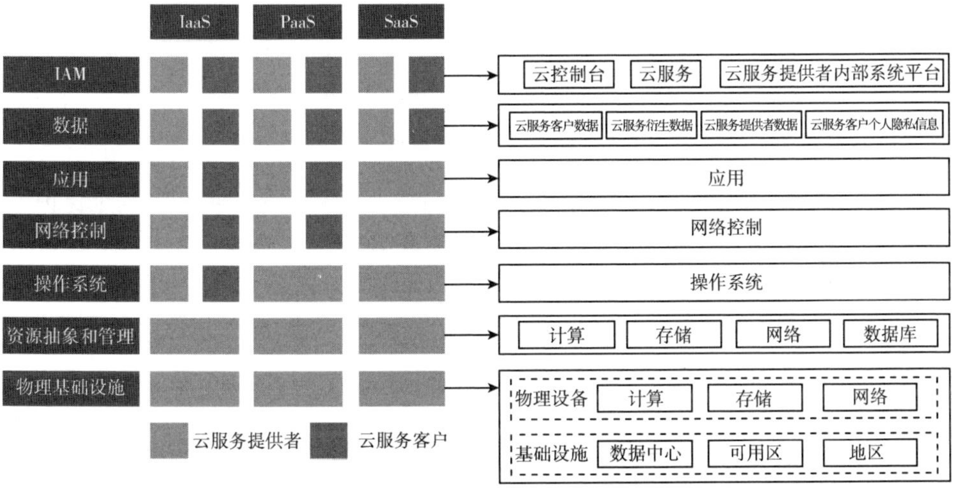

图 3 - 1 云计算安全责任共担模型

四、等级保护工作的具体步骤

(一)定级要求

1. 等级划分

等级保护是我国信息安全保障的基本制度,是对网络和信息系统按照重要性等级分级别保护的一种制度(见表 3 - 3)。安全保护等级越高,要求安全保护能力就越强,既不能保护不足,也不宜过度保护。

表3-3　等级划分

受侵害客体	对客体的危害程度		
	一般	严重	特别严重
用户自身利益	一级	二级	三级
公众利益社会秩序	二级	三级	四级
国家安全	三级	四级	五级

2. 定级流程

相比“等保1.0”要求企业进行“自主定级,自主保护”,“等保2.0”将定级模式修改为“申请批准”。企业应以书面形式说明保护对象的安全保护等级以及确定等级的方法和理由,并组织相关部门和有关安全技术专家对定级结果的合理性和正确性进行论证和审定,最终报定级结果经过相关部门的批准。(见图3-2)

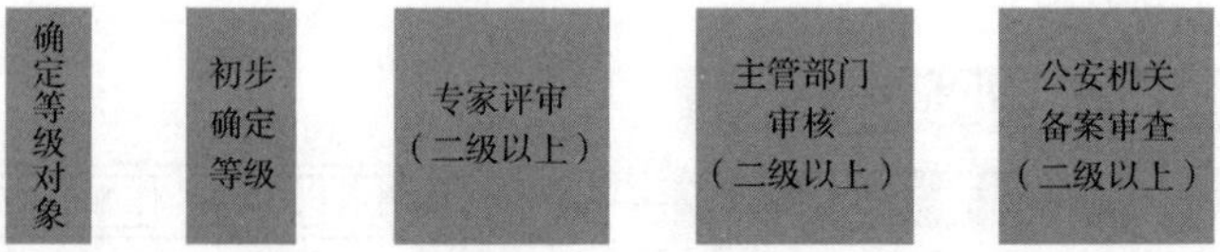

图3-2　定级流程

此外,对于基础信息网络、云计算平台、大数据平台等支撑类网络,其安全保护等级原则上应不低于其承载的等级保护对象的安全保护等级。按照这一原则,大数据安全保护等级不低于第三级;对于CII,原则上其安全保护等级不低于第三级。

企业确定要开展网络安全等级保护工作后,首先对企业使用中的信息系统、平台等进行库存盘点,确定信息系统的个数、资产数量(主机、网络设备、安全设备等)、机房的模式(自建、托管、云平台等)。

(二)测评要求

1. 选取测评机构

国家网络安全等级保护工作协调小组办公室在“中国网络安全等级保护网”上公布了《全国网络安全等级测评与检测评估机构目录》,合计200多家。企业可首先参照该推荐目录的内容,在当地寻找符合资质的测评机构。另外,等级保护测评并不是一个“标准件”,每家测评机构的实力、专业水平亦有参差不齐。笔者建议通过以下方面判断测评机构的资质水平:(1)测评机构技术人员的实力,即通过中国网络安全等级保护网上的“测评机构”“机构人员”,查询候选的测评机构有多少高级测评师、中级测评师、初级测评师;(2)测评机构的资质,即除基本的测评机构推荐目录指引之外，还可以考虑是否具备相关的资质证书，如 CNAS、ISO9000、27001 等；机构是否参加过信息安全类的竞赛，奖项荣誉情况如何；(3)参考测评机构已完成的案例、应急支撑或运维保障事务业绩。

2. 系统建设整改

在整个测评流程中，最核心的是对目标信息系统进行建设和整改，以建立起完善的安全管理和安全技术体系。前者包括安全保障策略、管理制度、治理机构、人员管理、运维管理等，后者则应包括物理环境安全、通信网络安全、网络边界安全、计算环境安全等。企业应结合测评结果的整体情况，针对测评机构在测评报告中提出的待整改事项进行建设和完善。

第六节　PIA 是什么，怎么做

在个人信息保护领域，PIA 指的是 Personal Information Protection Impact Assessment，即《个人信息保护法》规定的个人信息安全影响评估制度。企业进行 PIA 的目的在于对个人信息处理过程中存在安全风险的场景进行识别，通过对个人信息处理风险的评估，进行切实有效的整改措施，进而降低和排除个人信息风险。

一、应当开展 PIA 的个人信息处理场景

根据《个人信息保护法》的规定，以下个人信息处理场景应开展 PIA：

- 从个人信息类型角度，处理敏感个人信息应开展 PIA。
- 从高风险处理活动角度，利用个人信息进行自动化决策应开展 PIA。
- 从个人信息传输的角度，因存在新的个人信息接收方，委托处理个人信息、向其他个人信息处理者提供个人信息、公开个人信息、向境外提供个人信息均应开展 PIA。
- 其他对个人权益有重大影响的个人信息处理活动，根据该等兜底条款的要求，对于个人信息处理者而言，应当结合自身的经营情况和业务范围，就可能存在高风险的个人信息处理场景进行筛选并开展 PIA。

《个人信息保护法》仅对个人信息处理可能存在较大风险以及对个人权益有重大影响的典型场景提出 PIA 要求。实践中，个人信息处理者应结合日常经营的具体情况，就以下场景中可能出现的个人信息处理风险开展 PIA：

- 产品或服务发布前，如果出现新的个人信息处理场景，应开展 PIA。
- 业务功能发生重大变化时，如果个人信息处理目、方式或者个人信息处理范围

或潜在风险发生变化,应开展 PIA。

- 当法律法规对个人信息处理和保护提出新的要求,应开展 PIA。
- 在业务模式、信息系统、运行环境发生重大变更时,由于个人信息处理风险很可能随之发生变化,应开展 PIA。
- 发生重大个人信息安全事件时,应开展 PIA。

二、开展 PIA 的方式

PIA 应当嵌入企业个人信息处理的全生命周期中,PIA 的程序主要包括个人信息处理活动尽调和个人信息处理风险评估两个环节。个人信息处理活动尽调是风险评估的基础和前置条件。

开展 PIA 期间,个人信息保护部门、合规部门、法务部门、IT 部门和业务部门等需要协调合作,可由 DPO 牵头,组织个人信息处理活动的尽调表单填写、访谈和评估活动。

(一)个人信息处理活动尽调阶段

开展 PIA 时,个人信息处理者的首要任务是对个人信息处理情况进行盘点。企业在进行个人信息处理盘点时,可从以下维度搭建个人信息处理活动尽调框架:

- 统计所处理的一般个人信息和敏感个人信息的具体类型以及个人信息数量。
- 梳理个人信息的处理场景:包括个人信息的收集、处理(包括个人信息处理者的内部处理情况)、委托处理、共享、出境、自动化决策等。
- 梳理隐私政策文件,包括隐私政策、保密协议、个人信息保护承诺函、个人信息跨境传输协议等。
- 梳理个人信息保护安全措施,包括加密措施、匿名化措施等。

在搭建个人信息处理活动尽调框架后,个人信息处理者应当就适用的每一模块下的个人信息处理情况进行梳理。

以个人信息收集环节为例:

- 梳理个人信息收集目的、类型、数量。
- 梳理个人信息收集方式。
- 梳理收集个人信息的主体,例如集团、子公司、经销商、供应商或其他主体。
- 查明向个人告知个人信息处理规则和保护政策的时间和方式。
- 查明个人行使个人信息主体权利的方式是否具备以及相应的行使方式。
- 查明处理敏感个人信息是否符合法律规定要件等。

以个人信息使用环节为例：
- 梳理个人信息的使用主体以及权限管理措施。
- 梳理个人信息使用的目的。
- 梳理个人信息使用过程中采取的安全措施，包括匿名化措施等。
- 梳理个人信息使用过程中的特殊处理行为，例如是否存在用户画像、自动化决策、数据融合、系统性监控等。

以个人信息传输为例：
- 梳理个人信息传输的路径，以及传输个人信息的目的。
- 梳理传输的个人信息类型、数量和方式。
- 梳理个人信息传输过程中采取的安全保护措施。
- 梳理接收方是否存在再次传输的情况等。

以个人信息跨境传输为例：
- 梳理个人信息接收方所在国家和地区。
- 查明个人信息跨境传输的路径，以及跨境传输个人信息的目的。
- 梳理跨境传输的个人信息类型、数量和方式。
- 梳理个人信息跨境传输过程中采取的安全保护措施。
- 梳理接收方是否存在再次传输的情况。
- 查明跨境传输个人信息是否符合法律规定的要件等。

以个人信息的保存和删除为例：
- 查明是否存在个人信息保存制度以及制度是否完善。
- 查明个人信息存储位置。
- 查明个人信息存储期限届满采取的方式等。

以业务功能发生重大变化为例：
- 查明业务变化后负责部门变更的情况。
- 识别变更前与变更后的业务目标。
- 查明是否涉及供应商变更。
- 查明业务变化后，个人信息处理目的、方式，处理的个人信息的范围和数量等。

（二）个人信息处理风险评估阶段

在对个人信息处理的基本情况进行摸排后，需要在此基础上对个人信息处理活动开展风险评估。风险评估可以分为定期评估和特定事项评估。个人信息处理者可根据经营的具体情况确定定期评估的时间，而在出现法律规定发生变化、业务发生重大变化、开发新产品和服务等情况时均可能触发特定事项评估。

在风险评估阶段,个人信息处理者应当根据个人信息处理的尽调情况,就特定的个人信息处理活动进行评估。风险评估分为安全事件发生的可能性评估以及个人权益的影响程度评估,结合前述两项评估结果,得出个人信息处理风险的最终结论。需要注意的是,个人信息处理风险评估结果并非一成不变,在出现新的个人信息处理风险时,个人信息处理风险的评估结果可能发生变化。

1. 安全事件发生的可能性(见表3-4)

表3-4 安全事件发生的可能性判定

可能性描述	可能性等级
网络环境与互联网及大量信息系统有交互现象,基本上未采取安全措施保护个人信息安全	很高
该个人信息处理行为为常态、不间断的业务行为,该行为已经对个人主体的权益造成了影响,或收到了大量相关的投诉,并引起了社会关注	
任意人员可接触到个人信息,对第三方处理个人信息的范围无任何限制,或已出现第三方滥用个人信息的情形	
威胁引发的相关安全事件已经被本组织发现,或已收到监管部门发出的相关风险警报	
网络环境与互联网及其他信息系统有较多交互现象,采取的安全措施不够全面	高
该个人信息处理行为为常态、不间断的业务行为,个人信息处理行为不规范,且收到了相关的投诉	
对处理个人信息相关人员的管理松散,未对第三方处理个人信息的范围提出相关要求	
威胁引发的相关安全事件曾经在组织内部发生过,或已在合作方已经发生,或收到过权威机构发出的相关风险预警信息,或处理个人信息的规模超过1000万人	
网络环境与互联网及其他信息系统有交互现象,采取了一定的安全措施	中
该个人信息处理行为为常态业务行为,个人信息处理行为规范性欠缺,且合作伙伴或同领域其他组织收到过相关的投诉	
对人员提出了管理要求,对第三方处理个人信息的范围提出限制条件,但相应的管理和监督效果不明	
威胁引发的相关安全事件已经同领域其他组织发现,或在专业机构相关报告中被证实已出现,或处理个人信息的规模超过100万人	

续表

可能性描述	可能性等级
网络环境比较独立，交互少，或采取了有效的措施的保护个人信息安全	低
该个人信息处理行为非常态业务行为，个人信息处理行为符合规范，几乎没有出现关于该行为的投诉	
对人员的管理和审核比较严格，与第三方合作时提出有效的约束条件并进行监督	
威胁引发的安全事件仅被专业机构所预测	

2. 对个人权益的影响程度（见表 3－5）

表 3－5　个人权益的影响程度判定

影响类别	影响程度判定原则	影响描述	影响程度
影响个人自主决定权	个人信息主体可能会遭受重大的，不可消除的，可能无法克服的影响	例如，个人人身自由受限、遭受人身伤害	严重
	个人信息主体可能遭受重大影响，个人信息主体克服难度高，消除影响代价大	例如，被强迫执行违反个人意愿的操作、被蓄意推送资讯影响个人价值观判断、可能引发个人人身自由受限或遭受人身伤害	高
	个人信息主体可能会遭受较严重的困扰，且克服困扰存在一定的难度	例如，缺乏相关知识或缺少相关渠道更正个人信息、为使用应提供的产品或服务而付出额外的成本等	中
	个人信息主体可能会遭受一定程度的困扰，但尚可以克服	例如，被占用额外的时间	低
引发差别性待遇	个人信息主体可能会遭受重大的，不可消除的，可能无法克服的影响	例如，因信息泄露造成歧视性对待以致被用人单位解除劳动关系	严重
	个人信息主体可能遭受重大影响，个人信息主体克服难度高，消除影响代价大	例如，造成对个人合法权利的歧视性待遇、造成对个人公平交易权的损害（无法全部或部分使用应提供的产品或服务）	高
	个人信息主体可能会遭受较严重的困扰，且克服困扰存在一定的难度	例如，造成误解、为使用应提供的产品或服务而需付出额外的成本（包含资金成本、时间成本等）	中
	个人信息主体可能会遭受一定程度的困扰，但尚可以克服	例如，被打扰、产生厌烦和恼怒的情绪等	低

续表

影响类别	影响程度判定原则	影响描述	影响程度
个人名誉受损和遭受精神压力	个人信息主体可能会遭受重大的,不可消除的,可能无法克服的影响	例如,名誉受损以致长期无法获得财务收入、导致长期的心理或生理疾病以至于失去工作能力、导致死亡等	严重
	个人信息主体可能遭受重大影响,个人信息主体克服难度高,消除影响代价大	例如,名誉受损以致被用人单位解除劳务关系、导致心理或生理疾病以致健康遭受不可逆的损害等	高
	个人信息主体可能会遭受较严重的困扰,且克服困扰存在一定的难度	例如,造成误解、名誉受损(通过澄清可全部或部分恢复)、产生害怕和紧张的情绪、导致心理或生理疾病(通过治疗或纠正措施,短期可痊愈)等	中
	个人信息主体可能会遭受一定程度的困扰,但尚可以克服	例如,被频繁打扰、产生厌烦和恼怒情绪等	低
个人财产受损	个人信息主体可能会遭受重大的,不可消除的,可能无法克服的影响	例如,遭受无法承担的债务等	严重
	个人信息主体可能遭受重大影响,个人信息主体克服难度高,消除影响代价大	例如,遭受金融诈骗、资金被盗用、征信信息受损等	高
	个人信息主体可能会遭受较严重的困扰,且克服困扰存在一定的难度	例如,社会信用受损,为获取金融产品或服务需付出额外的成本等	中
	个人信息主体可能会遭受一定程度的困扰,但尚可以克服	例如,因个人信息更正而需执行额外的流程(或提供额外的证明性材料)等	低

3. 个人信息安全风险级别(见表3-6)

表3-6　个人信息安全风险综合评估

风险等级		可能性级别			
		低	中	高	很高
影响级别	严重	中	高	严重	严重
	高	中	中	高	严重
	中	低	中	中	高
	低	低	低	中	中

对个人信息处理风险进行综合评估后，通常由合规部门、法务部门或个人信息保护负责部门提出合规安全整改措施，业务部门需要应当按照整改建议在整改期限内进行整改。PIA 的全部过程应进行书面记录，并至少保存 3 年。

第七节 年年做审计，个人信息还要审计吗

《个人信息保护法》要求个人信息处理者定期进行合规审计，即个人信息处理者应当定期对其处理个人信息遵守法律、行政法规的情况进行合规审计。除满足法律要求外，定期进行个人信息合规审计也有利于企业识别其履行个人信息合规义务的现状、识别现有合规风险、及时采取相应的改进措施、提升企业内部对于个人信息保护的合规意识。

尽管《个人信息保护法》对于审计频率、审计方式、审计内容等并未作出细化，个人信息处理者可参考已经发布的国标、指南等规范性文件具体实施个人信息合规审计。

一、审计工作流程

企业可设立个人信息审计委员会，由审计委员会统筹协调个人信息合规审计，由审计工作小组具体实施。

（一）准备阶段

审计准备阶段工作流程包括：

- 制订年度审计计划，报个人信息合规负责人批准。
- 明确审计目标。
- 组织审计工作小组，确定小组人员分工。
- 拟定审计工作方案（包括合规审计清单），报个人信息合规负责人批准后执行。
- 确定审计工作时间。
- 在审计实施前以书面形式下达审计通知书，确定并通知被审计部门、人员。

（二）实施阶段

审计实施阶段工作流程包括：

- 获取审计证据，形成审计工作底稿。
- 分析复核审计工作底稿，形成审计意见。

- 审计工作小组商谈审计结果。

(三)报告阶段

审计报告阶段工作流程包括:

- 审计工作小组根据已经形成的审计意见,出具审计报告。
- 个人信息合规负责人审阅签字后,发给被审计部门征求意见。
- 被审计部门在收到审计报告后作出答复,如有异议可提出书面意见;审计工作小组审核书面意见,根据需要决定是否进行补充审计。
- 个人信息审计委员会将审计报告、被审计部门意见报送管理层,审计报告经管理层批准后生效。

(四)整改阶段

审计整改阶段工作流程包括:

- 管理层依据审计报告作出整改决定,被审计部门执行整改决定。
- 个人信息审计委员会检查被审计部门执行整改决定的情况。
- 在整改决定生效后,不定期地对决定的执行情况进行监督和信息反馈。
- 个人信息合规负责人向管理层汇报审计结果。

二、审计方式

合规审计应当从个人信息合规制度的各项政策、流程、文件、系统等方面出发,具体的方法包括:

- 审阅企业的 PIA 记录,以及个人信息处理活动记录。
- 审阅个人信息主体的投诉、内外部举报或报告。
- 审阅个人信息安全事件报告。
- 审阅个人信息合规政策、隐私政策、个人信息处理合同、个人信息合规条款等文件,确认其有效性、及时性、完善性。
- 审阅个人信息合规记录:确认应当保存的记录文件的有效性、完整性、及时性。
- 管理层访谈和合规负责人访谈:对管理层和合规负责人进行访谈,了解其对个人信息合规政策的理解程度,询问个人信息安全事件、合规制度执行情况、执行中的问题以及改进建议。
- 员工访谈:对员工进行访谈,了解其对个人信息合规政策的理解程度,询问个人信息安全事件、合规制度执行情况、执行中的问题以及改进建议。

三、审计内容

个人信息合规审计旨在帮助企业识别其是否已经按照法律法规要求及内部合规要求处理个人信息，并适当实施个人信息合规制度。因每个企业的个人信息合规要求各异，本书仅根据法律法规基本要求及最佳实践建议如下的个人信息合规审计内容（见表3－7）。

表3－7　审计事项及整改措施对照

审计事项	整改措施
制度：是否建立内部个人信息安全管理制度和操作规程（含有区分的操作权限）？	制定并实施《个人信息安全管理制度》；《数据（含个人信息）权限管理制度》
培训：是否定期对从业人员进行安全教育和培训？	组织培训
应急预案：是否制定个人信息安全事件应急预案并定期进行演练？	制定并实施《个人信息安全应急预案》
技术措施：是否采取相应的加密、去标识化等安全技术措施？	落实相应安全技术措施。 可参考《信息安全技术　个人信息去标识化指南》（GB/T 37964－2019）
合规审计：是否定期对公司处理个人信息遵守法律、行政法规的情况进行合规审计？	制定并实施《数据（含个人信息）审计制度》
收集与使用	
（1）是否限于实现处理目的的最小范围、未过度收集个人信息？	识别各类场景中收集个人信息的必要性。 可参考《常见类型移动互联网应用程序必要个人信息范围规定》
（2）是否明确不同场景下处理个人信息的合法性基础，基于个人同意处理个人信息的，该同意是否由个人在充分知情的前提下自愿、明确作出？	整理个人信息清单，梳理不同场景下的合法基础。 通过《隐私政策》告知个人信息处理的目的、方式和范围等内容
（3）基于个人同意处理个人信息的，是否提供便捷的撤回同意的方式？	在《隐私政策》中告知用户如何撤回同意、如何提出查阅、更改或者删除个人信息等权利请求、如何进行针对个人信息安全的投诉等

续表

审计事项	整改措施
(4)单独同意:以下情形是否取得个人的单独同意:向其他个人信息处理者提供个人信息;公开个人信息;处理敏感个人信息;向中华人民共和国境外提供个人信息;在公共场所安装图像采集、个人身份识别设备,将所收集的个人图像、身份识别信用于维护公共安全以外的目的?	如涉及,在《隐私政策》中制定单独的个人信息处理规则并设置独立的同意勾选框
(5)是否明确个人信息的存储期限,确保存储期限为实现个人信息使用目的所必需的最短时间?	制定如何确定个人信息存储期限的规则,在期限届满后及时删除个人信息
(6)个人信息主体权利请求受理机制:是否建立个人权利请求受理和处理机制,以及时处理个人主体关于查阅、更改或者删除个人信息的权利请求?	制定并执行《个人信息主体权利请求响应制度》
(7)投诉管理机制和投诉跟踪流程:是否明确响应的时限并在规定时间内对投诉进行响应?	制定并执行《个人信息主体投诉处理制度》
自动化决策方式的使用	
(1)向个人进行信息推送、商业营销时,是否同时提供不针对其个人特征的选项,或者提供便捷的拒绝方式?	如涉及,可为用户提供个性化推送开关等
(2)作出对个人权益有重大影响的决定时,是否根据个人的要求予以说明?	如涉及,在《隐私政策》中告知用户如何请求说明自动化决策影响
(3)事先评估及记录:对于个人信息处理活动,是否开展个人信息安全影响评估、留存评估报告、对个人信息处理情况进行记录:处理敏感个人信息、利用个人信息进行自动化决策、委托处理、对外提供、公开、向境外提供?	制定并执行《个人信息安全影响评估制度》 可参考《信息安全技术　个人信息安全影响评估指南》(GB/T 39335－2020)
(4)分类管理:是否对处理的个人信息实行分类管理,对敏感个人信息实行特殊保护?	制定并执行《个人信息分类分级制度》,并根据个人信息的类别采取不同的安全保护措施。 处理敏感个人信息应确保:具有特定的目的和充分的必要性;采取严格的保护措施;取得个人的单独同意;向个人告知处理敏感个人信息的必要性以及对个人权益的影响

续表

审计事项	整改措施
对外提供/委托处理	
(1)向其他个人信息处理者提供个人信息前,是否向个人告知接收方的名称或者姓名、联系方式、处理目的、处理方式和个人信息的种类,并取得个人的单独同意?	取得个人的单独同意;向个人告知与提供个人信息相关的必要事项
(2)与其他个人信息处理者共同决定个人信息的处理目的和处理方式时,是否通过协议方式明确约定各自的权利和义务?	准备相应的合同/条款模板
(3)委托处理个人信息时,是否通过书面协议与受托人约定委托处理的目的、期限、处理方式、个人信息的种类、保护措施以及双方的权利和义务等,并通过定期审计等方式对受托人的个人信息处理活动进行监督?	准备相应的合同/条款模板;定期审计
出境	
(1)向中华人民共和国境外提供个人信息的,是否满足以下条件之一:向监管部门申报安全评估;专业机构认证;签订标准合同;或其他条件?	制定并执行《个人信息出境管理制度》;出境个人信息之前与境外接收方签订标准合同
(2)自上年1月1日起累计向境外提供10万人个人信息或者1万人敏感个人信息的,是否向监管部门申报安全评估?	向监管部门申报数据出境安全评估

第八节　企业数据出境合规如何操作

对于需要全球化经营的企业而言,数据的跨境流动不可避免。随着《数据出境安全评估办法》《个人信息保护认证实施规则》《个人信息出境标准合同办法》的出台,国家已初步建成数据出境监管制度。对于存在数据跨境传输情形的公司来说,数据出境相关办法生效后,公司将面临额外的签约、认证或申报流程,牵涉到跨部门、多人员的协作。因此,明确何种场景下、何种数据能够出境,出境应履行何种流程(包括内部流程和监管审批流程),对于及时高效地调配内外部资源履行数据出境合规义务是相当重要的。

一、数据出境的认定

网信办发布的指南文件《数据出境安全评估申报指南》(第 1 版)中规定,以下三类情形构成“数据出境”:(1)数据处理者将在境内运营中收集和产生的数据传输、存储至境外;(2)数据处理者收集和产生的数据存储在境内,但境外的机构、组织或者个人可以访问或者调用;(3)网信办规定的其他数据出境行为。

《数据出境安全评估申报指南》(第 1 版)在《数据出境安全评估办法》的基础上进一步明确了“数据出境”行为的认定方式,但实践当中特定的数据处理情形(例如,委托处理)是否需要安全评估,仍可能存在争议。结合业务实践,笔者列举若干存疑情形。

(一)数据处理者是否包括个人信息处理受托方,是否包括重要数据处理行为的受托方?

现有生效法规未对“数据处理者”作出明确定义。《网络数据安全管理条例(征求意见稿)》规定,数据处理者指“在数据处理活动中自主决定处理目的和处理方式的个人和组织”。如采用此定义,则个人信息或重要数据受托方并无申报义务。但实践中,相关监管部门并未就此进行澄清,建议公司关注各地网信部门发布的实务问答,或直接向网信部门进行电话咨询以确认具体的申报要求。

(二)向位于本国境内的未在境内注册的主体(如使领馆、外国常驻新闻机构和外国记者)提供个人信息和重要数据的行为,是否属于数据出境?

《数据出境安全评估申报指南》(第 1 版)将境外的机构、组织或者个人访问境内数据认定为“数据出境”行为,但并未明确“境外”是地理位置(主体是否位于境外)概念或是主体属性(是否受中国司法管辖)概念。实践中常会存在企业雇用外籍人士在境内从事涉及个人信息处理的工作以及企业向使领馆、外国常驻新闻机构提供个人信息等情形。笔者理解,在上述情形中数据本身并未通过传输或远程访问等方式被转移至境外,应不属于“数据出境”行为,但这仍有待监管部门对“境外的机构、组织或者个人”的确切含义进行澄清。

需要注意的是,《数据出境安全评估办法》所规定的需要进行安全评估的“数据出境”行为,应当有“数据接收方”。因此,笔者理解将数据存于境外服务器,且数据仅能被国内数据处理者访问的,应不属于《数据出境安全评估办法》所规制的数据出境行为。

总结而言,企业判断其业务行为是否属于可能触发申报的“数据出境”时,如同时满足以下条件，则答案是肯定的：

（1）企业能够在数据处理活动中自主决定处理目的、处理方式；

（2）数据是在“境内运营过程中”收集和产生的；

（3）企业的行为涉及“向境外提供”，或能被境外机构、组织或者个人“访问或调用”的情况。

基于上述分析，境外公司直接从境内收集数据（例如，境外公司管理的网站或 App）、企业从境外获取数据后未做进一步加工处理直接出境的（例如，获取 A 国临床试验数据后直接再出境到 B 国进行申报），不属于《数据出境安全评估办法》规制的数据出境。

二、数据出境的合规要求

（一）需要本地化存储的数据

并非所有的数据都可以自由出境，对于特定类型的数据及特定数据处理者的数据，法律法规要求实施本地化存储：

（1）涉及国家秘密的企业，未经批准不得将国家秘密传至境外。

（2）CIIO 在中华人民共和国境内运营中收集和产生的个人信息和重要数据应当在境内存储。

（3）处理个人信息人数达到网信办规定数量的个人信息处理者，需将在中华人民共和国境内运营中收集和产生的个人信息存在境内。

关于“第（3）项”中的“规定数量”是否可以直接理解为 100 万人个人信息或累计出境 10 万人个人信息或 1 万人个人敏感信息，实践当中存在一定争议。[①] 目前来看，《数据出境安全评估办法》规定的是数据出境规则，而非数据本地储存规则，前者的人数标准可能对后者标准有一定参考价值，但无法从法条文义上直接推论数据本地储存也适用该标准。因此，在未进一步明确境内储存规则之前，公司的境内储存规则可以暂时维持现状，但应将 100 万人作为一种可能的标准进行合规规划。

除了以上的情形，特定行业领域的数据也有着本地化的要求，例如：

- 人口健康信息不得在境外的服务器中存储，不得托管、租赁在境外的服务器。
- 健康医疗大数据应当存储在境内的服务器上，确有出境需求应进行安全评估审核。
- 人类遗传资源不得向境外提供，外方单位需要利用我国人类遗传资源开展科

---

① 《数据出境安全评估办法》实施后，有企业认为，既然数据出境的达量标准为 100 万人，那么境内储存的标准应当与其等同或者，至少不会比数据出境的标准更低。

学研究活动，应当通过中外合作的方式进行，中外合作科学研究应当经过科学技术部和/或其地方派出机构(以下简称“科学技术行政部门”)的批准或向科学技术行政部门备案。

- 未经主管部门允许，不得将未公开的国家基础地理信息数据携带或者邮寄出境，不得以任何方式将其传输至境外。

(二)额外告知义务及单独同意的获取

如果出境的数据属于个人信息，则开展数据出境活动的个人信息处理者还应当就数据出境的情况额外告知相关个人，并取得其单独同意，告知的内容至少包括：(1)境外接收方的名称或者姓名、联系方式；(2)数据出境的处理目的及处理方式；(3)涉及个人信息的种类；(4)个人向境外接收方行使本法规定权利的方式和程序。

单独同意是指对于某类具体的业务功能或特定目的的个人信息处理活动，通过增强式告知或即时提示等方式，单独向个人信息主体履行告知义务，并由个人信息主体明示同意。实践当中，公司可以通过设置单独同意数据出境的独立勾选框、在告知书中设置独立的签名区域要求相关个人作出对数据出境的独立同意等方式取得相关个人的单独同意。

(三)PIA

除了额外的告知义务和单独同意的获取，个人信息处理者还应在出境个人信息前进行 PIA。根据《个人信息保护法》的要求，针对个人信息出境地 PIA 应当包括以下三项内容：(1)个人信息的处理目的、处理方式等是否合法、正当、必要；(2)个人信息出境行为对个人权益的影响及安全风险；(3)为个人信息出境所采取的保护措施是否合法、有效以及是否与风险程度相适应。

此外，2023 年 2 月 24 日发布的《个人信息出境标准合同办法》对个人信息出境场景下的 PIA 内容进行了进一步细化补充，具体包括：(1)个人信息处理者和境外接收方处理个人信息的目的、范围、方式等的合法性、正当性、必要性；(2)出境个人信息的规模、范围、种类、敏感程度，个人信息出境可能对个人信息权益带来的风险；(3)境外接收方承诺承担的义务，以及履行义务的管理和技术措施、能力等能否保障出境个人信息的安全；(4)个人信息出境后遭到篡改、破坏、泄露、丢失、非法利用等的风险，个人信息权益维护的渠道是否通畅等；(5)境外接收方所在国家或者地区的隐私政策和法规对标准合同履行的影响；(6)其他可能影响个人信息出境安全的事项。

PIA 的概念类似于欧盟法下的“数据保护影响评估”(Data Protection Impact Assessment，DPIA)，该等评估重点关注个人信息处理场景中的高风险处理行为，要求个人信息处理者从个人信息处理目的、方式、风险、对个人的影响和保护措施等维度评估数据处理行为的风险等级，并确定需要采取的降低风险的措施。

通常情况下，PIA 机制是处理个人信息的企业必须搭建的合规体系，而个人信息出境场景为需要开展 PIA 的场景之一。在《个人信息保护法》生效前，部分企业可能已经针对某些个人信息处理行为进行过类似评估，为数据出境合规之目的，该等企业可在过往 PIA 的基础上按照《个人信息保护法》的要求进行调整和更新。

三、数据出境的合规路径

公司在开展数据出境前，应当满足三类条件之一：(1)完成数据出境安全评估；(2)完成个人信息保护认证；(3)签署个人信息出境标准合同。如企业拟出境的数据是重要数据，或者企业本身构成关基单位，则仅可通过完成数据出境安全评估的方式进行数据出境。目前，上述三种出境机制均已发布相应的配套法律规定和标准。

(一)数据出境安全评估

满足以下情形之一的，应当在数据出境前进行数据出境安全评估：

- 向境外提供重要数据；
- CIIO 和处理 100 万人以上个人信息的数据处理者向境外提供个人信息；
- 自上年 1 月 1 日起累计向境外提供 10 万人个人信息或者 1 万人敏感个人信息的数据处理者向境外提供个人信息；
- 网信办规定的其他需要申报数据出境安全评估的情形。

数据出境安全评估申报工作主要涉及 PIA、数据跨境传输合同/法律文件准备、数据出境安全自评估、数据出境安全评估申报等工作，除前文已提及的 PIA 以外，公司在准备数据出境安全评估时还应当注意：

1. 数据跨境传输合同/法律文件准备

需明确的是，《数据出境安全评估办法》中规定的申报材料之一“数据处理者与境外接收方拟订立的法律文件”从内容和性质上来说异于个人信息出境标准合同（内容对比如表 3 - 8 所示）。尽管如此，对于个人信息的出境安全评估下的数据跨境传输合同，标准合同可作一个合适的参考。观察网信办公布的标准合同范本，其中部分条款为境内监管部门实施数据出境监管提供便利条件，①亦较为完整地约定了境外接收

① 例如，国家网信办公布的《个人信息出境标准合同》范本第 3 条规定的境外接收方的义务包括“同意在监督本合同实施的相关程序中接受监管机构的监督管理，包括但不限于答复监管机构询问、配合监管机构检查、服从监管机构采取的措施或者作出的决定、提供已采取必要行动的书面证明等”。

方的数据保护义务,起到保护数据出境方和相关数据主体权益的效果。一方面,直接照搬标准合同文本作为"法律文件"的内容进行签订并提交可能会提高通过申报评估的概率;但另一方面,境外接收方是否愿意"照单全收"标准合同所有条款,可能需要更多的协调努力。

如公司已按照 GDPR 签订了集团内部的数据跨境传输标准合同条款(Standard Contractual Clauses,SCC),且考虑直接将 SCC 的文本用于中国法下的数据跨境传输,则需考察 SCC 是否适用于需要申报的中国数据出境活动、SCC 是否已充分约定了表 3-8 中的法定事项、与境外接收方协商基于 SCC 签订数据出境合同并准备中文译本。

此外,如公司有同时对出境方、接收方有约束力的制度文本、隐私政策、承诺等法律文件,且充分约定了以下法定事项的,也可以作为数据出境的支持性文件。

表 3-8 法定事项

法律文件——适用于数据跨境传输	标准合同——适用于个人信息跨境传输
(一)数据出境的目的、方式和数据范围,境外接收方处理数据的用途、方式等; (二)数据在境外保存地点、期限,以及达到保存期限、完成约定目的或者法律文件终止后出境数据的处理措施; (三)对于境外接收方将出境数据再转移给其他组织、个人的约束性要求; (四)境外接收方在实际控制权或者经营范围发生实质性变化,或者所在国家、地区数据安全保护政策法规和网络安全环境发生变化以及发生其他不可抗力情形导致难以保障数据安全时,应当采取的安全措施; (五)违反法律文件约定的数据安全保护义务的补救措施、违约责任和争议解决方式; (六)出境数据遭到篡改、破坏、泄露、丢失、转移或者被非法获取、非法利用等风险时,妥善开展应急处置的要求和保障个人维护其个人信息权益的途径和方式	(一)个人信息处理者和境外接收方的基本信息,包括但不限于名称、地址、联系人姓名、联系方式等; (二)个人信息出境的目的、范围、类型、敏感程度、数量、方式、保存期限、存储地点等; (三)个人信息处理者和境外接收方保护个人信息的责任与义务,以及为防范个人信息出境可能带来安全风险所采取的技术和管理措施等; (四)境外接收方所在国家或者地区的个人信息保护政策法规对遵守本合同条款的影响; (五)个人信息主体的权利,以及保障个人信息主体权利的途径和方式; (六)救济、合同解除、违约责任、争议解决等

2. 数据出境安全自评估

根据《数据出境安全评估办法》的要求,数据出境风险自评估是数据出境安全评估的前置步骤,公司在申报数据安全评估时,数据出境风险自评估报告也是必须提交的材料之一。数据出境风险自评估报告主要有两部分内容,一是对数据出境活动整体情况的描述,自评估报告中应当写明:

(1)出境方:数据处理者的基本情况 + 安全保障能力的描述;

(2)业务和系统:数据出境涉及业务和系统的情况;

(3)出境数据:拟出境数据的情况;

(4)境外接收方:境外接收方的情况,包括基本情况、处理数据的用途、方式、数据安全保障能力、所在国家/地区的数据保护环境等;

(5)法律文件:数据出境法律文件约定的数据安全保护责任义务。

对数据出境活动的整体情况进行描述后,自评估报告中还需根据基本情况对出境数据的风险进行评估,评估维度应当涵盖《数据出境安全评估办法》规定的六类重点评估事项:

(1)数据出境和境外接收方处理数据的目的、范围、方式等的合法性、正当性、必要性;

(2)出境数据的规模、范围、种类、敏感程度,数据出境可能对国家安全、公共利益、个人或者组织合法权益带来的风险;

(3)境外接收方承诺承担的责任义务,以及履行责任义务的管理和技术措施、能力等能否保障出境数据的安全;

(4)数据出境中和出境后遭到篡改、破坏、泄露、丢失、转移或者被非法获取、非法利用等的风险,个人信息权益维护的渠道是否通畅等;

(5)与境外接收方拟订立的数据出境相关合同或者其他具有法律效力的文件等(以下统称"法律文件")是否充分约定了数据安全保护责任义务;

(6)其他可能影响数据出境安全的事项。

3. 数据出境安全评估申报

在申报数据出境安全评估时,应当按照《数据出境安全评估申报表》的要求对数据出境业务、目的、方式、链路情况、拟出境数据的情况、境外接收方的情况进行描述,同时一并提交《数据出境风险自评估报告》,由网信部门最终判断数据出境风险的高低,并据此作出评估结果。

大型跨国企业通常会涉及由多个实体共同支持同一项业务开展,在此情况下,可首先确定每个出境场景中涉及的关联实体,并确定其中的"核心实体"。对于该出境场景,在"核心实体"所在地向省级网信部门提交申报,非"核心实体"则无须进行重复申报。

值得注意的是,考虑到申报评估结果存在不确定性。如核心业务与非核心业务由同一实体共同申报的,一旦网信部门认为非核心业务存在风险项,则可能导致核心业务无法及时通过评估。因此,企业在进行业务场景的整合,考虑申报主体时,也可从这一角度进行权衡考虑,将非核心业务数据出境进行单独申报。

(二)个人信息保护认证

根据最新版本的《网络安全标准实践指南——个人信息跨境处理活动安全认证规范 V2.0》(TC260 - PG - 20222A),个人信息保护认证不再直接明确适用于跨国公司或者同一经济、事业实体下属子公司或关联公司之间的个人信息跨境处理活动,而仅强调《网络安全标准实践指南——个人信息跨境处理活动安全认证规范 V2.0》(TC260 - PG - 20222A)是进行个人信息保护认证的认证依据,与《个人信息保护认证实施规则》相对应。基于对现有法律法规的理解,除非属于需要开展数据出境安全评估的情形,数据处理者可以通过进行个人信息保护认证的方式开展数据出境,但对于个人信息保护认证的具体适用范围,仍然有待后续立法或执法机构进行释明。

(三)个人信息出境标准合同

根据《个人信息出境标准合同办法》,同时符合以下情形的个人信息处理者可以通过签订标准合同的方式向境外提供个人信息:

- 非 CIIO;
- 处理个人信息不满 100 万人的;
- 自上年 1 月 1 日起累计向境外提供个人信息不满 10 万人的;
- 自上年 1 月 1 日起累计向境外提供敏感个人信息不满 1 万人的。

在开展个人信息出境前,个人信息处理者应当开展 PIA,且应在标准合同生效之日起 10 个工作日内向所在地网信部门备案,备案时除了提交标准合同外,还应当提交 PIA 报告。

关于标准合同文本是否可以修改,网信办在回答记者提问时表示:"标准合同应当严格按照本办法附件的标准合同范本订立。网信部门可以根据实际情况对附件进行调整。个人信息处理者可以与境外接收方约定其他条款,但不得与标准合同相冲突。"[①]笔者理解,对于标准合同的修改仅能通过将内容增加至标准合同附录二的方式进行,且不得与标准合同已有文本相冲突,即仅能在标准合同文本的基础上进行增补扩充。

网信办于 2023 年 5 月 30 日发布了《个人信息出境标准合同备案指南》(第 1 版),对申报材料及申报流程给出了更详尽的指引。

---

① 国家网信办:《〈个人信息出境标准合同办法〉答记者问》,载国家互联网信息办公室网站:http://www.cac.gov.cn/2023-02/24/c_1678884829601935.htm,最后访问日期:2023 年 9 月 4 日。

第九节 网安、数据领域的行政执法程序和权限

在网安、数据领域，无论是日常的网络安全监督与管理，还是网络安全事件或个人信息事件的调查和处理，都可能涉及多个行政主管部门。在行政主管部门执法过程中，企业通常需要参与调查访谈、提供文件材料、配合执法审查等。本节对行政部门在网络安全与数据领域的执法权限和程序进行梳理，总结企业在配合执法调查过程中应当注意的合规要点。

一、执法部门梳理

网安、数据领域执法往往涉及多个行政主管部门。网信部门之前已经出现过国家安全机关、地方网信办、工信部门、国家市场监督管理总局和/或其地方派出机构（以下简称"市场监督管理部门"）、行业主管部门等负责职责范围内的监督管理工作。网络安全与数据领域三部专门性法律对执法部门的规定如表 3 – 9 所示：

表 3 – 9 三法中的执法部门相关规定

法律名称	具体规定
《网络安全法》	（1）国家网信办负责统筹协调网络安全工作和相关监督管理工作。 （2）国务院电信主管部门、公安部门和其他有关机关依法在各自职责范围内负责网络安全保护和监督管理工作
《数据安全法》	（1）国家网信办负责统筹协调网络数据安全和相关监管工作。 （2）工业、电信、交通、金融、自然资源、卫生健康、教育、科技等主管部门负责本行业、本领域的数据安全监管职责： • 以网信办为例，网信办主要职责包括落实互联网信息传播方针政策、推动法制建设，审批、监管网络新闻及相关业务，指导网络文化领域业务布局规划，管理网站运营相关主体履行合规义务的情况等；[1] • 以工信部为例，工信部负责电信与互联网领域的网络信息安全保护与监管工作；[2] • 以市场监督管理部门为例，市场监督管理部门主要负责监督和管理与消费者知情权、自主选择权、公平交易权相关的内容； • 以银行保险监督管理委员会和/或其地方派出机构（以下简称"银保监会"）为例，银保监会负责银保监会监管数据安全工作，组织实施监管数据安全评估和监督检查；监管银行业金融机构数据治理工作等； • 以国家卫生健康委员会和/或其地方派出机构（以下简称"卫健委"）为例，卫健委负责开展健康医疗数据、人口健康信息等标准、安全和服务管理与监督工作；

续表

法律名称	具体规定
	• 以科学技术行政部门为例,其负责人类遗传资源采集、保藏、国际合作科学研究、材料出境等审批工作;人类遗传资源国际合作临床试验、对外提供或开放使用等备案工作等。 (3)公安机关和国家安全机关在其职责范围内承担数据安全监管职责
《个人信息保护法》	(1)国家网信办负责统筹协调个人信息保护工作和相关监督管理工作。 (2)国务院有关部门以及县级以上地方人民政府有关部门负责个人信息保护监督管理职责

[1]《国家互联网信息办公室的主要职责》,载国家互联网信息办公室网站:http://www.cac.gov.cn/2014-08/01/c1111903999.htm? from=Singlemessage,最后访问日期:2023年9月4日。

[2]《电信和互联网用户个人信息保护规定》第3条。

二、网络安全监督检查

网安、数据领域执法不仅针对已发生的网络数据安全事件,执法机关还会对潜在的网络安全行为进行预防、监督和检查。全国人民代表大会常务委员会于2012年颁布的《关于加强网络信息保护的决定》规定,有关主管部门应当在各自职权范围内依法履行职责,采取技术措施和其他必要措施,防范、制止和查处窃取或者以其他非法方式获取、出售或者非法向他人提供公民个人电子信息的违法犯罪行为以及其他网络信息违法犯罪行为。与之类似地,《网络安全法》要求国家建立网络安全监测预警和信息通报制度,由国家网信办统筹协调有关部门加强网络安全信息收集、分析和通报工作,发布网络安全监测预警信息。

(一)日常监督检查

通常情况下,日常网络安全监督检查主要由公安机关负责。根据《公安机关互联网安全监督检查规定》,县级以上公安机关有权依法对互联网服务提供者和联网使用单位履行网络安全义务的情况进行的安全监督检查,涉及的监督检查对象较为宽泛。公安机关根据互联网服务提供者和联网使用单位履行法定网络安全的实际情况以及提供互联网服务的类型进行监督检查,同时,国家重大网络安全保卫任务期间,公安机关还将对与国家重大网络安全保卫任务相关的互联网服务提供者和联网使用单位进行专项监督检查。

公安机关开展互联网安全监督检查可通过现场和远程以下两种方式进行(见表3-10)。

表 3 – 10　公安机关开展监督检查方式

项目	现场监督检查	远程检测
检查要求	人民警察不得少于 2 人,并应当出示人民警察证和县级以上地方人民政府公安机关出具的监督检查通知书	事先告知监督检查对象检查时间、检查范围等事项或者公开相关检查事项,不得干扰、破坏监督检查对象网络的正常运行
检查权限	(1)进入营业场所、机房、工作场所。 (2)要求监督检查对象的负责人或者网络安全管理人员对监督检查事项作出说明。 (3)查阅、复制与互联网安全监督检查事项相关的信息。 (4)查看网络与信息安全保护技术措施运行情况	以事先告知的检查范围和检查事项为准
检查记录	应当制作监督检查记录,并由开展监督检查的人民警察和监督检查对象的负责人或者网络安全管理人员签名	应当制作监督检查记录,并由 2 名以上开展监督检查的人民警察在监督检查记录上签名
委托检查	可以委托具有相应技术能力的网络安全服务机构提供技术支持,委托网络安全服务机构提供技术支持的,技术支持人员应当一并在监督检查记录上签名	
检查结果	(1)发现犯罪行为:追究刑事责任。 (2)发现相应违法行为:行政处罚。 (3)发现违法行为,但情节轻微或者未造成后果:责令其限期整改。 (4)发现网络安全风险隐患:督促指导采取措施消除风险隐患	

(二)关基单位网络安全检查

公安机关、国家安全机关、密码管理部门、行业主管部门等有权对关键信息基础设施进行检查。关键信息基础设施的网络安全检查也可通过现场和远程方式进行抽查,根据公安机关或不同行业主管部门的要求和侧重,检查内容可能涵盖关键信息基础设施、重要网站、信息系统、工业控制系统落实国家网络安全等级保护制度情况及安全保护状况;安全管理落实情况;大数据和公民个人信息的采集、存储、传输、应用和保护情况;商用密码应用情况;是否存在网络安全重大风险隐患等。

三、行政违法行为的调查与执法

执法部门可能基于日常监督检查、上级指示、群众举报,以及网络运营平台、数据处理者、个人信息处理者等主体对网络安全事件或数据泄露事件的报告发现违法线索和网络安全事件,并就可能的违法行为或网络安全事件进行调查。

(一)个人信息处理违法行为

在个人信息保护领域,国家网信办、国务院有关部门和县级以上政府有关部门均为个人信息保护职责部门,其在履行个人信息保护职责的过程中(如处理个人信息投诉举报、调查违法个人信息处理活动)具备以下权限:

- 询问有关当事人,调查与个人信息处理活动有关的情况;
- 查阅、复制当事人与个人信息处理活动有关的合同、记录、账簿以及其他有关资料;
- 实施现场检查,对涉嫌违法的个人信息处理活动进行调查;
- 检查与个人信息处理活动有关的设备、物品;
- 对有证据证明是用于违法个人信息处理活动的设备、物品,向本部门主要负责人书面报告并经批准,可以查封或者扣押。

对于个人信息处理活动存在较大风险或者可能发生个人信息安全事件的,个人信息保护职责部门有权对个人信息处理者相关负责人进行约谈,或者要求个人信息处理者委托专业机构对其个人信息处理活动进行合规审计。

(二)网络数据安全违法行为

省级以上人民政府有关部门在履行网络安全监督管理职责过程中,通常根据网络安全风险确定执法行为。

网络安全事件发生的风险增大时,应当:(1)要求有关部门、机构和人员及时收集、报告有关信息,加强对网络安全风险的监测;(2)组织有关部门、机构和专业人员,对网络安全风险信息进行分析评估,预测事件发生的可能性、影响范围和危害程度;(3)向社会发布网络安全风险预警,发布避免、减轻危害的措施。

发生网络安全事件时,应当启动网络安全事件应急预案,对网络安全事件进行调查和评估,要求网络运营者采取技术措施和其他必要措施消除安全隐患,向社会发布与公众有关的警示信息。

部分行业主管部门对本行业监督检查或网络安全事件的调查和处理提出具体化要求。例如,证券期货业网络安全事件发生后,调查人员有权向网络安全事件相关的核心机构、经营机构和个人了解事件有关的情况,调查可采取听取报告、询问当事人、调阅文件资料、调阅系统日志、实地核查等工作方式;电力行业主管部门在进行监督检查和事件调查时,可以采取进入电力企业检查,询问相关单位的工作人员,查阅、复制与检查事项有关的文件、资料,对可能被转移、隐匿、损毁的文件、资料予以封存等。

2023年3月,国家网信办发布《网信部门行政执法程序规定》,对网信部门行政执法管辖范围、执法程序等进行详细规定：立案前，网信部门可以采取询问、勘验、检查、鉴定、调取证据材料等措施，但不得限制初查对象的人身、财产权利；在立案后，网信部门可以对物品、设施、场所采取先行登记保存等措施。

网信部门可通过以下方式收集证据：

- 询问当事人或者其他有关人员并形成询问笔录；
- 对涉及网络违法的场所、物品、网络进行勘验、检查；
- 委托司法鉴定机构就案件中的专门性问题出具鉴定意见；不属于司法鉴定范围的，可以委托有能力或者有条件的机构出具检测报告或者检验报告；
- 向有关单位、个人调取能够证明案件事实的证据材料，并且可以根据需要拍照、录像、复印和复制；
- 在证据可能灭失或者以后难以取得的情况下，经网信部门负责人批准，执法人员可以依法对涉案计算机、服务器、硬盘、移动存储设备、存储卡等涉嫌实施违法行为的物品先行登记保存；
- 可以采取现场取证、远程取证，责令有关单位、个人固定和提交等措施收集、保全电子数据；
- 对于个人信息保护案件，向网信部门主要负责人书面报告并经批准后可以采取查封、扣押等行政强制措施。

需要注意的是，除行政部门的执法检查或调查，如果网络安全违法或者个人信息违法活动构成犯罪的，例如，非法侵入计算机信息系统罪、拒不履行信息网络安全管理义务罪、侵犯公民个人信息罪等，公安机关（或者国家安全机关）将对案件进行后续侦查，企业应予重视并积极配合。

第四章

数字化转型、数字化营销如何避坑

第一节　隐私政策的本地化部署策略与最佳实践

一、隐私政策合规执法动向

随着大数据相关技术的发展及对数据价值的不断挖掘，各行各业的经营者对于用户个人信息的“饥渴”和依赖导致违法违规收集、使用个人信息的事件频发。对此，近年来，监管机构聚焦 App 违法违规行为，持续开展集中的打击行动。隐私政策作为 App 收集使用个人信息的主要告知方式，成为各项执法活动的重点检测内容。

2019 年年底，网信办、工信部、公安部、国家市场监督管理总局（以下合称“四部门”）根据《关于开展 App 违法违规收集使用个人信息专项治理的公告》，联合制定发布《App 违法违规收集使用个人信息行为认定方法》。2021 年 3 月，四部门联合发布《常见类型移动互联网应用程序必要个人信息范围规定》，界定了 39 种常见类型 App（包括小程序）的基本功能服务和必要个人信息范围。执法机构以《App 违法违规收集使用个人信息行为认定方法》《常见类型移动互联网应用程序必要个人信息范围规定》等为参考，对 App 侵害用户权益的问题进行合规检测和监管，众多为人熟知的 App 悉数“中招”，App 已成为个人信息保护执法的“重灾区”。

在工信部、公安部等监管机构对 App 违法违规收集使用个人信息、侵害用户权益的专项执法行动中，笔者发现，绝大多数 App 因“未公开收集使用规则”、“未明示收集使用个人信息的目的、方式和范围”、“违反必要原则，收集与其提供的服务无关的个人信息”等原因受到通报批评、责令整改、下架等处理，而这些原因均与 App 隐私政策的内容或形式密切相关。

二、合规要点

（一）内容

App 隐私政策内容方面的合规要点包括：

- 明示企业的基本情况（企业名称、注册地址、有效的联系方式等），并注明隐私政策的发布/修订日期和生效日期。
- 明示收集（包括委托第三方或通过嵌入第三方代码、插件等方式收集）个人信息的类型和范围及申请打开的系统权限，说明具体的使用方式和用途，避免使用诸如“某些功能”“特定产品”“等”的模糊性语言。前述内容应当遵循合法、正当、必要的原则，并与实际情况相符。
- 按照《常见类型移动互联网应用程序必要个人信息范围规定》区分基本业务功能和拓展业务功能，对基本业务功能和拓展业务功能逐项列举，并据此划定必要的个人信息范围。每一业务功能所收集的个人信息应做到一一列举、一一对应。
- 对个人敏感信息明确标识并突出显示（如字体加粗、标星号、下划线、斜体、颜色等）。
- 如果个人信息将被用于用户画像、个性化展示等，应说明应用场景和可能对用户产生的影响。
- 对个人信息存储位置（国内/国外）、存储期限以及超期处理方式进行明示。
- 向第三方提供（包括委托处理、共享和转让）个人信息应明示第三方类型/身份、个人信息类型和对外提供目的，确保对外提供与业务功能密切相关，并说明各方安全责任。
- 向境外提供个人信息的，应说明数据出境的目的、范围、类型以及接收方所在的国家或地区，将出境个人信息逐项标出并显著标识。
- 向用户发送商业性信息的，包括但不限于向其固定电话、移动电话或者个人电子邮箱发送商业性电子信息，以及向其住宅、交通工具等发送广告，或者以电子信息方式发送广告的，应当在隐私政策中说明。
- 明示企业为确保个人信息安全采取的技术措施和其他必要措施。
- 避免采用“甩锅式”的不合理免责条款，例如，由用户承担黑客攻击、数据泄露等风险，要求用户永久不可撤销地授权使用个人信息，要求用户同意个人信息全球范围内随意移转等。
- 明确说明用户进行个人信息查询、更正、删除、注销账号、撤回授权同意的有效方式和路径,且承诺时限应在 15 个工作日内。

- 公布境内的个人信息安全投诉举报或维权渠道,并承诺在 15 个工作日内受理并处理。
- 避免利用专业词汇“排除”企业保护个人信息的责任,例如,将属于个人信息的数据解释为非个人信息,将经去标识化处理的数据称为匿名化数据等。

(二)形式

App 隐私政策形式方面的合规要点包括:

- 隐私政策需单独成文,易于访问,隐私政策不应作为用户协议、用户说明等文件中的一部分存在,且在界面中应易于找到隐私政策(进入主功能界面后通过 4 次以内点击即可访问),宜采用弹窗、文本链接等形式。
- 用户首次打开、注册账户时应采取增强式告知,展示隐私政策的核心内容,突出与用户个人信息权益最相关的信息,例如收集的个人信息范围、使用目的和使用主体等。
- 确保用户在个人信息被收集前已经阅读并同意隐私政策,如通过弹窗、页面滚动条等形式展示隐私政策,将隐私政策的阅读与同意作为浏览网页、使用服务的必经环节等,避免采用默认勾选同意的方式,应根据用户主动填写、点击、勾选等自主行为,作为产品或服务业务功能开启或开始收集个人信息的条件。
- 文本尽量简洁、用户友好,字号、颜色、行间距、列宽、清晰度等应设置为易于阅读的形式,避免冗长难懂,可采取可跳转目录、制作表格、解说视频或动画等创新形式。

三、典型问题

(一)隐私政策本地化

许多跨国企业在华子公司会选择将根据总部所在国家数据法律制定的隐私政策翻译成中文作为在中国使用的隐私政策,但却忽视了其中可能存在的问题。首先,总部的隐私政策基于境外法律起草,往往没有考虑中国法律的要求,甚至可能存在与中国法律相冲突的内容。例如,某些外企隐私政策中仅将“已识别或可识别的个人的数据”定义为个人信息,而目前个人信息在中国法下具有更宽泛的含义,包括能够反映特定自然人活动情况的信息。如外企未据此修改其隐私政策的适用范围,可能导致部分收集的信息未被纳入个人信息加以保护,从而面临未能完整列举收集使用个人信息的目的、方式和范围等合规风险。其次,多数情况下,外企在中国经营的各项业务和收集使用个人信息的实践与总部并不完全一致，如不对隐私政策进行本土化的修改和调整，很难满足真实准确的要求，可能使隐私政策流于形式。再者，翻译而成的文本大多存在语序和用词上的问题，易产生歧义晦涩等阅读障碍。

（二）跨业务线的隐私政策

如集团多个业务条线均涉及个人信息收集使用的问题，将产生使用同一份隐私政策还是单独制定隐私政策的疑问。对此，基于隐私政策清晰易懂的要求，笔者认为，企业宜根据各业务条线收集使用的实际情况分开制定隐私政策。

在确保隐私政策不过于冗长的情况下，企业也可视业务情况将个人信息收集使用情况合并在同一份隐私政策中进行说明。值得注意的是，法律法规要求企业不应将多项业务功能和权限打包，要求用户“一揽子”接受；不应通过捆绑多项业务功能的方式，要求用户一次性接受并授权同意多项业务功能收集个人信息的请求。根据上述法规要求，如果将业务功能混杂在一起，则收集个人信息的目的将会变得含糊，易对用户正确理解隐私政策造成困难。因此，对于一份隐私政策覆盖多项业务功能的做法，企业可能在“必要性”方面难以自圆其说，进而增加被认定为“一揽子授权”的合规风险。

第二节　特殊场景下个人信息收集使用的同意问题

自《网络安全法》《数据安全法》《个人信息保护法》生效以来，随着媒体的宣传及执法机关的“重拳出击”，除特殊例外情形，“收集个人信息需要经过个人信息主体同意”已经成为社会各界的共识。然而，这一看似简单的原则背后却隐藏着众多实践难题。

《个人信息保护法》第14条规定，基于个人同意处理个人信息的，该同意应当由个人在充分知情的前提下自愿、明确作出。但实践中，“同意”的界定与满足却存在不确定性。以下列举具体场景以进一步说明该问题。

场景一：目前部分企业为日常管理所需在特定室内办公区域（非公共场所）安装摄像头，并在摄像头附近贴有明显的“您已进入监控区域”的通知。对于企业外部访客而言，其在进入监控区域前即可明确地知道其面部、行为数据可能被摄像头收集并可能被企业存储，其进入办公区域是否可视为对该企业处理个人信息的同意？

场景二：商场使用类似“WiFi探针”的设备收集用户手机的相关硬件信息（例如，MAC地址、IMEI、RSSI等）。通常，商场不会明确地告知用户其在收集用户的该等信息,但是考虑到该等硬件信息是由用户手机搜寻 WiFi 接入点时发出的“probe 帧”中所包含的信息,是否可推定用户主动提供该等信息,即用户已经以其行为同意了商场对其个人信息的收集?

场景三:有传媒公司曾提出发展广告屏内置摄像头采集影像技术,即通过在电梯广告屏中安装摄像头,分析每百人路过时的低头或抬头状态来精准得到广告收视率统计,该等数据也可以进一步帮客户做创意优化。[①] 这种情形下传媒公司未征得路人的同意即采集用户信息,是否仅凭路人进入电梯就认定其同意了广告屏对人脸信息的识别?

场景四:“戴头盔看房”事件[②]暴露了目前很多售楼处通过人脸识别摄像以识别客户的现象。房地产开发商一般通过多渠道销售,但各渠道佣金不同。为区分自访客户[③]和渠道拜访客户[④],开发商在售楼处安装摄像头进行人脸比对,如果发现渠道拜访客户此前主动到访,则判定中介带看无效,不会向中介支付佣金,由此可以节约成本。开发商在售楼处采集访客人脸信息并进行人脸比对,此行为并未取得访客同意,也正因如此才产生了“戴头盔看房”的无奈之举。在本例当中,访客知悉售楼处设有摄像头仍来看房,是否可以作为“同意采集信息”的依据?

上述场景的共同问题在于,企业需要收集个人信息主体的个人信息,而个人信息主体在相关场景下可能也同意(至少是默许)网络运营者对其个人信息的收集,但是由于网络运营者与个人信息主体之间缺乏提供/接收同意的连结点,导致网络运营者无法获得个人信息主体的同意。

当前法律体系下,上述问题可能通过如下方案解决。

一、通过隐私政策获取同意

线下场景中,如果通过线下授权的方式获取个人同意更为便捷(如在访客登记时向其展示隐私政策,并获取访客同意),则可通过线下单独展示隐私政策并获取授权的方式取得个人信息主体的同意。

如果网络运营者在其他的场景中可以接触到大量用户并直接获得用户同意,建

---

① 尹莉娜:《电梯里扫脸识别广告收视率? 分众称后台运作时间未定》,载搜狐科技:https://www.sohu.com/a/235742445_115565? spm = smpc.content.content.2.1624786026987aTjEAgq,最后访问日期:2023 年 9 月 4 日。

② 消费者为了避免因被售楼处的人脸识别系统拍下,无法享受“首次到访并下单”的优惠,而戴头盔看房。

③ 指主动看房的客户。

④ 指通过中介带到售楼处的客户,如果成交,则开发商需要给中介佣金。

议可以在该等场景中利用隐私政策对相关个人信息的收集使用情况向用户进行明确告知，并获得用户的同意。例如，上述售楼处摄像头系统提供方（个人信息的直接收集主体）如果也是某房屋信息手机 App（例如，展示房屋销售和租赁信息的 App）的运营方，则网络运营者可在 App 的隐私政策中明确告知用户其在另一场景（售楼处）中会对用户的人脸信息进行收集，并告知相关信息的收集目的、存储方式、保存期限、是否向他方转让等，从而使相关的用户通过对 App 的同意进而对在无连接点场景中的个人信息收集作出同意。

但该种方式的局限性也是显而易见的，该等 App 的用户与售楼处等场景下的用户可能重合度很低，没有使用该 App 的售楼处用户便无法获知隐私政策，也无法对其作出同意。

二、通过匿名化技术收集个人信息

既然法律规定的是收集“个人信息”需要获得个人信息主体的同意，反言之，对非个人信息的收集，无须获得个人信息主体的同意。按此逻辑，如果能够确保在收集个人信息的“瞬间”利用匿名化或者其他技术使得获得的个人信息被转化为不可识别到个人的信息，那么收集者收集（以及后续使用）的数据不是个人信息，自然无须告知相关个人信息主体并经其同意。

需要注意的是，以上方式可能存在技术与法律障碍。从技术角度看，在通过人脸识别技术收集人脸信息的场景中，确实存在能够在仅识别人脸即收取面部的特定数据（不对人脸进行拍摄或录像留存）并进行匿名化技术将该等面部特定数据进行传输及存储，可以达到上文所述的“不收集个人信息”的要求。例如，场景三中的人脸识别，有传媒公司曾解释该等技术仅通过设备对画面进行识别以计算人脸数量，不对相关影像进行存储。这样的技术可满足法律要求。但该类设备和技术因应用场景不同，成本也不同，部分网络运营者未必有技术能力或者愿意承担。从法律责任层面看，虽然在中国尚未出现因应用该种方式被处罚的案例（可能主要因为该种方式的应用本来就极少），但国外已经出现了相关的处罚案例。在法国，为了统计途径人流等信息，某公司在人流密集的广场中设置了一块广告牌，广告牌中设置“WiFi 探针”，收集过往行人手机的 MAC 地址信息。为了避免收集个人信息，该公司在收集 MAC 地址时将探针设备设置为自动将 MAC 地址的最后四位进行匿名化处理，从而使该公司无法通过收集到的 MAC 地址识别到特定的手机设备（进而识别到特定的个人）。但法国当地网络安全部门仍然以违反个人信息保护相关法规为由对该公司进行了处罚，理由是尽管该公司的收集方式对 MAC 地址进行了一定的匿名化处理，但是该匿名化方式无须过多努力即可实现还原，从而可以识别到特定的个人。

三、创设互动连结点

本节讨论的同意问题产生的根源在于个人信息处理者与个人信息主体之间缺乏获取同意的连结点,那么是否可以通过创设互动连结点来解决这一问题?

以商场通过"WiFi 探针"收取 MAC 地址这一场景为例,是否可以通过在商场入口张贴告示、在礼宾台发放商场的手册或商场的电子导览屏幕等方式,向顾客告知商场收集其个人信息的行为?有了告知,便有了第一个连结点,但仍然需要获取同意的连结点。当然,获取个人信息的同意的连结点相对而言更难创设。以商场为例,即使个人信息收取的告知触达了每一个进入商场的顾客,也很难一一获得这些顾客的同意。但获取同意的连结点在更小的范围内是可以实现的,例如,对于商场内的某一商家而言,如果该商家推出了其自有的 App,且在其店铺内结账必须通过其 App 进行,则该商家便可以该 App 作为其获取顾客同意的连结点,在 App 中以某种形式(例如,付款前的告知弹窗,并要求用户点击)获取顾客的同意。场景四亦同理,通过在显著位置张贴告示、在楼盘介绍手册中向顾客告知采集信息的事实,同时通过售楼处工作人员的面对面沟通以获取访客的同意。

当然,上述获取同意的连结点毕竟仅适用于很狭窄的应用场景,且可能会产生较高的成本。更值得尝试的方式是,以用户的消极行为(默示同意)取代其积极行为(明示同意),由此获取用户的同意。

四、"默示同意"的解释空间

《信息安全技术　个人信息安全规范》(GB/T 35273 - 2020)区分了收集个人信息的两种同意,即"授权同意"和"明示同意"。《信息安全技术　个人信息安全规范》(GB/T 35273 - 2020)5.4 a)规定了收集个人信息需获得个人信息主体的"授权同意";而其5.4 b)规定,收集个人敏感信息时需获得个人信息主体的"明示同意",即个人信息主体通过书面声明或主动做出肯定性动作,对其个人信息进行收集、处理做出明确授权的行为。这一规定为网络运营者在收集非敏感个人信息时获取个人信息主体的"默示同意"提供了一定的解释空间。

基于上述分析,至少在收集非个人敏感信息的情形下,网络运营者可以尝试通过默示同意的方式收集用户个人信息,即网络运营者以一定的方式将收集、使用个人信息的具体情形告知于个人信息主体,而个人信息主体以某种行为对该等收集、使用作出同意。就"WiFi 探针"的场景而言,由于 MAC 地址不属于个人敏感信息,网络运营者收集 MAC 地址也可通过一定的方式获得个人信息主体的"默示同意",从而避免无法获取明示同意的困境。

需要说明的是，获取个人信息主体的“默示同意”不完全符合最佳实践，即获取“明示同意”的要求。

综上所述，目前诸多应用场景中缺乏获取用户同意的渠道是个人信息处理者收集个人信息无法回避的痛点。在此情形下，如果个人信息处理者因为难以获取同意转而“未经同意收集”，将面临极高的法律风险。上述提出的四类获取用户同意的方式，可以在一定程度上缓解获取用户同意的难度，但无法保证消除所有法律风险。建议个人信息处理者关注执法部门对于上述操作方式的态度及新的立法趋势，稳妥、合规地收集个人信息。

第三节　数字化营销典型法律问题

企业在数字化营销过程中因使用的数字化平台多集成网页端、移动 App 或小程序，需要收集并最大化利用客户数据，后续进行平台运营和内容投放，可能涉及电信许可和备案、其他资质证照、数据合规、个人信息保护、广告宣传和知识产权侵权等多方面法律问题。鉴于本手册主要面向 DPO，本节聚焦数据合规，从以下几个方面阐述数字化营销中常见的数据管理和个人信息保护问题。

一、处理个人信息的知情同意流程不完善

企业通过公众号、小程序、微商城、企业微信获取和使用客户个人信息，场景通常包括会员注册、领取优惠券、积分兑换、商品下单、客户服务等，在公众号中也会嵌入 H5 链接开展特定的线上线下营销活动。在相关场景中获取或产生的个人信息可能包括身份证号、定位信息、消费记录等敏感个人信息。通过前述渠道取得的个人信息会在社交与客户管理（Social and Customer Relationship Management，SCRM）中存储汇聚并建立会员体系。

《个人信息保护法》规定，个人信息处理者应公开个人信息处理规则，明示处理的目的、方式和范围，在取得个人同意后方可处理个人信息。根据笔者的实践观察，多数企业目前已在相关平台或渠道部署隐私政策，但该等隐私政策普遍存在描述的使用场景和个人信息范围与实际收集使用情况不一致的情况，存在直接套用模板语言获取一揽子授权的问题。此外，企业单个事业部的隐私政策一般不会覆盖通过 SCRM 系统进行数据融合、用户画像的场景。因此，企业需首先梳理现有的面向客户的平台和渠道，对于涉及个人信息收集的，如尚未部署隐私政策应尽快部署，已有隐私政策的应进一步核查确认描述场景和个人信息范围是否与实际情况相符，确保业

务功能与个人信息类型一一对应。关于隐私政策的起草和部署,请参见本章第一节“隐私政策的本地化部署策略与最佳实践”。

在数字化营销场景下,客户在线下门店或线下活动中产生的会员注册、消费记录和活动记录也会进入 SCRM 系统留存,通常包含日期、产品、订单号、消费金额等信息的完整订单信息被认为属于敏感个人信息,按照法律规定应当取得单独同意。尽管消费记录、订单信息在一定程度上能够落入“为订立、履行个人作为一方当事人的合同所必需”的范畴,但如该等信息用于产品配送、订单管理、售后服务等以外的目的,例如,用于分析客户的消费情况,向其推送相关营销信息,则该等使用会超出履行合同所必需的范围,应事先取得单独同意。

二、数据处理角色、地位和数据归属不清晰

由于数字化营销的专业性和灵活性,企业往往无法凭一己之力完成数字化营销的闭环,需依赖电商代运营机构和广告公司等第三方服务商。对于快消品企业而言,其业务发展也有赖于经销商、批发商、小商户的宣传和经营。

尽管数据已成为重要的资产和生产要素,但法律法规层面对于数据权属尚无明确规定。对于具有私域化运营需求的企业而言,数据权属的清晰界定对企业保护数据资产、获取商业利益尤为重要。此外,《个人信息保护法》规定个人信息处理者是指在个人信息处理活动中自主决定处理目的、处理方式的组织、个人,只有厘清数据处理活动中的角色和地位,方能明确各方数据保护责任和义务,防范潜在的数据安全风险。

但实践中,笔者发现存在经销商未经授权以相关企业或品牌名义运营公众号、小程序等平台,或企业与代运营机构或广告公司未就账号或平台运营过程中产生或收集的数据作出数据权属方面的约定。从数据保护角度,建议企业优先考虑以自身名义注册平台账号或经营线上店铺,以确保拥有平台账号使用权;如确需由第三方机构运营,则应与实际经营店铺或账号的第三方有明确约定,包括数据处理的角色和地位、数据权属及数据安全保护的责任和义务。

三、第三方管理待加强

如前文所述,企业会委托代运营机构、广告公司等第三方机构协助开展数字化营销活动,部分数字化平台或系统可能采购自第三方技术服务商并由其提供运维服务。此外,为加强对市场和竞品的了解,企业还可能通过采购大数据平台服务、购买市场调研报告、使用爬虫工具爬取信息等方式获取市场行情和消费行为相关信息,以指导各类营销活动的策划和落地。

由于前述第三方均涉及接触、使用或传输数据，存在不同程度的数据合规和数据安全风险，建议企业按照自第三方获取数据和向第三方提供数据的维度进行分类管理。

首先，如涉及获取个人信息，应要求提供方说明个人信息来源，并对其个人信息来源的合法性进行确认；如不涉及个人信息，也应评估相关数据处理活动是否可能侵犯他人的知识产权、商业秘密，或构成不正当竞争。

其次，对于委托第三方处理数据而可能向第三方提供数据的情形，应与受托方约定委托处理的目的、期限、处理方式、数据种类、保护措施以及双方的权利和义务等，并对受托方的数据处理活动进行监督。此外，委托处理数据需注意与第三方之间就数据安全责任义务作出明确划分，建立“安全边界”。

四、未能保障个人信息主体权利

企业的数字化营销平台以客户的个人信息处理为基础，在消息推送、商业营销、产品销售的同时，应按照法律要求，提供便捷的方式响应个人的权利请求，包括查阅、复制、更正、补充、删除、转移其个人信息等。在近几年 App 专项治理行动中，大量企业因相关平台“未按法律规定提供删除或更正个人信息功能”或“未公布投诉、举报方式等信息”被通报批评。为确保个人信息主体权利的实现，企业一方面应尽可能通过技术手段在相关平台中嵌入访问、修改、删除个人信息等功能，提供便捷的实现各项权利的路径；另一方面则需在隐私政策中向相关个人告知其行使权利的方式和程序。

此外，数字化营销往往借助 SCRM 系统将源于各渠道的数据进行汇聚融合并用于个性化推送的方式实现，例如，利用已生成的用户标签筛选出特定的用户群体，分组推送微信公众号消息。《个人信息保护法》规定，通过自动化决策方式向个人进行信息推送、商业营销，应当同时提供不针对其个人特征的选项，或者向个人提供便捷的拒绝方式。因此，企业向客户发送营销信息，或在相关页面展示商品推荐时，应为客户提供诸如“关闭个性化推送”的选项，并且允许客户选择性地退订消息推送。

第四节　“数据融合”风险与合规要点

大数据时代，收集用户数据的渠道日益增多，多源数据融合已成为企业运营和发展的关键议题。通过将不同来源的数据融合在一起，企业可以更加精准地刻画用户的画像，从而获得更好的业务洞察能力。目前，数据融合已在零售业、金融、医疗等多个行业进行落地实践，依据数据进行了更多场景的孵化，如识别潜在客户、定制市场营销等。

相对于传统的基于单一数据源的分析利用,数据融合能够产生更大的商业价值,但是海量数据的汇聚和分析可能导致许多新的法律风险。本节将分析数据融合所面临的特殊法律挑战以及相应的合规建议,以供企业参考。

一、数据融合的定义

数据融合这一概念最早出现于20世纪70年代,是指将来自多传感器或多源的信息和数据以一定的标准进行自动分析和综合,获得更为准确的结果。大数据时代,数据融合的内涵更为广泛,其定义可以概括为:将多种数据源中的相关数据提取、融合在一起进行分析和统计,挖掘出有意义和有价值的信息,并依此作出更为科学的决策。

对于企业而言,数据融合的应用场景主要分为两种:

第一种,企业内部的数据融合。例如,企业通过数据中台打通底层数据,将不同业务线之间所产生的数据汇聚在一起,实现共享并在此基础上加工、分析、复用。

第二种,企业与外部第三方的数据融合。例如,金融机构将自有数据与电商、医疗等其他行业的数据融合,实现联合建模,构建更加精准的营销和风控模型。

二、数据融合的法律风险

按照《信息安全技术　个人信息安全规范》(GB/T 35273－2020),个人信息的汇聚融合应当遵循个人信息使用的目的限制等要求。[①] 个人信息的融合无疑属于一种个人信息的"处理"活动,因此在数据融合过程中,若涉及用户的个人信息,必须受到个人信息保护原则的约束。与传统的个人信息处理相比,数据融合产生若干特殊法律问题。

(一)个人信息来源合法性存疑

目前,关于判断个人信息来源的合法性存在许多争议和存疑的问题。例如,用户的授权同意是企业处理个人信息的主要法律基础,而依据我国《个人信息保护法》的要求,同意应当由个人在充分知情的前提下自愿、明确作出。[②] 因此,企业应当告知用

---

① 《信息安全技术　个人信息安全规范》(GB/T 35273－2020)7.6"基于不同业务目的所收集个人信息的汇聚融合"。

② 《个人信息保护法》第14条。

户数据融合的目的、具体的处理方式和范围，同时该目的应当明确、合理。[①] 然而，许多数据的价值和潜在用途往往在汇聚融合之后才会变得清晰，企业很难提前预测并告知用户具体特定的处理目的。在实践中，企业往往会在隐私政策中使用“为了提供更好的服务，我们会与第三方共享您的个人信息”之类笼统的描述，而这难以被监管部门认可。2009 年 1 月，法国数据保护执法机关（Commission Nationale de L'informatique et des Libertés，CNIL）就以“个性化广告”之处理欠缺合法基础为由，对 Google 处以 5000 万欧元罚款。CNIL 指出，谷歌将大量数据进行组合和分析（数据融合），这种数据处理行为会对用户权益造成显著影响，但是谷歌在隐私政策中对于数据处理目的的描述过于笼统和模糊，未以合理的“透明度”告知用户，并不能获得用户的有效同意。[②]

（二）削弱“去标识化”效果

由于《个人信息保护法》将（真正的）匿名化数据排除在个人信息范畴之外，企业往往希望通过技术手段对数据进行匿名化，以豁免自身的合规义务。遗憾的是，大数据带来的多源数据融合使传统的去标识化技术很难达到“匿名化”的效果，难以对个人信息主体进行有效保护。实践中，许多企业认为去除个人信息中的直接标识符（姓名、身份证号等）即可实现匿名化要求，并在隐私政策中向用户承诺，数据只会以未识别的匿名方式与其他人共享。但事实上，数据融合结合大数据分析、机器学习等技术，可以将本身可能不敏感的各种数据进行关联，重新识别出特定的个人，从而增强了用户的个人信息甚至是敏感信息泄露的风险。由此造成的后果是，许多企业通常采取的“去标识化”数据保护措施并不能达到匿名化的效果，而企业仍需履行个人信息合规义务。

（三）过程的安全性面临威胁

我国《数据安全法》《个人信息保护法》均对数据处理活动中的安全性提出了要求，[③]企业在数据融合过程中应当采取相应的技术措施和其他必要措施，保障数据安全。考虑到数据来源的多样性以及收集、汇总和存储数据的巨大数量，数据融合不可避免地会带来更高的数据安全风险，包括对数据未经授权的访问和意外泄露等。对

---

① 《个人信息保护法》第 6 条。

② The CNIL's restricted committee imposes a financial penalty of 50 Million euros against GOOGLE LLC，https://edpb.europa.eu/news/national-news/2019/cnils-restricted-committee-imposes-financial-penalty-50-million-euros-en，最后访问日期：2023 年 9 月 4 日。

③ 《数据安全法》第 27 条；《个人信息保护法》第 51 条。

于企业来说,如何确定与融合目的、处理方式和范围相适应的安全措施是一项具有挑战性的任务。此外,多源数据融合的场景下,往往难以确定个人信息具体是在哪个环节发生了泄露,因此企业还应对合作主体的安全措施进行验证,这进一步加重了企业的注意义务。

如果在数据融合过程中(尤其是在使用云计算服务时)需要将数据传输到中华人民共和国境外,企业还应当注意我国《数据安全法》、《个人信息保护法》以及《数据出境安全评估办法》对于重要数据和个人信息出境的特殊监管要求,如安全评估、个人信息保护认证、标准合同等。

(四)结果的准确性有待加强

依据《个人信息保护法》的要求,企业在处理个人信息时应当保证个人信息的质量,避免因个人信息不准确、不完整对个人权益造成不利影响。① 由于数据融合需要从多个不同的数据源收集数据,一方面,每一来源数据的准确性和相关性有待核实;另一方面,由于融合后的数据通常具有多个维度,不同维度的误差会产生累积,这些因素都容易导致数据分析和预测的结果出现偏差。

值得注意的是,数据融合的结果往往应用于企业的自动化决策,错误的结果会损害用户的公平交易权等权益,企业需要承担赔偿责任。例如,不同的医疗机构可以通过数据融合进行联合建模,实现人工智能(Artificial Intelligence,AI)诊断治疗。不正确的数据可能导致错误的诊断,甚至因此危及用户的生命健康。

三、合规建议

针对上述法律风险,企业应在数据融合时注意以下合规要点。

第一,明确数据的具体类型和性质。许多类型的数据受到法律和法规的特别限制,例如敏感个人信息、人口健康信息、金融数据、重要数据等。在数据融合之前,应结合融合的目的、范围、方式等因素,判断数据是否落入某一特定的数据类型,以明确所适用的法律规定,在此基础上实现数据的分类分级保护。

第二,审查数据融合的必要性,在满足业务需求的前提下最小化数据的使用。在融合时宜对数据进行标签化处理,以减少直接使用原始数据带来的个人信息风险,并对用户标签的颗粒度进行控制,尽量避免精确定位到个人。

第三,在数据融合之前,根据融合后可能产生的数据内容、处理目的、范围、对个

① 《个人信息保护法》第8条。

人的影响等对可能的个人信息风险进行评估，并对处理情况进行记录。① 一方面，风险评估可以满足法律规定的个人信息保护义务；另一方面，加强风险沟通有助于提高数据融合的透明度，增加用户对企业的信任。

第四，审查隐私政策并按需进行更新，针对不同类型的数据，应逐一列出数据融合的目的、具体的处理方式和范围、合作方的身份等，不应使用概括性的语言。若融合超出了数据收集时所声明的使用范围，应重新征得用户同意；对于敏感个人信息，应取得用户的单独同意。若数据融合涉及任何自动化决策，应当进行清晰的说明，并为用户提供合适的救济方式。

第五，数据融合的多个参与方可能被认定为共同个人信息处理者，各方应通过合同等方式明确用于融合的数据内容和范围、结果用途、各自的权利和义务，以及数据保护要求等。责任条款应当涵盖数据泄露、未经授权的访问、数据传输中断、错误数据的提供等常见的安全事件。此外，企业应明确规定是否允许融合结果的再许可以及相应的条件。

第六，应采用符合国家标准的密码技术保证数据在传输过程中的机密性，并对数据的完整性、一致性进行校验。通过 API（应用程序接口）调用形式实现数据融合的，应对接口增加鉴权机制，并实时监控调用信息，以减少恶意数据获取、数据盗用等风险。

第七，数据融合过程中，宜采取数据标签等形式，对数据的来源进行识别和标识，确保数据在融合的各个环节内都可以被管理、审计和追溯，以便在发现数据来源合法性存在问题时及时查明应当承担责任的主体。

第八，接收第三方数据时，应确认数据的来源是否合法以及其使用是否存在限制。例如，应确认数据源提供方是否在其隐私政策中明确记载了对外合作共享的情形，并且取得了用户的授权同意。此外，还应审查可能涉及数据使用和披露的任何协议，以确保第三方的数据传输不与其合同上的义务相冲突。

第九，向第三方传输数据时，应审查数据接收方使用数据的目的、使用方式是否合法、正当、必要，是否对数据进行了分类管理并采取了相应的安全措施，并确保特殊数据（个人信息、敏感数据、重要数据等）将受到更高级别的保护。

第十，宜采用隐私计算技术降低数据融合过程中的风险，防止个人信息、敏感数据和重要数据的泄露、篡改、丢失。例如，“多方安全计算”“联邦学习”等技术有助于最大限度地减少不必要的数据使用；可信执行环境技术可以用来建立对数据源的信任，保证收集数据的准确性和可靠性。

---

① 《个人信息保护法》第 55 条。

第五节 私域流量的得与失

近年来,各行业企业纷纷布局私域吸引流量,不少企业尝到了私域的甜头。相较于公域平台的运营,私域运营的营销成本较低,可以直接触达客户,与客户的黏性更强,且有助于客户需求的深度挖掘。私域流量得以灵活运营和变现的关键在于对客户个人信息的利用,流量池中的个人信息是对企业最有价值的数据资源。

那么,企业在布局私域流量时应注意哪些数据合规风险?收集客户个人信息及与第三方共享个人信息,应如何保障信息安全?企业在进行数据融合处理时应关注哪些方面?在私域流量中进行广告推送时应考虑哪些合规要点?本节将探讨企业抢滩私域流量下的数据合规要点,分析企业在实践中的常见问题并提出务实建议。

一、当我们谈私域流量时,我们在谈什么

私域流量是指品牌或个人自有的、可开展个性化运营的用户资产。经营者将客户引至自有的应用程序或其他渠道,建立自己的私域流量池,精准分析用户行为,并结合运营手段实现精准化营销。与公域流量不同的是,企业无须向第三方平台付费即可完全掌握与客户的沟通渠道,并对客户进行直接、主动、反复的触达和唤醒,且品牌影响力将由客户进一步扩散。

例如,企业在天猫平台上产生的流量即为公域流量,天猫平台保留了其对客户数据的"所有权"。而微信小程序赋能企业建立类似于原生应用的体验,直接触达并激活客户,使得每一个客户触点都能够被企业直接追踪并利用。

目前除微信小程序外,企业建立私域流量池还可以通过以下多种渠道:一种是微信平台多项功能,包括但不限于公众号、小程序、企业微信、官方微信群、视频号、朋友圈、小程序直播等。微商、销售私人微信以及门店自建的非官方微信群通常也被纳入私域流量的范畴。另一种是自建App、官网,实现信息传递、商品订购、售后服务等一站式功能。此外,私域流量池还包括微博粉丝群、电商粉丝群、电商客服等。

私域流量作为数字化营销链条上的一环,其本质是以客户数据为核心,通过数据技术和算法切入业务流,实现精准营销和维护客户关系,因此,开展此类业务运营活动必须关注数据合规问题。

二、私域流量的数据合规问题

（一）用户授权同意

获取大量客户个人信息是数据沉淀形成流量池的基础。实践中，企业并不仅仅依赖于某个单一渠道获取和分析客户相关数据。只有基于足够庞大多样的数据，才能得出更为全面和精确的结果。基于此，私域运营须首先保证不同来源、不同种类的数据具备合法处理基础。且由于私域运营往往难以被解释为履行合同所必需，则是否取得用户授权同意成为企业最主要的风险点，故建议企业在告知和同意环节做好相关部署工作：

- 各渠道部署的隐私政策等文本应充分披露数据分析利用的目的、方式和范围，并取得客户授权同意，消费记录等敏感个人信息须获取单独同意。
- 即便相关信息在原先收集场景下已取得同意或具备其他法律基础而无须取得同意，如后续分析利用行为超出收集目的，则需重新获取同意，一般可考虑向客户提供福利优惠、发布会员活动等方式引导客户同意隐私政策。
- 如自第三方获取数据，应对相关数据来源和授权处理范围予以审查，要求第三方对数据来源合法性作出承诺，并确保后续分析利用未超出用户的授权范围。

（二）数据汇聚融合

私域运营往往会涉及企业内部不同业务主体数据的汇聚融合，或直接与大数据公司进行数据匹配，考虑此类活动会涉及大量数据和多个主体，须在项目启动前明确以下问题：

- 涉及的数据类型和性质：明文个人信息（及敏感个人信息）、去标识化处理的个人信息、匿名化处理的个人信息、亦或标签数据。
- 获取和处理数据的法律基础：各业务场景的隐私政策能够覆盖后续的汇聚融合活动，如不足以覆盖，应考虑获取客户授权同意汇聚融合的实现方式，尽可能减少客户脱落。
- 合作方在处理活动中的角色和地位：确认合作方属于"受托处理者"或"个人信息处理者"，如是"个人信息处理者"，是否可能构成共同处理，并明确各自的处理限度和安全责任。
- 合作方的资质：确保合作方的安全能力符合数据处理要求，必要时，可要求提供数据安全管理制度、技术措施等材料进行实质审查。

此外，由于隐私计算技术能够实现一定程度的匿名化，企业也可考虑通过相关技术实施数据匹配,以减轻授权同意的合规负担,防范共享过程中的安全风险,并能够在发生个人信息侵权纠纷时提供充分证明。

(三)广告推送合规

发挥私域流量价值、实现转化的关键步骤便是结合产品的客群定位和特性,筛选相应的客户,实现精准的广告推送。若在错误的时机,以错误的方式进行客户触达,不仅无法建立客户对品牌的信任,还可能引起客户反感。此外,由于广告推送涉及用户标签、用户画像、个性化推荐、自动化决策等合规难题,建议企业在进行广告推送前注意以下要求:

- 客户信息的使用需遵守最小必要原则,尽量利用群体画像,避免个体画像。
- 定向推送应明确标识,并提供便捷的退订方式。
- 如将自动化决策应用于广告推送,应评估对相关个人权益的影响,保证决策透明度和结果的公平公正,且客户有权反对或拒绝。
- 以弹出等方式发布的广告应向客户提供一键关闭功能,以防止影响客户正常使用网络。

(四)遵守平台规则

多数企业尚无法凭一己之力构建私域流量的闭环,第三方平台仍是目前实践中企业依赖的重要环节,尤其是企业微信、小程序和公众号等。企业在自身守法合规的同时,不能忽视对第三方平台使用协议的遵守。如企业在第三方平台使用外挂工具,可能因违反《腾讯微信软件许可及服务协议》《微信个人账号使用规范》遭到微信平台不同程度的管制,轻则限制功能、限制登录,重则封禁账号。对于恶意开发利用的行为,还可能因不正当竞争行为被平台追究法律责任。因此,在相关数据收集和处理活动中,企业还应评估违反平台协议对自身业务连续性的影响。

第六节　通过 PIA,让您的业务更合规

PIA 是个人信息处理者的法定义务,《个人信息保护法》明确规定个人信息处理者在处理敏感个人信息进行自动化决策委托处理、对外提供、公开个人信息以及向境外提供个人信息时,需要事前进行 PIA 并对处理情况进行记录。而 PIA 又不仅仅是一项的法定义务,它还是企业对个人信息处理活动实施风险管理的重要组成部分,可以帮助企业有效发现、及时处置和持续监控个人信息处理过程中的安全风险,从而采

取适当的安全保障措施，降低收集和使用个人信息的过程中对个人信息主体权益造成的影响。

笔者在第三章第六节中已对应当开展 PIA 的个人信息处理场景以及开展 PIA 的两个阶段（尽调阶段和个人信息处理风险评估阶段）分别进行阐释。本节将聚焦企业在数字化转型和数字化营销的过程中具体触发 PIA 的场景，以及如何将 PIA 融入企业合规的流程之中。

一、触发 PIA 的具体场景

原则上，PIA 应在两种情况下触发，第一种情况是企业设定开展个人信息影响保护评估的固定周期。例如，企业至少每年一次，在一年周期届满时自动触发的 PIA 流程。在这种情况下触发的 PIA 所需要评估的对象应为企业特定产品或服务所涉及的全部个人信息处理活动，评估其是否符合相关法律、法规或标准的基本要求，以及在合规的基础上，是否达到公司自行设定的安全风险管理能力和安全水平。第二种情况则是基于业务需求进行的局部合规 PIA。在数字化转型和数字化营销的典型场景中，企业宜注意是否存在以下情况，从而触发相应的 PIA 义务：

- 设计新产品或新服务需要收集个人信息，例如，上线购物功能需要收集收件人、联系电话和联系地址等个人信息。
- 扩大数据收集范围，例如，要求用户完善个人档案。
- 改变数据处理目的，例如，促销活动结束，仍留存参与者的个人信息，以便回访和向其发送新产品或新服务的推广信息。
- 法律环境改变，例如，新的法律法规、政府审批通过，对个人信息处理活动设置新的义务和行为边界。
- 数据处理环境改变，例如，新使用云存储的方式存储个人信息，或更换服务器供应商。
- 涉及敏感个人信息，例如，在对用户进行实名认证时收集用户人脸信息，或为未满 14 岁的未成年人建立个人档案，并向其监护人账户赠送生日礼券。
- 委托第三方处理数据，例如，委托活动策划公司收集参与者的个人信息，委托物流服务商根据用户提供的个人信息递送产品。
- 向能够决定数据处理目的、方式和用途的第三方共享数据，例如，为了满足用户分期贷款购买产品和服务的需求，提供用户个人信息给从事金融贷款业务的关联公司。
- 数据跨境传输，例如，向境外总部直接传输员工个人信息，或允许境外服务提供方远程访问部分用户的个人信息。

- 数据融合,例如,搭建跨品牌会员体系,或合并企业多个存在业务关联的事业部,并打通相关的信息系统。
- 自动化决策,例如,使用算法工具处理用户个人信息以便向其推送最符合个人偏好的产品和服务。
- 发生重大个人信息安全事件,例如,个人信息泄露、丢失、损坏等。

无论在开展整体合规还是专项合规 PIA 时,其评估的核心思路是针对个人信息处理活动,评估可能对个人权益造成的影响以及风险,根据国家标准《信息安全技术 个人信息安全影响评估指南》(GB/T 39335 - 2020),影响主要考虑以下四个方面:

- 影响个人自主决定权,比如被强迫执行不愿执行的操作、无法更正错误上传的个人信息、无法选择推送广告的种类、被蓄意推送影响个人价值观判断的资讯。
- 引发差别性待遇,比如隐私信息(疾病、婚史、种族等)泄露造成的歧视、故意设置个人福利、资格、权利的差别等。
- 个人名誉受损或遭受精神压力,比如公开不愿为人知的事实(生活习惯、以往经历等),被频繁骚扰、监视追踪等。
- 个人财产受损或遭受人身伤害,比如账户被盗、遭受诈骗、被勒索恐吓、限制自由等。

此外,需要重点提示的是,因个人信息跨境传输而触发 PIA 的情形下,《个人信息出境标准合同办法》明确规定了 PIA 需要重点评估个人信息处理者和境外接收方处理个人信息的目的、范围、方式等的合法性、正当性、必要性;出境个人信息的规模、范围、种类、敏感程度,个人信息出境可能对个人信息权益带来的风险;境外接收方承诺承担的义务,以及履行义务的管理和技术措施、能力等能否保障出境个人信息的安全;个人信息出境后遭到篡改、破坏、泄露、丢失、非法利用等的风险,个人信息权益维护的渠道是否通畅等;以及境外接收方所在国家或者地区的个人信息保护政策和法规对标准合同履行的影响。

二、通过 PIA 评估是业务上线的前置条件

PIA 是针对个人信息处理活动,检查其合法合规性,判断其对个人合法权益造成的影响,以及评估个人信息保护措施有效性的过程。因此,PIA 应在业务上线、产品和服务正式向用户提供之前完成,且如果 PIA 的结果显示个人信息安全风险发生的可能性很高,并可能造成严重影响,企业法务部或其他负责个人信息保护相关部门有权根据 PIA 的结果中止业务流程,并要求相关业务部门进行整改。

整改建议可能包括是否需要增加单独同意,是否需要对拟开展个人信息处理活

动涉及的个人信息的处理目的、处理方式等进行调整，是否需要提高个人信息保护技术水平等。在业务部门完成整改后，企业法律部或其他负责个人信息保护相关部门应对此进行追踪审核，在确认将对个人信息主体合法权益不利影响的风险降低到可接受的程度，方可允许通过。

三、PIA 于企业的积极作用

对企业而言，开展 PIA 首先是履行了《个人信息保护法》规定的个人信息处理者的义务。其次，通过识别个人信息处理行为与法律、法规、国标以及行业最佳实践之间的差距，持续修正个人信息保护边界，调整安全控制措施，使个人信息处理活动稳定处于风险可控的状态。在发生个人信息安全事件时，过往开展 PIA 形成的记录文档可以在监管机构调查、执法、合规审计等法律程序中，作为企业证明其已遵守网络安全和数据合规等方面的法律、法规和国家标准的证据。最后，开展 PIA 有助于引起企业对于网络安全和数据合规方面法律法规的重视和合规意识的提升，企业通过持续关注法律监管环境的动态并不断发现、处置和监控个人信息处理过程对个人信息主体合法权益的影响和潜在风险，可以建立企业个人信息保护方面的公信力。

第五章

App 合规要点

第一节　App，该有的资质证照，都有吗

数字经济时代，越来越多的企业希望通过 App（除另有说明外，本节所指的"App"包括独立 App，也包括以微信小程序、网页等其他形式提供的应用程序）进行推广、销售。因此，企业 DPO 必须熟谙相关必需的资质证照，帮助企业决策 App 是否适合作为开展相关细分业务的载体，分析待开展的业务是否可能受到电信资质、外商投资准入特别管理措施的管制，以及申请特殊类型资质证照的实践难度等。

一、信息服务——《增值电信业务许可证》

根据《电信条例》的规定，国家对电信业务经营按照电信业务分类，实行许可制度。具体划分规定在《电信业务分类目录》中，根据该目录，电信业务主要分为基础电信业务（A 类）与增值电信业务（B 类）。基础电信业务是指提供公共网络基础设施、公共数据传送和基本话音通信服务的业务，主要提供商有中国移动、中国电信、中国联通等企业，一般企业通常无须办理；增值电信业务是利用公共网络基础设施提供的电信与信息服务，常见的业务形式包括"B11 互联网数据中心业务"（如"阿里云""华为云""腾讯云"等提供的服务），"B21 在线数据处理与交易处理业务"（如淘宝、京东提供的服务），以及"B25 信息服务业务"。

App 在电信业务资质方面一般只与增值电信业务有关，且以 B2 第二类增值电信业务居多。笔者将增值电信业务可能涉及的许可证类型、经营条件以及审批机关总结见表 5－1，供企业参考：

表 5－1　App 相关电信业务资质

项目	增值电信业务(括号内为许可证简称)
业务类型	B1 第一类增值电信业务 B11 互联网数据中心业务(IDC 许可证) B12 内容分发网络业务(CDN 许可证) B13 国内互联网虚拟专用网业务(VPN 许可证) B14 互联网接入服务业务(ISP 许可证)
	B2 第二类增值电信业务 B21 在线数据处理与交易处理业务(EDI 许可证) B22 国内多方通信服务业务(多方通信许可证) B23 存储转发类业务(转发许可证) B24 呼叫中心业务(呼叫中心许可证) B25 信息服务业务 (互联网信息服务业务:ICP 许可证) (移动网络信息服务业务:SP 许可证) B26 编码和规程转换业务
经营条件	(1)经营者为依法设立的公司; (2)有与开展经营活动相适应的资金和专业人员; (3)有为用户提供长期服务的信誉或者能力; (4)在省、自治区、直辖市范围内经营的,注册资本最低限额为 100 万元人民币;在全国或者跨省、自治区、直辖市范围经营的,注册资本最低限额为 1000 万元人民币; (5)有必要的场地、设施及技术方案; (6)公司及其主要投资者和主要经营管理人员未被列入电信业务经营失信名单; (7)国家规定的其他条件
	IDC 和 ISP 业务许可申请具体条件见《关于进一步规范因特网数据中心(IDC)业务和因特网接入服务(ISP)业务 市场准入工作的实施方案》。
许可证类型	(1)省、自治区、直辖市范围内《增值电信业务经营许可证》; (2)《跨地区增值电信业务经营许可证》
审批机关	(1)省、自治区、直辖市通信管理局; (2)工业和信息化部

在众多 B2 类许可证中,“B25 信息服务业务”是企业从事互联网相关的活动中最常涉及的业务。“B25 信息服务业务”具体是指通过信息采集、开发、处理和信息平台的建设,通过公用通信网或互联网向用户提供信息服务的业务,其按照信息组织、传递等技术服务方式,可以进一步细分为信息发布平台和递送服务、信息搜索查询服务、信息社区平台服务、信息即时交互服务、信息保护和处理服务等。

App 向用户展示商品和服务信息,提供科普文章和宣传视频的,属于通过 App 向用户发布文本、图片、音视频等信息,构成提供"B25 信息服务业务"下的"信息发布平台和递送服务";App 提供在线客服功能的,属于利用互联网为用户提供即时发送和接收消息的服务,构成提供"B25 信息服务业务"下的"信息即时交互服务"。B25 类信息服务业务由《互联网信息服务管理办法》进行专门规制,根据信息服务本身是否营利,从事 B25 类信息服务业务需要获得互联网信息服务许可证(ICP 证)或互联网信息服务备案(ICP 备案)。

我国对经营性互联网信息服务实行许可制度,对非经营性互联网信息服务实行备案制度。根据法律规定,未取得许可或者未履行备案手续的,不得从事互联网信息服务。区分经营性与非经营性的关键在于是否向上网用户有偿提供信息:经营性互联网信息服务需要上网用户为获取信息或网页制作等服务活动支付一定对价,而非经营性互联网信息服务向上网用户提供的是免费的,具有公开性、共享性的信息。值得注意的是,经营性与非经营性的有偿与无偿是相对于获取信息而言的,不能仅仅依据上网用户是否存在付费行为而定。如果上网用户支付的费用仅是为了购买实物产品或服务而支付的对价,那么即使存在付费行为,该等付费也仅为针对相关的产品或服务,而非针对互联网信息服务,相关的互联网信息服务也不应被认定为经营性。

除 ICP 证外,EDI 证也是企业经常遇到的电信业务许可,也是企业普遍感到困惑的事项。比如,同是电子商务相关的 App,有些可能需要申请 ICP 证(或者仅需办理 ICP 备案),有些则需办理 EDI 证。具体而言,对于企业通过自建网站向用户提供商品信息,直接定制、销售产品,即网站直销的场景下,提供信息服务的特征非常明显,应归为《电信业务分类目录》第二类增值电信业务中 B25 信息服务业务类的信息发布平台和递送服务,如果网站并未因嵌入招商广告或开展其他经营性信息服务而导致网站被认定为"经营性",则该企业仅需办理 ICP 备案,反之则需要办理 ICP 证。另一种电子商务的情景是垂类交易平台,平台为交易双方(或多方)提供交易场所和结算服务,这类产品的利润来源主要是交易各方依合同交纳的交易佣金(或服务费用),这种模式属于 B21 在线数据处理与交易处理业务类的交易处理业务,应办理 EDI 证。①

需要说明的是,受制于《外商投资准入特别管理措施(负面清单)》(2021 年版),外商投资企业不能从事互联网公众发布信息服务(中国加入 WTO 承诺中已开放的内容除外),这意味着,在实践中外商投资企业如需搭建社区平台,供互联网用户互动、点评、留言、回复(类似百度贴吧、虎扑等)很可能会遇到法律障碍。

① 王黎明:《在线数据处理与交易处理业务应重新定位》,载《世界电信》2009 年第 22 期。

二、视频制作与发布——《广播电视节目制作经营许可证》《信息网络传播视听节目许可证》

凭借高效的传播和裂变效率，短视频正在成为企业搭建 App 的构想中不容遗漏的一节。但值得注意的是，制作视频以及在 App 上发布视频这两个步骤涉及不同的资质证照，分别是《广播电视节目制作经营许可证》和《信息网络传播视听节目许可证》。

就制作视频的监管要求而言，根据《广播电视节目制作经营管理规定》，从事专题、专栏、综艺、动画片、广播剧、电视剧等广播电视节目的制作和节目版权的交易、代理交易等活动的行为应当取得《广播电视节目制作经营许可证》。经过与多地广播电视局的非正式沟通，笔者了解到无论是长视频（时长在 5 分钟以上）还是短视频（时长在 5 分钟以内）均落入广播电视节目的范畴，也就是说制作长/短视频都应当取得许可。

就发布视频而言，《互联网视听节目服务管理规定》中规定，制作、编辑、集成并通过互联网向公众提供视音频节目，以及为他人提供上载传播视听节目服务的活动应当取得广播电影电视主管部门颁发的《信息网络传播视听节目许可证》或履行备案手续。实践中，通常由广播电台和电视台办理备案；相较备案，取得该许可证的门槛极高，最主要的障碍是申请主体必须是国有独资或国有控股单位。因此除付出高溢价收购已经获证的主体外，目前非国有企业很难获得上述许可证。

如果企业的主要经营范围是制作视频或是发布视频，那么理应申请办理上述两证。但对于非专业从事视频业务，仅希望通过视频宣传公司形象或旗下产品的企业，并非一定要单独取得该证。实际上，外商投资企业无法获得两证。这是因为《外商投资准入特别管理措施（负面清单）》（2021 年版）的限制，目前音像制品的编辑、出版、制作业务以及网络视听节目服务尚不对外资开放。对于该部分企业，与已具备相关资质的广告公司、视频网站合作，依赖于合作方的资质，同样可以达到合规要求。例如，企业利用微信生态制作，并在微信公众号或小程序上发布视频时，微信具备《广播电视节目制作经营许可证》《信息网络传播视听节目许可证》即满足监管要求，企业无须单独办理相关资质，但前提是企业需要接受微信对于视频内容的审核，且视频范围不得超出微信已取得的许可证所载明的业务范围。

三、静态内容的搭载——《网络出版物经营许可证》

本段中所讨论的静态内容与《网络出版服务管理规定》定义的“网络出版物”外延基本一致，是指通过信息网络向公众提供的，具有编辑、制作、加工等出版特征的数字化作品,主要包括:(1)文学、艺术、科学等领域内具有知识性、思想性的文字、图片、地图、游戏、动漫、音视频读物等原创数字化作品;(2)与已出版的图书、报纸、期刊、音像制品、电子出版物等内容相一致的数字化作品;(3)将上述作品通过选择、编排、汇集等方式形成的网络文献数据库等数字化作品等。

举例来说,专栏作者直接发布在 App 上的文章,以及搭载在 App 上可供互联网用户在线阅读或下载的电子书均在其列。

根据《网络出版服务管理规定》,从事网络出版服务,必须依法经过出版行政主管部门批准,取得《网络出版服务许可证》。在这一方面,外商投资企业同样受到禁入措施的管制,不能作为股东投资图书、报纸、期刊、音像制品和电子出版物的编辑、出版、制作业务以及网络出版服务,更为严格的是,其与具有资质的网络出版服务单位开展网络出版服务业务的项目合作也应当取得国家广播电视总局的事先审批。

与互联网视频资质的解决路径类似,外商投资企业可借助微信生态,作为一般的内容创作者(而非以项目合作的形式)发布静态内容。根据 2016 年《国家新闻出版广电总局解读〈网络出版服务管理规定〉热点问题》,[①]在微博、微信公众号等自媒体的内容创作者不需要获得网络出版服务许可。经咨询新闻出版局,截至本书定稿之日,上述解读内容仍为实践操作。

四、应用程序载体与资质证照

由于网站与 App 仅在封装形式上存在差异,在本质上是一致的,笔者在本段中的讨论中将不对网站和 App 进行区分。关于 App、微信小程序和公众号之间的选择,从所需资质证照的角度出发,由于依托“微信”这一平台所取得的资质,微信小程序和公众号相较于 App 受到的限制更少,但是其可实现的功能也受到微信的限制。

除法律层面的差别之外,三种载体在使用体验和设计开发方面的不同。微信公众号是三者中功能最为有限的一种载体;微信小程序和 App 的对比之下,由于微信小程序是基于微信生态开发的,需要遵循微信要求的开发语言,仅能实现功能相对简单、交互相对单一的服务需求,因此用户体验及功能丰富性不及 App;App 主要基于两大生态系统安卓和 iOS 开发而成,其运营推广、功能搭载的自由度较高,但除资质证照的考量外,App 上架还需要符合安卓和 iOS 应用商店的要求。

笔者按照不同载体中需要办理的资质证照情况总结见表 5－2,供企业参考:

---

① 国家广播电视总局:《国家新闻出版广电总局解读〈网络出版服务管理规定〉热点问题》,载中国政府网:http://www.gov.cn/xinwen/2016－03/10/content_5051667.htm,最后访问日期:2023 年 9 月 4 日。

表 5－2　不同载体资质证照列表

资质	App	微信公众号	微信小程序	网站	备注
ICP 备案	√		√	√	如果针对同一个域名，仅需同一个 ICP 备案
ICP 证	√			√	微信在受理小程序申请时，要求企业提供 ICP 证或《行政许可不予受理通知书》
EDI 证	√			√	微信在受理小程序申请时，要求企业提供 EDI 证或《行政许可不予受理通知书》
广播电视节目制作经营许可证	√	√	√	√	利用微信生态制作除外
信息网络传播视听节目许可证	√			√	—
网络出版服务许可证	√			√	—

第二节　上架 App 有哪些合规要点

据工信部数据显示，截至 2022 年 12 月，我国国内市场上监测到的移动应用程序（App）数量为 258 万款。① App 在企业和用户之间搭建起直接沟通的桥梁，成为越来越多企业发展线上业务的首选。随之而来，DPO 的工作也越来越多涉及 App 的合规性审核。技术部门研发出的 App 能否达到法律法规的要求？应用商店是否有审查 App 合法合规性的权利？App 什么情况下会被下架、什么情况下可能受到处罚？本节将聚焦这些问题，结合法律法规的规定和应用商店的常见要求，为企业提供 App 合规审核指引。

一、应用商店的管理权利（义务）

首先回答开篇提到的应用商店的权利问题。应用商店有权对 App 进行管理，更准确地说，应用商店也有义务对 App 进行管理。应用商店需要根据 App 的信息服务

① 国务院新闻办：《国务院新闻办举行发布会　介绍 2022 年工业和信息化发展情况》，载中国政府网：http://www.gov.cn/xinwen/2023－01/19/content_5737929.htm，最后访问日期：2023 年 9 月 4 日。

进行分类,比如分为即时通信、新闻资讯、知识问答、论坛社区、网络直播、电子商务、网络音视频、生活服务等类型,并按类别向其所在地网信部门备案。除此之外,应用商店还需要对 App 进行上架审核和日常监督,如果发现 App 违反相关法律法规的规定以及 App 提供者与应用商店的服务协议,可以对 App 采取警示、暂停服务、下架等处置措施。① 情节严重的,比如 App 提供者违法处理个人信息,或者处理个人信息未履行个人信息保护义务的,可能进一步引起企业的行政责任,最高会被执法机关处以 5000 万元以下或者上一年度营业额 5% 以下罚款,并面临停业整顿、吊销业务许可、营业执照,以及高管个人责任等严重后果。②

二、App 合规要点

根据《移动互联网应用程序信息服务管理规定》,App 提供者应当履行信息内容管理主体责任,积极配合国家实施网络可信身份战略,建立健全信息内容安全管理、信息内容生态治理、数据安全和个人信息保护、未成年人保护等管理制度,确保网络安全,维护良好网络生态。立法机关已就上述义务提出了具体的要求,散见于以下法律法规中(见表 5－3)。

表 5－3　App 相关合规要求

合规要点	相关法律法规
账号管理	《互联网用户账号名称管理规定》
业务许可、电信资质	《互联网新闻信息服务管理规定》 《互联网信息服务管理办法》
内容治理	《网络信息内容生态治理规定》
公平竞争	《反不正当竞争法》 《消费者权益保护法》
漏洞管理	《网络产品安全漏洞管理规定》
数据安全	《网络安全法》 《数据安全法》 《网络数据安全管理条例(征求意见稿)》
个人信息保护	《个人信息保护法》 《常见类型移动互联网应用程序必要个人信息范围规定》 《App 违法违规收集使用个人信息行为认定方法》

① 《移动互联网应用程序信息服务管理规定》第 21 条。
② 《个人信息保护法》第 66 条。

续表

合规要点	相关法律法规
未成年人保护	《未成年人保护法》 《未成年人网络保护条例(征求意见稿)》
涉公众新功能评估	《具有舆论属性或社会动员能力的互联网信息服务安全评估规定》 《互联网新闻信息服务新技术新应用安全评估管理规定》

(一)账号管理

App 提供者应当制定并公开管理规则,与注册用户签订服务协议,明确双方相关权利义务。对违反适用的法律法规及服务协议的注册用户,App 提供者应当依法依约采取警示、限制功能、关闭账号等处置措施,保存记录并向有关主管部门报告。对于被依法依约关闭的账号,还需防止其重新注册,对注册与其关联度高的账号信息,应当对相关信息从严核验。

涉及为用户提供信息发布、即时通信等服务的(涉及内容输出,例如,文章、图片、视频的发布、评论,社区跟帖,社群服务,直播等均落入上述范围),App 提供者须对申请注册的用户进行基于移动电话号码、身份证件号码或者统一社会信用代码等方式的真实身份信息认证。但需要提示的是,App 提供者不能以实名认证制度的理由强制要求非注册用户(App 浏览者,或称“游客”)提供个人信息,也不可因为非注册用户未提供个人信息而拒绝提供服务(如强制退出)。

除此之外,App 提供者还须在用户账号信息页面展示合理范围内的互联网用户账号的互联网协议(IP)地址归属地信息,便于公众为公共利益实施监督。

(二)业务许可、电信资质

App 提供者提供互联网新闻信息服务的(包括互联网新闻信息采编发布服务、转载服务、传播平台服务),应当取得互联网新闻信息服务许可;提供其他互联网信息服务,依法须经有关主管部门审核同意或者取得相关许可的,经有关主管部门审核同意或者取得相关许可后方可提供服务,关于互联网信息服务的许可和备案,请见本章第一节《App:该有的资质证照,都有吗》。

(三)内容治理

内容治理义务指的是,App 提供者需建立健全信息内容审核管理机制,建立完善用户注册、账号管理、信息审核、日常巡查、应急处置等管理措施,配备与服务规模相适应的专业人员和技术能力,对信息内容呈现结果负责。

一方面,App 不得生产、传播违法信息,包括但不限于以下信息:反对宪法所确定的基本原则的;危害国家安全,泄露国家秘密,颠覆国家政权,破坏国家统一的;损害国家荣誉和利益的;歪曲、丑化、亵渎、否定英雄烈士事迹和精神,以侮辱、诽谤或者其他方式侵害英雄烈士的姓名、肖像、名誉、荣誉的;宣扬恐怖主义、极端主义或者煽动实施恐怖活动、极端主义活动的;煽动民族仇恨、民族歧视,破坏民族团结的;破坏国家宗教政策,宣扬邪教和封建迷信的;散布谣言,扰乱经济秩序和社会秩序的;散布淫秽、色情、赌博、暴力、凶杀、恐怖或者教唆犯罪的;侮辱或者诽谤他人,侵害他人名誉、隐私和其他合法权益的信息。

另一方面,App 提供者还应当采取措施,防范和抵制制作、复制、发布不良信息,例如使用夸张标题,内容与标题严重不符的;炒作绯闻、丑闻、劣迹等的;不当评述自然灾害、重大事故等灾难的;带有性暗示、性挑逗等易使人产生性联想的;展现血腥、惊悚、残忍等致人身心不适的;煽动人群歧视、地域歧视等的;宣扬低俗、庸俗、媚俗内容的;可能引发未成年人模仿不安全行为和违反社会公德行为、诱导未成年人不良嗜好等信息。

如果发现用户发布上述信息的,App 提供者应当依法立即采取处置措施,保存有关记录,并向有关主管部门报告。

(四)公平竞争

《反不正当竞争法》原则性地要求经营者在生产经营活动中,应当遵循自愿、平等、公平、诚信的原则,遵守法律和商业道德要求,不得对其商品的性能、功能、质量、销售状况、用户评价、曾获荣誉等作虚假或者引人误解的商业宣传,欺骗、误导消费者。在 App 方面,App 提供者亦不得通过虚假宣传、捆绑下载等行为,通过机器或者人工刷榜、刷量、控评等方式,或者利用违法和不良信息诱导用户下载 App。

2022 年年底,围绕此项内容,国家网信办开展专项行动,重点打击以相似标志、图片、文字以假乱真,欺骗用户访问下载;联合应用商店,弄虚作假,刷虚假下载量和好评,诱导用户下载;利用暗示词汇、衣着暴露的图片或引人联想的标题等不良信息,诱导用户点击下载;关闭、退出等按钮失灵,未经用户同意自动下载安装;默认勾选标记,误导用户点击下载安装捆绑软件等行为。

(五)漏洞管理

App 提供者应确保 App 符合相关国家标准的强制性要求,如发现 App 存在安全缺陷、漏洞等风险时,应当立即采取补救措施,组织对安全漏洞进行验证,评估安全漏洞的危害程度和影响范围;对属于其上游产品或者组件(例如,嵌入 App 的第三方 SDK)存在的安全漏洞,应当立即通知相关产品提供者(例如,SDK 厂家)。

此外,App 在此情况下有义务通知监管机构和告知个人:(1)通知监管机构,即应当在2 日内向工信部网络安全威胁和漏洞信息共享平台报送相关漏洞信息,报送内容应当包括存在网络产品安全漏洞的产品名称、型号、版本以及漏洞的技术特点、危害和影响范围等;(2)告知个人,即对于需要用户采取 App 升级等措施的,应当及时将网络产品安全漏洞风险及修补方式告知可能受影响的用户,并提供必要的技术支持。

(六)数据安全

企业通过 App 开展数据处理活动的,应当履行数据安全保护义务,建立健全全流程数据安全管理制度,采取保障数据安全技术措施和其他安全措施,加强风险监测,不得危害国家安全、公共利益,不得损害他人合法权益。

(七)个人信息保护

App 在收集、存储、使用、加工、传输、提供、公开、删除个人信息过程中均应遵循合法、正当、必要和诚信原则,具有明确、合理的目的并公开处理规则,遵守必要个人信息范围的有关规定,规范个人信息处理活动,采取必要措施保障个人信息安全,不得以任何理由强制要求用户同意个人信息处理行为,不得因用户不同意提供非必要个人信息,而拒绝用户使用其基本功能服务。

《个人信息保护法》和《App 违法违规收集使用个人信息行为认定方法》对 App 提供者提出更加全面具体的义务,企业应予以高度重视。此外,收集环节的最小必要要求还可参考国家网信办、工信部、公安部、国家市场监督管理总局联合发布的《常见类型移动互联网应用程序必要个人信息范围规定》划定的三十余种常用服务类型的最小必要信息范围。另外,企业在设计 App 权限、弹窗、后台运行等环节时可参考国家标准《信息安全技术　移动互联网应用程序(App)收集个人信息基本要求》和技术文件《网络安全标准实践指南——移动互联网应用程序(App)系统权限申请使用指南》《网络安全标准实践指南——移动互联网应用程序(App)收集使用个人信息自评估指南》《网络安全标准实践指南——移动互联网应用程序(App)个人信息保护常见问题及处置指南》的规定。

(八)未成年人保护

在保护未成年人权益的方面,App 提供者应按照《未成年人保护法》的规定,严格履行未成年人网络保护各项义务,依法严格落实未成年人用户账号真实身份信息注册和登录要求,不得以任何形式向未成年人用户提供诱导其沉迷的相关产品和服务,不得制作、复制、发布、传播含有危害未成年人身心健康内容的信息。

对于具有网络游戏、网络直播、网络音视频、网络社交等功能的 App,尤其应注意建立健全防沉迷制度:

- 针对未成年人使用其服务设置青少年模式,在使用时段、时长、功能和内容等方面按照国家有关规定和标准提供服务,并为监护人履行监护职责提供时间管理、权限管理、消费管理等功能。
- 采取措施,合理限制未成年人在使用网络产品和服务中的单次消费数额和单日累计消费数额,不得向未成年人提供与其民事行为能力不符的付费服务。
- 采取措施,防范和抵制流量至上等不良价值倾向,不得设置以应援集资、投票打榜、刷量控评等为主题的社区、群组,不得诱导未成年人参与应援集资、投票打榜、刷量控评等网络活动,并预防和制止其用户诱导未成年人实施上述行为。

(九)涉公众新功能评估

App 如果上线具有舆论属性或者社会动员能力的新技术、新应用、新功能,App 提供者应当按照国家有关规定进行安全评估。开办论坛、博客、微博客、聊天室、通信群组、公众账号、短视频、网络直播、信息分享、小程序等信息服务或者附设相应功能,以及开办提供公众舆论表达渠道或者具有发动社会公众从事特定活动能力的其他互联网信息服务,均落入"具有舆论属性或社会动员能力的互联网信息服务"的范畴。

需要说明的是,具有舆论属性或社会动员能力的信息服务上线,或者信息服务增设相关功能,并不是有法定评估要求的唯一情形,根据《具有舆论属性或社会动员能力的互联网信息服务安全评估规定》,在以下情形,亦需要进行评估:(1)使用新技术新应用,使信息服务的功能属性、技术实现方式、基础资源配置等发生重大变更,导致舆论属性或者社会动员能力发生重大变化的;(2)用户规模显著增加,导致信息服务的舆论属性或者社会动员能力发生重大变化的;(3)发生违法有害信息传播扩散,表明已有安全措施难以有效防控网络安全风险的;(4)网信部门或者公安机关书面通知需要进行安全评估的其他情形。

此外,如果企业在提供上述信息服务的过程中应用了算法推荐技术,则落入《互联网信息服务算法推荐管理规定》的适用范围。相关企业应当在提供信息服务之日起 10 个工作日内,通过互联网信息服务算法备案系统履行备案手续。[①]

---

① 《互联网信息服务算法推荐管理规定》第 24 条。

三、结语

App 上架应用商店至少需从账号管理、业务许可、电信资质、内容治理、公平竞争、漏洞管理、数据安全、个人信息保护、未成年人保护、涉公众新功能评估等方面进行合规管理，另外，还需设置醒目、便捷的投诉举报入口，公布投诉举报方式，健全受理、处置、反馈等机制，及时处理公众投诉举报，接受社会监督。

第三节　常见 App 违法违规现象梳理与合规要点分析

根据国家网信办于2016 年6 月28 日发布的《移动互联网应用程序信息服务管理规定》的规定，“移动互联网应用程序（App），是指通过预装、下载等方式获取并运行在移动智能终端上、向用户提供信息服务的应用软件”。因此，App 不仅包括安装在手机等智能通信设备中的应用软件，也包括与其他设备（如智能家居、可穿戴设备）配合使用的应用软件。

此外，网信办、工信部、公安部、国家市场监管总局于 2021 年 3 月 12 日联合发布的《常见类型移动互联网应用程序必要个人信息范围规定》明确规定“App 包括移动智能终端预置、下载安装的应用软件，基于应用软件开放平台接口开发的、用户无须安装即可使用的小程序。”①随着监管力度的不断趋严，“小程序”这一新的应用形态也被规范性文件纳入 App 监管的范围。

一、App 监管执法

随着智能手机、平板电脑、可穿戴设备等移动智能终端的普及，移动互联网越来越成为人们生活的一部分，移动互联网应用程序（App）也在生活中得到了广泛的应用，涵盖了消费者衣食住行的各个方面。海量的 App 在给用户带来便利的同时，也带来了许多安全风险，其中违法违规收集、使用个人信息的问题尤其突出。为了保障 App 数据安全、加强个人信息保护，近年来，有关监管部门加大了对违法违规 App 的通报处罚力度。

2019 年 1 月，网信办、工信部、公安部、市场监管总局联合发布了《关于开展 App

---

①　信安标委于 2020 年 3 月 30 日发布的《网络安全标准实践指南——移动互联网应用程序（App）个人信息安全防范指引（征求意见稿）》也指出“本实践指南中的 App，是指安装、运行在移动智能终端上的应用软件，包括在应用市场上架的软件、移动智能终端预装的软件、小程序等。”

违法违规收集使用个人信息专项治理的公告》,决定在全国范围组织开展 App 违法违规收集使用个人信息专项治理工作,专项整治的 App 范围涵盖了电子商务、地图导航、快递外卖、交通票务等多个方面。

为落实《关于开展 App 违法违规收集使用个人信息专项治理的公告》相关部署,受四部门委托,信安标委、中国消费者协会、中国互联网协会、中国网络空间安全协会成立 App 专项治理工作组,具体推动 App 违法违规收集使用个人信息评估工作。从 2019 年 3 月起,App 专项治理工作组通过微信公众号等方式受理群众举报,并组织相关机构对可能存在问题的 App 的隐私政策和个人信息收集使用情况进行评估。

2019 年 1 月开始,公安部网络安全保卫局组织全国公安机关开展了“净网 2019”、“净网 2020”专项行动,一方面打击网络违法犯罪生态;另一方面对网络空间秩序进行治理。按照专项行动整体部署,各地公安机关就 App 是否存在安全隐患、是否合法合规运营等问题开展了检查。

2019 年 11 月,工信部发布《关于开展 App 侵害用户权益专项整治工作的通知》,启动 App 侵害用户权益专项整治工作。此后两年多的时间里,工信部针对 App 违规处理用户个人信息、不合理索取用户权限等四方面十类问题进行了重点整治。2020 年 7 月份,工信部发布《关于开展纵深推进 App 侵害用户权益专项整治行动的通知》,督促相关企业强化 App 个人信息保护,及时整改消除违规收集、使用用户个人信息和骚扰用户、欺骗误导用户、应用分发平台管理责任落实不到位等突出问题。

本节将对上述监管实践中常见的 App 违法违规现象进行梳理,并结合法律法规与规范性文件的要求,分析相关合规要点,以期为企业合规运营 App 提供建议。

二、相关监管规范

近年来,我国数据安全及个人信息保护相关的法律框架不断完善,《数据安全法》《个人信息保护法》已经相继发布。与此同时,围绕 App 信息安全的相关规范和技术标准陆续出台,逐渐形成了一个涵盖法律、行政法规、部门规章、规范性文件在内的多层级的 App 监管体系,现按发布时间梳理,参见表 5 - 4。

表 5 - 4　App 相关法律法规

名称	发布部门	发布时间	主要内容
《电信和互联网用户个人信息保护规定》	工信部	2013 年 7 月 16 日	明确了电信业务经营者、互联网信息服务提供者收集、使用用户个人信息的规则和信息安全保障措施
《网络安全法》	全国人民代表大会常务委员会	2016 年 11 月 7 日	对个人信息的收集、使用进行了原则性的规定

续表

名称	发布部门	发布时间	主要内容
《App 违法违规收集使用个人信息自评估指南》	App 违法违规收集使用个人信息专项治理工作组	2019 年 3 月 3 日	从隐私政策文本、App 收集使用个人信息行为、App 运营者对用户权利的保障等三大方面对 App 运营者做出了指引
《App 违法违规收集使用个人信息行为认定方法》	网信办、工信部、公安部、市场监督管理总局	2019 年 11 月 28 日	规定了"未公开收集使用规则"等六类违法违规行为的认定方法，为监督管理部门提供参考
《常见类型移动互联网应用程序必要个人信息范围规定》	网信办、工信部、公安部、市场监督管理总局	2021 年 3 月 12 日	明确常见地图导航、网约车等 39 常用类型 App 的必要个人信息范围；明确 App 运营者不得因用户不同意收集非必要个人信息，而拒绝用户使用 App 基本功能服务
《移动互联网应用程序个人信息保护管理暂行规定（征求意见稿）》	工信部	2021 年 4 月 26 日	系统总结了专项治理工作的经验，确立了"知情同意""最小必要"两项重要原则，细化了违规处置流程和具体措施
《数据安全法》	全国人民代表大会常务委员会	2021 年 6 月 10 日	明确了开展数据处理活动的主体的数据安全保护义务
《个人信息保护法》	全国人民代表大会常务委员会	2021 年 8 月 20 日	参考、吸收了之前的个人信息保护立法内容，全面加强对个人信息的法律保护
《网络安全实践指南——移动互联网应用基本业务功能必要信息规范》 TC260 - PG - 20191A	信安标委	2019 年 6 月 1 日	明确了地图导航、网约车等 16 类常见类型 App 的必要个人信息范围
《信息安全技术　个人信息安全规范》GB/T 35273 - 2020	国家标准化委员会、市场监督管理总局	2020 年 3 月 6 日	落实和细化了《网络安全法》个人信息保护方面的要求
《网络安全标准实践指南——移动互联网应用程序（App）个人信息安全防范指引（征求意见稿）》 TC260 - PG - 20203A	信安标委秘书处	2020 年 3 月 30 日	基于相关评估工具数据统计和近期疫情防控 App 发现的问题，给出了当前 App 个人信息保护合规的常见问题和防范策略

续表

名称	发布部门	发布时间	主要内容
《网络安全标准实践指南——移动互联网应用程(App)收集使用个人信息自评估指南》TC260 - PG - 20202A	信安标委秘书处	2020 年 7 月 22 日	基于《App 违法违规收集使用个人信息自评估指南》,归纳总结了 App 收集使用个人信息的 6 项评估点,供 App 运营者自评估参考
《网络安全标准实践指南——移动互联网应用程序(App)个人信息保护常见问题及处置指南》TC260 - PG - 20203A	信安标委秘书处	2020 年 9 月 18 日	针对 App 存在的超范围收集、强制索权、频繁索权等问题,给出了当前 App 个人信息保护 10 大常见问题和处置指南
《网络安全标准实践指南——移动互联网应用程序(App)使用软件开发工具包(SDK)安全指引》TC260 - PG - 20205A	信安标委秘书处	2020 年 11 月 27 日	针对 App 使用 SDK 过程中存在的 SDK 自身安全漏洞、SDK 恶意行为、SDK 违法违规收集 App 用户的个人信息问题,结合移动互联网技术及应用现状,给出了 App 提供者、SDK 提供者针对 SDK 安全问题的实践指引
《信息安全技术移动互联网应用程序(App)收集个人信息基本要求》GB/T 41391 - 2022	国家标准化委员会、市场监督管理总局	2022 年 4 月 24 日	明确了 App 收集个人信息时应满足的基本要求,并列举地图导航、网约车等 39 种 App 可收集的"最小必要"信息

与此同时,其他法律法规及规范性文件中也对其所涉及的个人信息保护作出规定,例如,《消费者权益保护法》《未成年人保护法》《商业银行法》《居民身份证法》《护照法》《旅游法》《电子签名法》《征信业管理条例》等均对其管辖范围内的个人信息保护做出了明确的规定。

三、常见违法违规行为

结合以上规范性文件以及监管实践,当前 App 在数据安全、个人信息保护方面存在的主要问题如下:

(一)未经同意收集个人信息

即 App 未明确告知收集使用个人信息的目的、类型和范围并获得用户同意前,收集用户个人信息,主要表现为:

1. App 首次运行时，在告知并征得用户同意前就开始收集个人信息或打开可收集个人信息的权限。例如，App 未通过弹窗等明示方式提示用户阅读隐私政策等收集使用规则，或以缩小字号、减淡颜色等方式诱导用户略过隐私政策链接；App 通过默认勾选“同意隐私政策”的选择框等方式征得用户的非明示同意。

2. 隐私政策中未逐一列出 App 收集使用个人信息的目的、方式和范围。例如，App 没有清晰区分各业务功能所收集个人信息的目的、类型、方式，仅使用“等、例如”等方式进行部分列举；App 未明确说明收集个人信息的目的，仅使用“为了您正常使用 App”等模糊性的描述。

3. 申请收集用户身份证号、银行账号、行踪轨迹等个人敏感信息①时，未单独告知用户其目的并征得用户的同意。

（二）超范围收集个人信息

即 App 违反必要原则，收集与其提供的服务无关的个人信息，或超频次收集个人信息。主要表现为：

1. 实际收集的个人信息类型、申请打开可收集使用个人信息的权限等与隐私政策等收集使用规则中相关内容不一致，超出隐私政策等收集使用规则所述范围。

2. 收集的个人信息类型或打开的可收集个人信息权限与现有业务功能类型没有直接关联。例如，天气类 App 申请通讯录、摄像头等明显与业务功能无关的权限。

3. 通过捆绑各项业务功能的方式，要求用户“一揽子”接受并授权同意其未申请或使用的业务功能收集个人信息的请求，不同意则强制退出 App，不提供任一单一业务功能。

4. 收集个人信息的频度等超出 App 实现业务功能所必需的合理范围。例如，酒店预订类 App 在后台每 1 秒收集一次用户精确定位信息，绘制用户的行踪轨迹。

（三）私自向第三方提供个人信息

即 App 未明确告知对外提供个人信息的目的、方式和范围并获得用户同意前，向第三方提供个人信息，主要表现为：

1. App 通过嵌入的第三方代码、插件等方式向第三方提供个人信息时（例如，App 在客户端中嵌入百度地图、微博等 SDK 向第三方提供用户设备 IMEI 号、地理位置等个人信息），未逐一列出第三方代码、插件的类型或名称，以及收集个人信息的目的、方式和范围。

---

① 个人敏感信息的判定可参考《信息安全技术　个人信息安全规范》（GB/T 35273－2020）“附录 B”。

2. App将用户个人信息传输至服务器后,未经用户同意(包括未向用户明确列出第三方主体身份信息、处理目的、处理方式及个人信息种类等),也未做匿名化处理,将个人信息提供给第三方。例如,App运营者与关联公司或合作伙伴共享收集的用户设备IMEI号、搜索关键词、商品浏览记录等个人信息;在涉及合并、收购、资产转让或类似的交易时,App运营者将个人信息转让到新的公司、组织。

(四)违规使用定向推送功能

即App强制用户使用定向推送功能或未提供退出机制,主要表现为:

1. App在利用用户个人信息和算法定向推送信息情形时(如根据用户的搜索关键词、商品浏览记录、使用习惯等个人信息推送广告、展示商品等),未在隐私政策中告知用户其应用场景和可能对用户权益产生的影响。

2. App页面中未显著区分定向推送的内容和非定向推送的内容,如未标明"个性化推荐"、"定推"等字样,或通过不同的栏目、版块、页面分别展示。

3. 未向用户提供简单直观的退出或关闭个性化展示模式的选项,如拒绝接收定向推送信息,或提供不基于个人信息和个性化推荐算法推送的选项。

(五)未保障用户的个人信息权益

即App未按要求建立响应用户个人信息权利请求和投诉等的机制,主要表现为:

未明确提供用户提出查询、更正、删除、撤回授权同意、注销账户等个人信息权利请求和处理个人信息安全问题相关投诉、举报的有效渠道,如个人信息安全责任部门的联系方式、地址、电子邮件地址、个人信息主体反馈问题的表单等。

1. 未建立明确的流程以响应用户对个人信息进行查询、更正、删除、撤回授权同意、注销账户等个人信息权利请求和用户的个人信息安全投诉,并在合理的时间内进行响应。

2. 为用户实现个人信息权利请求设置不必要或不合理的条件,如App注销账户时,要求用户多次上传手持身份证照片,或要求用户填写精确的历史操作记录等。

3. 在用户注销账号后未及时删除其个人信息或进行匿名化处理,或未及时通知共享、受让用户个人信息的第三方同步删除。

(六)未履行数据安全保护义务

即App未落实数据全生命周期安全保护以及数据出境安全管理等要求。主要表现为:

1. 未采取相应的技术措施和其他必要措施,保障数据安全。例如,App存在Janus

漏洞、未对源代码加壳保护等安全隐患；未采取相应的加密、去标识化等安全技术措施，明文存储用户的个人信息；未对接入的第三方代码、插件（如 SDK）进行安全性评估等。

2. 重要数据和个人信息跨境传输之前未按要求履行相应安全评估或报批义务，可能危害国家数据安全。例如，部分 App 运营者在赴美上市过程中，涉嫌向美国证券交易委员会披露相关信息，存在重要数据和公民个人信息的出境安全风险。

四、违法责任

根据《网络安全法》《数据安全法》《个人信息保护法》等相关法律法规，App 运营者违规收集、处理个人信息可能涉及以下法律责任。

（一）行政责任

1.《网络安全法》

《网络安全法》是我国第一部全面规范网络空间安全的基础性法律，对网络运营者收集、使用个人信息进行了原则性的规定。此外，作为 CIIO 的 App 运营者还需遵守安全审查义务及本地化存储义务。

根据《网络安全法》规定，App 运营者违反“知情同意”“合法、正当、必要”等个人信息保护原则的，CIIO 违反规定在境外存储或者向境外提供数据的，由有关主管部门责令改正，可以根据情节单处或者并处警告、没收违法所得、罚款[①]等措施；情节严重的，并处责令暂停相关业务、停业整顿、关闭网站、吊销相关业务许可证或者吊销营业执照。[②] CIIO 应当申报网络安全审查而没有申报的，或者使用网络安全审查未通过的产品和服务的，由有关部门责令停止使用相关产品和服务，并处罚款。[③]

2.《数据安全法》

《数据安全法》衔接了《网络安全法》规定的重要数据保护制度，将重要数据出境的监管范围从 CIIO 扩大到了全部数据处理者，并提高了违反规定时的处罚金额。[④]

同时，《数据安全法》对数据处理活动进行了重点规制。根据《数据安全法》规定，有关主管部门发现 App 数据处理活动存在较大安全风险的，可以对 App 运营者进

---

① 值得注意的是，《网络安全法》和《数据安全法》在罚款上均采取“双罚制”，即同时对 App 运营企业及相关责任成员处以罚款。

② 《网络安全法》第 64 条、第 66 条。

③ 《网络安全法》第 65 条。

④ 《数据安全法》第 46 条。

行约谈,并要求采取措施进行整改,消除隐患。开展数据处理活动的 App 运营者未履行数据安全保护义务的,由有关主管部门责令改正,给予警告,可以并处罚款;对于拒不改正或者造成大量数据泄露等严重后果的,可以责令暂停相关业务、停业整顿、吊销相关业务许可证或者吊销营业执照。①

3.《个人信息保护法》

《个人信息保护法》是我国首部系统性、专门性的个人信息保护法律,明确了处理个人信息各个环节中的要求,并为个人信息处理者规定了详尽的义务。

违反《个人信息保护法》规定处理个人信息,或者未履行个人信息保护义务的,由履行个人信息保护职责的部门责令改正,给予警告,没收违法所得,对违法处理个人信息的 App,责令暂停或者终止提供服务;拒不改正的,并处 100 万元以下罚款;对直接负责的主管人员和其他直接责任人员处 1 万元以上 10 万元以下罚款。② 情节严重的,由省级以上履行个人信息保护职责的部门责令改正,没收违法所得,并处 5000 千万元以下或上一年度营业额 5% 以下罚款,并可以责令暂停相关业务、停业整顿、通报有关主管部门吊销相关业务许可或者吊销营业执照,对直接负责的主管人员和其他直接责任人员处 10 万元以上 100 万元以下罚款,并可以禁止其在一定期限内担任相关企业的董事、监事、高级管理人员和个人信息保护负责人。③

此外,有关违反《个人信息保护法》的行为将依照有关法律、行政法规的规定记入信用档案,并予以公示。④

4.《移动互联网应用程序个人信息保护管理暂行规定(征求意见稿)》

2021 年 4 月 26 日,在国家网信办的统筹指导下,工信部会同公安部、市场监管总局起草了《移动互联网应用程序个人信息保护管理暂行规定(征求意见稿)》,进一步规定 App 违规处置流程和具体措施。从事 App 个人信息处理活动的相关主体违反要求的,监管部门将依次按照通知整改、社会公告、下架处置、断开接入、信用管理流程进行处置。并且,对于未按要求完成整改或反复出现问题、采取技术对抗等违规情节严重的 App,将对其进行直接下架,且下架后 40 个工作日内不得再次上架。此外,监管部门将指导 App 分发平台和移动智能终端生产企业进行风险提示,并对违规情节严重的 App 采取禁入措施。⑤

---

① 《数据安全法》第 44 条、第 45 条。

② 《个人信息保护法》第 66 条。

③ 《个人信息保护法》第 66 条。

④ 《个人信息保护法》第 67 条。

⑤ 《移动互联网应用程序个人信息保护管理暂行规定(征求意见稿)》第 16 条、第 17 条。

(二)民事及刑事责任

根据我国《民法典》规定,①个人信息主体享有其个人信息免受违法违规收集、使用的权益。App 运营者违反法律规定,侵犯自然人个人信息权益的,个人信息主体可要求其承担相应民事责任,包括但不限于停止侵害、排除妨害、赔偿损失、消除影响、恢复名誉、赔礼道歉等。

此外,根据《刑法》第 253 条及相关司法解释,App 运营者违反国家规定向他人出售或提供个人信息,情节严重的将构成"侵犯公民个人信息罪",可能面临最高 7 年有期徒刑的刑罚。②

五、合规要点

监管部门不时实施的专项治理活动在给 App 运营者带来警示的同时,也明确了个人信息收集使用的边界。本书结合相关规范及监管态势,提出合规运营 App 的若干建议。

(一)数据分类分级管理

1. 识别企业是否落入 CIIO 范围以及所处理数据的类型(例如,业务数据、个人信息、重要数据),评估数据的安全等级,对数据实行分类分级保护。

2. 对敏感程度较高的数据采取更严格的管理措施,例如数据隔离存储、使用细粒度的访问控制等。

(二)完善隐私政策

1. 以简明、易懂的形式向用户说明 App 处理个人信息的类型、范围和目的,清晰、区分说明各业务功能所收集的个人信息,尽量避免概括式表述。

2. 对个人敏感信息的类型进行显著标识(如字体加粗、标星号、下划线、斜体、颜色等),并取得用户的单独同意。

3. 如果存在涉及收集使用儿童个人信息相关业务功能的,应制定针对儿童的个

---

① 《民法典》第 111 条规定,"自然人的个人信息受法律保护。任何组织和个人需要获取他人个人信息的,应当依法取得并确保信息安全,不得非法收集、使用、加工、传输他人个人信息,不得非法买卖、提供或者公开他人个人信息"。

② 《刑法》第 253 条之一规定,"违反国家有关规定,向他人出售或者提供公民个人信息,情节严重的,处三年以下有期徒刑或者拘役,并处或单处罚金;情节特别严重的,处三年以上七年以下有期徒刑,并处罚金",同时规定,"窃取或者以其他方式非法获取公民个人信息的",依照前款的规定处罚。

人信息保护规则。

4. 如果 App 运营者将个人信息用于用户画像、个性化展示等,应说明其应用场景和可能对用户产生的影响,并提供便捷的退出机制。

5. 如果存在个人信息对外共享、转让、公开披露的情况,应说明对外共享、转让、公开披露个人信息的目的;涉及的个人信息类型;接收方类型或身份。

(三)征得用户同意

1. App 首次启动时,应通过弹窗等方式提示用户阅读隐私政策,未征得用户同意前,不收集个人信息或打开可收集个人信息权限。

2. 根据用户主动填写、点击、勾选等自主行为,作为 App 的各个业务功能打开或开始收集使用个人信息的条件,应避免采取默示同意。

3. 不以捆绑方式强制要求用户一次性同意打开多个可收集个人信息权限,用户明确不同意收集之后,App 不得频繁(如每 48 小时超过一次)征求用户同意。

(四)遵循必要原则

1. 梳理 App 实际的业务功能和应用场景,收集的个人信息的类型应与业务功能有直接关联,不收集与所提供业务功能无关的个人信息,不申请与所提供的业务功能无关的权限。

2. 参考《常见类型移动互联网应用程序必要个人信息范围规定》《信息安全技术 移动互联网应用程序(App)收集个人信息基本要求》等文件,结合 App 所提供的服务类型,明确最小必要个人信息的范围,不因用户拒绝提供最小必要个人信息以外的信息而拒绝基本业务功能。

3. 收集个人信息的频率应在实现 App 业务功能所必需的最低合理频率范围内,在 App 未打开或处于后台运行状态时,除业务功能所必需外(如导航功能),不收集用户个人信息。

4. 优先在用户终端中存储、使用所收集的个人信息,仅以实现服务所必需的最低合理频率向后台服务器传输个人信息。

(五)第三方接入管理

1. 采用隐私政策、弹窗提示、文字备注、文本链接等方式说明第三方代码、插件的类型或名称,以及收集个人信息的目的、类型、方式。

2. 在接入前对第三方代码、插件进行安全评估和风险等级评估。

3. 通过合同等形式与第三方明确安全责任及相应的安全措施,并向用户明确告知。

4. 采取技术检测、安全审计等手段对第三方收集、使用个人信息的行为进行监督，发现超出约定的行为应及时切断接入。

（六）必要的技术和管理措施

1. 采取必要技术措施保护数据安全，如加密传输存储、去标识化、身份认证、访问控制、恶意代码防范、安全审计等。

2. 制定网络安全应急预案，发生安全事件时，应当立即采取处置措施，按照规定及时告知用户并向有关主管部门报告。

3. 任命个人信息保护负责人和个人信息保护工作机构，制定个人信息保护内部管理制度，定期（至少每年一次）组织相关人员开展个人信息安全培训和考核。

4. 监测记录个人信息处理活动，对隐私政策、相关规程和安全措施的有效性进行审计。

（七）数据出境管理

1. 如果通过 App 收集的个人信息存在出境情形，应当向用户逐项说明数据出境的目的、类型、范围以及接收方所在的国家或地区，并显著标识。

2. App 运营者将境内收集和产生的个人信息、重要数据向境外提供的，应遵循国家相关规定和相关标准的要求。其中，达到申报条件的 App 运营者[①]应当按照网信部门会同国务院有关部门制定的办法进行安全评估；其他 App 运营者应当通过个人信息保护认证或与接收方签署个人信息出境标准合同。

（八）保障用户个人信息权益

1. 以用户为中心，提供在线访问、更正、撤回同意、删除用户个人信息，在线注销账户等功能，不设置不合理的条件。

2. 提供关于个人信息保护的申诉渠道和反馈机制，如电子邮件、电话、在线客服、在线表格、即时通信账号等。

3. 及时响应用户的个人信息权利请求和投诉、举报，用户的更正、删除、注销请求以及投诉、举报应在 15 日内响应，用户的其他请求应在 30 日内响应。

4. 账号注销后停止对用户个人信息的收集和使用，并按照相关要求和约定及时删除其个人信息或匿名化处理。

---

① 详见本书第九章第四节。

六、结语

当前,监管部门对 App 数据方面违法违规行为的监管力度在不断加大,可以预期,未来 App 执法将会更加规范并成为常态化工作。企业应持续关注 App 数据安全、个人信息保护方面的立法动态,明确最新的监管要求,在此基础上及时发现并整改自身存在的问题,以降低 App 运营过程中的合规风险。

第四节　App 下架后的应对措施及自查整改要点

随着《个人信息保护法》的执法日趋加强,越来越多的监管机构针对 App 进行常态化执法,并定期公布执法和处罚的结果。例如,在北京市通信管理局(以下简称“通管局”)发布的《关于问题 App 的通报》(2023 年第 1 期)中,有 25 款 App 存在不同类型问题需整改,另有 3 款 App 因之前问题整改不到位,目前已通知应用商店予以下架处置。据悉,3 款拟下架的 App 均为教育类 App,应用来源分别为腾讯应用宝、百度手机助手和华为应用市场。①

本节将以 2023 年首批 App 下架通报为例,分析什么情况下 App 会面临下架?是否 App 被检测出违法违规后立刻被下架处置?是否存在宽限期、是否存在其他处罚措施?App 被下架后企业作为 App 提供者应当如何应对?如何做好 App 重新上架的准备工作?

一、什么情况 App 会被下架

在上述通报中,两款 App 所涉问题为“违反必要原则”。根据《App 违法违规收集使用个人信息行为认定方法》,以下行为可被认定为违反必要原则:收集与其提供的服务无关的个人信息;收集的个人信息类型或打开的可收集个人信息权限与现有业务功能无关;因用户不同意收集非必要个人信息或打开非必要权限,拒绝提供业务功能;仅以改善服务质量、提升用户体验、定向推送信息、研发新产品等为由,强制要求用户同意收集个人信息等。由此可见,《App 违法违规收集使用个人信息行为认定方法》是 App 下架的法律依据之一,除此之外,违反《移动互联网应用程序信息服务管

---

① 北京市通信管理局:北京市通信管理局《关于问题 App 的通报》(2023 年第 1 期),载北京市通信管理局官网:https://bjca.miit.gov.cn/zwgk/hlwjcgl/art/2023/art_ea58f590044543cfb411a606c6b44b9a.html,最后访问日期:2023 年 9 月 4 日。

理规定》,也可能导致 App 下架、影响业务持续性的风险。[①]

值得说明的是,在 App 被强制下架之前,通常会被相关主管部门(包括但不限于工信通管部、公安部、App 治理小组、国家计算机病毒保护中心、国家移动互联网应用安全中心、国家网络安全局)予以通报并给予一定时间的宽限期(通常为 15 个工作日至 1 个月)进行整改,整改完成后将整改报告加盖公章发至官方电子邮箱,或在相关主管部门下一轮技术检测中验收整改成果。

根据笔者协助企业过往处理被主管部门通报的 App 案件的经验,主管部门在通报侵犯个人信息合法权益的违法违规 App 之后,不会立即要求应用商店下架 App,只有在 App 提供者逾期未完成整改的情况下方才采取此类措施,且可能会出具行政处罚通知书或决定书等文件。当然,违法 App 造成严重的社会影响的案件除外。

举例而言,2021 年中央广播电视总台在"3・15"晚会上曝光了"内存优化大师"、"智能清理大师"、"超强清理大师"、"手机管家 pro"四款 App,工信部第一时间组织开展技术检测,查实其存在欺骗误导用户下载、违规处理个人信息等问题,已要求主要应用商店予以下架,并组织北京、天津、上海、广东四省市通管局对涉事企业主体进行调查处理。[②] 而后,广东省通管局于同年 3 月 19 日对"手机管家 pro"运营者发出了《行政处罚意见告知书》,同步通知各主要应用商店未经整改和电信主管部门复测确认合格前不得恢复该款 App 上架,[③]北京市通管局于同年 4 月 15 日对"内存优化大师""智能清理大师"未经用户同意收集用户个人信息的行为作出行政处罚决定,[④]上海市通管局于同年 5 月 6 日对"超强清理大师"的运营者作出违法违规收集使用个人信息的行政处罚。[⑤]

不仅是 App 下架,App 违法违规的问题可能同时对 App 运营企业产生多方面的

---

① 《移动互联网应用程序信息服务管理规定》第 21 条第 2 款规定:"对违反本规定及相关法律法规及服务协议的应用程序,应用程序分发平台应当依法依约采取警示、暂停服务、下架等处置措施,保存记录并向有关主管部门报告。"

② 工业和信息化部:《工业和信息化部严厉查处"3・15"晚会曝光"诱导老年人下载 App""App 违规收集老年人个人信息"等违规行为》,载中国政府网:http://www.gov.cn/fuwu/2021-03/16/content_5593303.htm,最后访问日期:2023 年 9 月 4 日。

③ 广东省通信管理局:《广东省通信管理局对 315 晚会曝光的"手机管家 Pro"App 做出行政处罚》,载广东省通信管理局官网:https://gdca.miit.gov.cn/xwdt/gzdt/art/2021/art_7bc2e1f5450b42d8a9598b8a4665c2e6.html,最后访问日期:2023 年 9 月 4 日。

④ 北京市通信管理局:《北京市通信管理局重拳出击,处罚央视"3・15"晚会曝光的违规 App 企业》,载北京市通信管理局官网:https://bjca.miit.gov.cn/zwgk/dxgl/dxhhlwdywscgl/art/2021/art_f05176aec8aa4f43abb2aea8ffd9c407.html,最后访问日期:2023 年 9 月 4 日。

⑤ 关于上海苏帕科技有限公司违法违规收集使用个人信息的行政处罚,上海市通信管理局沪通信罚 202021 第 0006 号行政处罚决定书。

影响。例如,广东省通管局曾表示"对已责令整改或行政处罚的 App 进行跟踪复测,对问题突出、整改不彻底的 App 及运营企业,坚决采取下架、停接入、停域名、行政处罚以及纳入电信业务经营不良名单或失信名单并公开曝光等措施进行严厉处置"。①

二、App 下架后的应对措施

根据笔者的项目经验,App 下架后企业可采取以下步骤,尽可能将 App 下架对于企业业务的不良影响降到最低、损失降到最小。

(一)明确被下架的 App 的信息

这一点看似颇为不言自明,但笔者在解答客户咨询的过程中发现,企业不一定对被下架的 App 的信息全然了解。App 被下架时,主管部门通常会披露应用名称(App 名称)、应用开发者、应用来源、应用版本、所涉问题等信息。

App 运营者如不是应用开发者,应将所涉问题和整改步骤准确告知应用开发者,由其进行代码端的修正。通过应用来源,企业可以了解主管部门是通过检查哪一应用商店了解到 App 违法违规问题的,后续企业也便于与该应用商店沟通整改完成情况,并敦促其尽快上架整改后的 App。关于应用版本,主管部门的检查可能滞后于企业 App 版本升级,如果在升级后的 App 中已修正主管部门通报的违法违规问题,应尽快和主管部门取得联系,并以截屏、请求再次检查等方式说明 App 目前已处于合规状态,请求立刻恢复上架,如果 App 升级后仍然存在相关问题,应对升级前后版本均开展整改,尤其是在被检查的 App 版本在应用商店仍为可下载状态的情形下。对于所涉问题,App 运营者首先可对照《App 违法违规收集使用个人信息行为认定方法》,确认该办法中是否有相应具体说明,如无,笔者建议通过主管部门联系电话或联系邮箱与主管老师进行联系,询问问题细节。

(二)启动应急机制

明确被下架的对象和问题后,公司内部应调动可得资源尽快对 App 下架的问题进行响应。

业务部门应负责维护业务连续性,评估 App 下架对业务可能产生的影响,比如是否存在用户购买产品或服务后无法下载配套 App,是否存在用户的积分礼券必须通

---

① 广东省通信管理局:《广东省通信管理局 App 监管情况通报》(2020 年 10 月),载广东省通信管理局官网:https://gdca.miit.gov.cn/xwdt/gzdt/art/2020/art_494ad59490d047aeb4a7594e47943b90.html,最后访问日期:2023 年 9 月 4 日。

过 App 商城兑换且截止日期将近等。

技术部门宜考虑是否可能提供被下架的 App 的替代版本，比如极速版、网页版等。《移动互联网应用程序信息服务管理规定》在征求意见稿阶段曾提出“被下架的 App 在 40 个工作日内不得通过任何渠道再次上架”，但该条款在正式稿中被删除，因此法律层面没有明确禁止 App 下架后通过简化版本重新上线。企业宜及时与主管通管局进行沟通，了解具体监管尺度。

法务部门应负责与主管部门及时沟通，包括但不限于 App 被下架的具体原因、整改期是否可酌情延长、整改验收方式等，并联络公司各部门推进整改。

公关部门如有必要，可考虑在公司官方渠道，例如官网、微信公众号、官方微博等渠道发布公告。公告内容宜表述如下：“公司坚决落实国家有关部门的相关要求，已于某年某月某日暂停新用户注册，App 将严格按照有关部门的要求下架整改。已下载 App 的用户可正常使用。”

三、App 重新上架的合规要点

在有针对性的整改完成后，在 App 申请在应用商店恢复上架之前，宜进行一次全面的合规检查。App 提供者可参考本章第二节对照检查 App 是否已在账号管理、业务许可、电信资质、内容治理、公平竞争、漏洞管理、数据安全、个人信息保护、未成年人保护、涉公众新功能评估等方面进行合规。

在 App 个人信息合规方面，笔者总结了主要的合规要点（见表 5 – 5），供 App 提供者参考。对于功能复杂的 App，笔者进一步建议 App 提供者联系 App 检测机构进行扫描，确保 App 实际情况和合规预期的“对齐”。

表 5 – 5　App 个人信息合规要点

评估点	合规要点
（一）是否公开收集使用个人信息的规则	（1）是否公开隐私政策等收集使用规则； （2）是否提示用户阅读隐私政策等收集使用规则； （3）隐私政策等收集使用规则是否易于访问； （4）隐私政策等收集使用规则是否易于阅读； （5）公开的收集使用规则是否完整
（二）是否明示收集使用个人信息的目的、方式和范围	（1）是否逐一列出收集使用个人信息的目的、方式、范围等； （2）收集使用个人信息的目的、方式、范围发生变化时是否通知用户； （3）是否同步告知申请打开权限和要求提供个人敏感信息的目的； （4）收集使用规则是否易于理解

续表

评估点	合规要点
(三)是否征得用户同意后才收集使用个人信息	(1)收集个人信息或打开可收集个人信息权限前是否征得用户同意; (2)用户明确表示不同意收集后是否仍收集个人信息; (3)用户明确表示不同意收集后是否频繁征求用户同意、干扰用户正常使用; (4)实际收集的个人信息是否超出用户授权范围; (5)是否以默认选择同意隐私政策等非明示方式征求用户同意; (6)是否未经用户同意更改其设置的可收集个人信息权限状态; (7)存在定向推送信息情形的是否提供非定向推送信息的选项; (8)是否以不正当方式误导用户同意收集个人信息; (9)是否向用户提供撤回同意收集个人信息的途径、方式; (10)是否违反其所声明的收集使用规则
(四)是否遵循必要原则,仅收集与其提供的服务相关的个人信息	(1)是否收集与业务功能无关的个人信息; (2)用户是否可拒绝收集非必要信息或打开非必要权限; (3)是否以非正当方式强迫收集用户个人信息; (4)收集个人信息的频度是否超出业务功能实际需要
(五)是否经用户同意后才向他人提供个人信息	(1)向他人提供个人信息前是否征得用户同意; (2)向接入的第三方应用提供个人信息前是否经用户同意
(六)是否提供删除或更正个人信息功能,或公布投诉、举报方式等信息	(1)是否提供有效的注销用户账号功能; (2)是否提供有效的更正或删除个人信息途径; (3)是否建立并公布个人信息安全投诉、举报渠道

四、结语

App 被下架这一信息本身对于存量 App 用户会产生极为负面的影响,用户可能会恐慌并质疑 App 提供者是否将其个人信息用于违法用途,进而打扰个人生活的安宁,甚至影响用户的人身财产安全。对于 App 提供者而言,App 下架往往同时意味着 App 失去了获取新用户的途径,如果一款 App 一直无法上架,业务可能没有办法正常发展。

企业在面临该问题时,建议积极与主管部门进行沟通,尽快明确整改的方向,在整改过后,主动与应用商店沟通,协商尽快上架,以尽可能降低对业务的不良影响。

第六章

数字化创新与合规

第一节　NFT 是什么，NFT 怎么玩

2021 年 3 月，艺术家迈克·温科尔曼（艺名 Beeple）创作的数字作品《每一天：最初的 5000 天》（Everyday：The First 5000 Days）在佳士得拍卖行拍卖。这幅画作由 Beeple 此前创作的 5000 幅画作以拼贴的方式组成，在被铸成“NFT”后，最终以 6930 万美元的价格拍出。[①] Beeple 的本次拍卖被视为数字艺术收藏领域的一个里程碑，在此事件后，基于 NFT 技术的数字藏品行业在我国迅速发展，正在成为许多企业传播品牌文化和品牌理念的新路径。例如，2021 年 10 月，奥利奥运用 NFT 技术，将《千里江山图》解构成 5000 份独一无二的数字奥利奥艺术品，实现饼干、数字藏品、国风三者巧妙的结合；[②]2022 年冬奥会时期，安踏发行量“冰雪灵境”冬奥限量数字藏品，将中国冰雪国家队项目的数字化动作打造为 NFT，为参与活动的用户提供了沉浸式体验；[③]2022 年 11 月，宝马于旗下品牌“BMW M”成立 50 周年之际，打造 2022 件独一无二的“BMW M 50 周年”限量版数字藏品，其中的 M 赛车头盔数字藏品还结合了 AR 技术，持有者可以穿戴头盔并将穿戴效果拍摄下来“秀”在朋友圈。[④]

随着越来越多的企业选择用 NFT 这一新兴“产品”进行企业宣传和市场营销，

---

① Abram Brown, *Beeple NFT Sellss for ＄69.3 Million, Becoming Most – Expensive Ever*, Forbes News, https://www.forbes.com/sites/abrambrown/2021/03/11/beeple – art – sells – for – 693 – million – becoming – most – expensive – nft – ever/? sh = 534e24062448，最后访问日期：2023 年 9 月 4 日。

② 江西网络广播电视台：《奥利奥中国风炸场？最会玩的小饼干携手周杰伦再现水墨江湖》，载人民日报中文网：http://cn.chinadaily.com.cn/a/202110/21/WS6171310ea3107be4979f3ff6.html，最后访问日期：2021 年 10 月 21 日。

③ 吉林冰雪旅游文创：《聚焦冬奥 | 虚拟数字文创藏品》，载微信公众号“吉林冰雪旅游文创”：https://mp.weixin.qq.com/s/RhTLUXvmdh7Lx5yosEKIqg，最后访问日期：2023 年 4 月 22 日。

④ 宝马中国：《开箱!》，载微信公众号“宝马中国”：https://mp.weixin.qq.com/s/fgC – tq_3ZXW3CELAZNL63g，最后访问日期：2022 年 11 月 10 日。

NFT也逐渐成为DPO必须要懂的一门“学问”。考虑到NFT这一新兴“产品”在技术方面存在一定理解难度,本节将从NFT数字藏品的相关技术原理入手,讲解企业在发行NFT数字藏品的项目过程中需要注意的法律问题。

一、NFT的基本概念

(一)区块链(Block - Chain)

要了解NFT,首先要从了解“区块链”这一技术入手。区块链是一种共享的、去中心化的分布式数据库,区块链上的数据以一个个连续区块(block)的形式存储,它可以记录各方之间的交易信息,具体可能包括如下内容:

- 谁参与了该交易?
- 交易期间发生了什么情况?
- 为什么进行该交易?
- 交换了多少资产?

在区块链中,每个区块均通过密码学证明的方式与前一个区块链接,每当增加一个新区块,都会增强前一个区块的验证效果。这种独特的机制使得攻击者很难篡改区块上的数据,因此可以确保区块链上数据的真实性、一致性。

(二)FT(Fungible Token)

了解了区块链,要理解NFT,还得了解与NFT对应的一个概念,FT,即同质化代币。FT又被称为“加密货币”,常见的有“比特币”“以太币”等,是一种基于区块链技术记录其交易的虚拟货币形式。加密货币是同质化的,彼此之间可以相互交易或交换,没有种类和品质差别,1个“比特币”的价值始终等于另1个“比特币”。此外,加密货币易于分割,例如,“比特币”的最小单位是0.00000001BTCC,可以实现小数点后8位的精确分割。①

与传统货币类似,加密货币通常在商品交换过程中作为一般等价物使用。

(三)NFT(Non - fungible Token)

NFT,即非同质化代币,它们使用与加密货币相似的底层技术进行编码,但具体的创建方式和使用的编码标准有所不同——大多数基于以太坊合约的加密货币使用ERC - 20标准开发,而NFT使用ERC - 721、ERC1155等不同的标准。ERC - 721标

① 关靖远、尹文渊:《比特币的货币属性及发展方向初探》,载《时代金融》2014年第24期。

准下,每个 NFT 均通过一个独特的 256 位 ID 进行标识,具有不可替代、不可分割等特点。① 与 FT 相比,每个 NFT 都是独一无二的,彼此之间不能相互交换。

基于上述特点,NFT 可作为记录资产权利归属的数字凭证,其指向的底层资产可以是数字艺术品、游戏道具、门票或其他形式的数字内容,甚至可以是实物资产。NFT 对应的资产被称为"底层资产",区块链数据库记录了 NFT 的创建、流转等信息,因此可以用于证明底层资产的所有权或其他权利的真实性。

(四)数字藏品

目前在我国,NFT 技术常见于数字作品、艺术品等领域的应用,即 NFT 所链接的底层资产通常为数字化形式存在的作品("数字作品")。为进一步淡化 NFT 的金融属性,业界通常将其称为"数字藏品"。国家新闻出版署科技与标准综合重点实验室区块链版权应用中心发布的《数字藏品应用参考》将"数字藏品"定义为"数字出版物的一种新形态"——数字藏品将作品映射到区块链上,生成链上唯一的所有权或使用权的数字凭证,旨在实现作品真实可信的发行、收藏、使用和流转。②

本质上,数字藏品是 NFT 的一种特殊形态,在金融属性、开放程度等方面均有一定程度降低,是国内对于 NFT 本土化、合规化探索的成果。总体而言,与国外 NFT 相比,国内的数字藏品存在以下区别。③

1. 开放与匿名程度差别

根据区块链的开放与匿名程度,可以分为公链、联盟链、私链三种模式,国外 NFT 平台基于公链,对所有人开放,任何人均可不受监管地参与 NFT 的铸造与交易。而国内的数字藏品平台大部分基于联盟链,例如,阿里系的"蚂蚁链"、腾讯系的"至信链"等,希望使用联盟链发行数字藏品的企业需要通过平台的审核,并且数字藏品的铸造与交易将会受到平台的监管。

2. 流通性差别

国外 NFT 可以通过交易所自由流通,NFT 的购买者关注的是流通后的投资回报,具有明显的金融属性;而我国数字藏品在二级市场的流通受到限制,并且不同平台之间目前无法跨链互通,故更加强调数字藏品本身的收藏、审美属性。

---

① ERC－721 标准官网介绍,http://erc721. org。

② 国家新闻出版署科技与标准综合重点实验室区块链版权应用中心主编:《数字藏品应用参考》,载微信公众号"中国出版传媒商报":https://mp. weixin. qq. com/s/9zJB7I8K4REzbsh5v3064Q,最后访问日期:2023 年 9 月 4 日。

③ 灵境・人民艺术馆:《数字藏品＝NFT? 有关联更有本质区别》,载人民网:http://art. people. com. cn/n1/2022/0616/c41426－32447926. html,最后访问日期:2023 年 9 月 4 日。

3. 交易货币差别

国外 NFT 通常使用比特币、以太币等加密货币进行交易;而国内正规数字藏品平台与加密货币完全“脱钩”,仅可通过人民币进行结算流通。

(五)元数据(Metadata)

NFT 并非数字作品本身,而只是一个抽象的信息记录,通过元数据关联到原始作品。由于使用区块链存储数据的成本较高,NFT 发行方将底层资产托管在链下的其他位置(如云存储或分布式存储系统 IPFS① 等),并在 NFT 中通过元数据引用。元数据文件中包含 NFT 的名称、详细描述以及其对应的底层资产(如音乐、图片等)的存储地址等信息。(见表 6 - 1)

表 6 - 1 NFT 元数据文件示例

	{“image”:“ipfs://QmRRPWG96cmgTn2qSzjwr2qvfNEuhunv6FNeMFGa9bx6mQ”, “attributes”:[{“trait_type”:“Earring”,“value”:“Silver Hoop”},{“trait_type”:“Background”,“value”:“Orange”},{“trait_type”:“Fur”,“value”:“Robot”},{“trait_type”:“Clothes”,“value”:“Striped Tee”},{“trait_type”:“Mouth”,“value”:“Discomfort”},{“trait_type”:“Eyes”,“value”:“X Eyes”}]}

以 NFT 项目——“Bored Ape Yacht Club”为例,上表中右边的代码是 NFT 中的元数据,包含图片存储地址、属性等信息。将其中的图片存储地址输入到支持 IPFS 协议的浏览器(如 Firefox、Opera 等)中打开,就可以查看左边所示的 NFT 对应的图片。

(六)铸造(Mint)

基于数字作品创建 NFT,并将其部署到区块链上的过程被称为“铸造”。在铸造 NFT 时,它们会被分配一个唯一的标识符,因此彼此之间可以相互区分。在公链 NFT 模式下,通过支付一定的“gas 费”,②任何人都可以将数字作品铸造成 NFT,并在“Opensea”等去中心化交易所上出售。NFT 链接的数字作品一般使用 IPFS 星际文件系统等去中心化协议保存,其由来自全球各地的存储节点组成,可以有效保证数据的可用性。

需要注意的是,目前国内数字藏品平台多基于联盟链,因此在铸造和流通上均有

① Inter Planetary File System,星际文件系统。

② 即支付给区块链上各节点的报酬,本质为能源的价格。

一定的准入和审核机制,并且大多仍使用传统的中心化存储模式,这意味着如果服务器发生故障或平台停止运营,数字藏品对应的数字作品可能将不复存在,可能导致特定 NFT 一文不值。①

二、NFT 数字藏品的金融属性

考虑到国内的监管制度,本节将 NFT 与数字藏品统称为 NFT 数字藏品。

(一)虚拟货币

2021 年 9 月 15 日,中国人民银行会同网信办等十部门印发《关于进一步防范和处置虚拟货币交易炒作风险的通知》(银发〔2021〕237 号),明确"比特币"等"虚拟货币"不具有法定货币地位,并禁止金融机构开展和参与法定货币与虚拟货币兑换、代币发行融资以及虚拟货币衍生品交易等相关业务。

《关于进一步防范和处置虚拟货币交易炒作风险的通知》指出,具有非货币当局发行、使用加密技术、分布式账户或类似技术、以数字化形式存在等特点的虚拟货币,如"比特币""以太币""泰达币"等,均不具有与法定货币等同的法律地位,不能作为货币在市场上流通。

从形式上看,NFT 数字藏品与加密货币具有许多相似的特征,如均使用加密技术、分布式账户、以数字化形式存在等。然而,由于 NFT 数字藏品是非同质化的,它们在实践中不具有度量价格的功能,无法作为商品流通过程中的一般等价物使用,与加密货币存在本质上的区别。例如,在"Opensea"等交易市场,用户可以通过"以太币"支付 NFT 数字藏品的价格,但无法通过一个 NFT 数字藏品在市场中购买另一个 NFT 数字藏品。因此,一般而言,NFT 数字藏品不应被认定为虚拟货币。

(二)证券

1946 年,美国最高法院在"SEC(美国证券交易委员会)诉 Howey"案②中,阐述了判断特定交易是否构成证券发行的标准,即"豪威测试"。具体而言,如果同时满足以下四个条件就属于美国证券法的调整对象:

- 属于金钱投资;
- 投资于共同事业(common enterprise);
- 存在利润预期;

① 邓建鹏、张祎宁:《非同质化通证的法律问题与应对思考》,载《民主与科学》2022 年第 2 期。

② *S. E. C. v. Howey Co.* ,328 U. S. 293(1946).

• 不直接参与经营,寄希望于他人的努力而获取利润。

2021 年,NBA Top Shot[①] 的一名用户起诉了发行方 DApper Labs,指控其出售的 NFT 应当被认定为证券,但未在 SEC 注册。对此,DApper Labs 辩称,其发行的 NFT 数字藏品价值的增长并非源于 DApper Labs 的努力,而是受其控制之外的因素影响(如市场供需、球员的受欢迎程度等),因此 NBA Top Shot 不满足豪威测试的所有要素,不属于美国法下的证券。2023 年 2 月,美国纽约南区地方法院经采取豪威测试分析后,认为原告的指控是合理的,因为 NBA Top Shot 的价值是独一无二的,并且"取决于 DApper Labs 的成功"。[②] 因此,法院拒绝了 DApper Labs 的驳回起诉动议,但尚未明确认定本案中的 NFT 是否构成证券。目前,该案仍处于审理之中。

根据美国 SEC 观点,特定类型的 NFT 数字藏品可能将会被认定为证券从而纳入其监管范围,并且 SEC 正在重点调查可拆分的 NFT 数字藏品(F – NFT,Fractional NFT)。[③] F – NFT 协议允许将一个完整 NFT 数字藏品拆分为许多个与原始 NFT 数字藏品相关联的 F – NFT,每个 F – NFT 的持有者可以按比例共享原始 NFT 数字藏品的权益,并可以在市场中流通。

我国《证券法》规定"在中华人民共和国境内,股票、公司债券、存托凭证和国务院依法认定的其他证券的发行和交易,适用本法",[④]故在被依法认定为证券之前,NFT 数字藏品不属于《证券法》的调整对象。

三、NFT 数字藏品交易的实质

本质上,NFT 数字藏品只是为了证明相关数字作品的真实性而编写的底层代码,NFT 数字藏品与所链接的数字作品是两件不同的资产。目前相关法律法规对于 NFT 数字藏品没有明确的定性,在已有的案例中,法院认为 NFT 数字藏品属于一种特殊的"物",[⑤]或"网络虚拟财产"。[⑥] 在这种解释框架下,NFT 数字藏品交易模式本质上属

---

① NBA 和 Dapper Labs 合作成立的 NFT 数字藏品平台,主要业务将 NBA 比赛中的精彩瞬间铸造成 NFT 数字藏品。

② *Friel v. Dapper Labs, Inc.* ,2023 WL 2162747(S. D. N. Y. Feb. 22,2023).

③ Business insider:The SEC's "Crypto Mom" Hester Peirce says selling fractionalized NFTs could be illegal,2021 – 03 – 06.

④ 《证券法》第 2 条。

⑤ 原告奇策公司与被告某科技公司侵害作品信息网络传播权纠纷一案,杭州互联网法院(2022)浙 0192 民初 1008 号民事判决书。

⑥ 杭州互联网法院:《拼手速抢购的"NFT 数字藏品盲盒"被退款,买家索赔 9 万余元,法院判了》,载微信公众号"杭州中院":https://mp. weixin. qq. com/s/WWnZAxqiIVJ – dHO90eoBVw,最后访问日期:2023 年 9 月 4 日。

于以特定的数字化内容为交易内容的买卖关系——购买者所获得的是一项财产权益,并非对一项数字财产的使用许可,亦非对一项知识产权的转让或许可授权,交易产生的法律效果表现为财产权的转移。此外,法院认为,NFT 数字藏品的交易并不构成原件或者复制件的所有权转让,因此不构成《著作权法》下的"发行",也因此并不能适用"权利用尽原则",而是落入信息网络传播权的范围。

结合相关判例以及行业惯例,除非另有约定,铸造或发行 NFT 数字藏品的行为不会当然导致对应数字作品的著作权发生变化,NFT 数字藏品的持有者("用户")仅对 NFT 数字藏品本身享有占有、使用、收益、处分等权能。

四、NFT 数字藏品项目的合规要点

(一)防范 NFT 数字藏品金融化证券化风险

我国尚未针对 NFT 数字藏品颁布相关法律法规。尽管如此,我国监管机构对于 NFT 数字藏品的金融化证券化倾向一直保持高度警惕。2022 年 4 月,中国互联网金融协会、中国银行业协会、中国证券业协会联合发布《关于防范 NFT 相关金融风险的倡议》,指出 NFT 作为一项区块链技术创新应用,在丰富数字经济模式、促进文创产业发展等方面显现出一定的潜在价值,但同时也存在炒作、洗钱、非法金融活动等风险隐患。为了"坚决遏制 NFT 金融化证券化倾向,从严防范非法金融活动风险",会员单位应自觉遵守以下行为规范:

- 不在 NFT 底层商品中包含证券、保险、信贷、贵金属等金融资产,变相发行交易金融产品;
- 不通过分割所有权或者批量创设等方式削弱 NFT 非同质化特征,变相开展代币发行融资(Initial Coin Offering,ICO);
- 不为 NFT 交易提供集中交易(集中竞价、电子撮合、匿名交易、做市商等)、持续挂牌交易、标准化合约交易等服务,变相违规设立交易场所;
- 不以比特币、以太币、泰达币等虚拟货币作为 NFT 发行交易的计价和结算工具;
- 不直接或间接投资 NFT,不为投资 NFT 提供融资支持。

《关于防范 NFT 相关金融风险的倡议》虽然并非正式的规范性文件,但一定程度上可以体现最新的监管态度。为避免被监管部门认定为从事非法金融活动而受到处罚,企业在 NFT 数字藏品相关项目中应当避免涉及上述行为。

此外,为防范用户对 NFT 数字藏品进行炒作,发行方企业可以对 NFT 数字藏品的二次交易、转赠等行为施加一定的限制:包括在用户协议中约定不得对 NFT 数字藏

品进行二次交易,通过技术手段或唯一身份验证机制使 NFT 数字藏品无法被炒作交易(例如,将 NFT 数字藏品兑换码与手机号绑定、直接通过手机号验证的形式发放 NFT 数字藏品等),对转赠行为以一定的持有期限作为条件。

实践中,不同平台对于数字藏品的去金融化证券化采取相应限制性措施。例如,蚂蚁集团旗下"鲸探"平台规定,用户仅可将 NFT 数字藏品进行免费转赠,而不可进行售卖。[①] 为进一步防止场外交易,用户至少需要持有 NFT 数字藏品达到 180 天后才能转赠,受赠方应自受赠时起持有该数字藏品满 2 年后,才能再次转赠。

(二)遵守数字作品内容合规要求

根据《区块链信息服务管理规定》,区块链信息服务的使用者应当遵守下述要求:不得利用区块链信息服务从事危害国家安全、扰乱社会秩序、侵犯他人合法权益等法律、行政法规禁止的活动,不得利用区块链信息服务制作、复制、发布、传播法律、行政法规禁止的信息内容。此外,根据《网络信息内容生态治理规定》,网络信息内容服务使用者和网络信息内容生产者、网络信息内容服务平台不得利用网络和相关信息技术实施侮辱、诽谤、威胁、散布谣言以及侵犯他人隐私等违法行为,损害他人合法权益。

为避免因违反上述规定而受到处罚,企业在发行 NFT 数字藏品时,需要对数字作品的内容尽到合理的审慎义务。鉴于在相关项目中,发行方通常会委托第三方创作或使用已经存在的数字作品,建议企业对数字作品内容进行事先约定和审核。审核重点主要包括:(1)是否包含法律、行政法规禁止的信息内容;(2)是否侵犯了第三人的知识产权、肖像权等合法权益。企业可以采取的具体措施包括:

- 通过 AI 检测工具或委托第三方机构对数字作品进行著作权和网络信息内容合规审核;
- 通过国家版权登记机构查询数字作品的著作权登记信息;
- 通过合同要求创作者承诺已合法取得数字作品相应的知识产权,并且不违反网络信息内容相关法律规定。

(三)与用户明确权利范围

如前所述,除另有约定外,用户仅获得 NFT 数字藏品自身享有"所有权",但用户可能误以为拥有 NFT 数字藏品之后就可以获得对应数字作品的著作权,并将数字作

---

① 《蚂蚁链数字藏品平台用户服务协议》(20230816 版)第 4.1.10 条,"我们严格禁止您利用数字藏品进行售卖、炒作、场外交易、欺诈或以任何其他非法方式进行使用。我们保留随时根据业务发展和法律法规政策变化进行调整的权利"。

品进行商业化使用。为避免用户对其享有的权益范围产生错误认知，进而导致与其发生争议纠纷，NFT 数字藏品平台或项目发行方可以通过用户协议等书面形式，明确约定持有者的权利范围。

以《蚂蚁链数字藏品平台用户服务协议》(20230816 版)为例，第 4.1.7 条明确规定，“您理解并同意，数字藏品的版权由发行方或原作创作者拥有。除另行取得版权权利人书面同意外，您不得将 NFT 数字作品用于任何商业用途。除平台规则或平台功能允许外，您获得的数字藏品应仅用于自身收藏、学习、研究、欣赏和展示目的，不得用于任何其他目的”。

(四)防范盲盒发售模式风险

2022 年 8 月，市场监管总局发布《盲盒经营活动规范指引(试行)(征求意见稿)》，将“盲盒经营活动”定义为“经营者在合法经营范围内，在事先不告知商品确定型号、款式或者服务内容的情况下，以消费者在特定范围内随机抽取的方式销售商品或者提供服务的经营模式”。

为了增加趣味性和吸引力，许多企业会将 NFT 数字藏品以“盲盒”的形式进行发售，相关经营活动落入《盲盒经营活动规范指引(试行)(征求意见稿)》的适用范围。因此，当该文件正式实施之后，企业需要遵守其对盲盒内容、购买盲盒的消费者年龄、盲盒价格、抽取盲盒概率信息公开等方面的要求。

此外，上海市已于 2022 年 1 月发布并实施《上海市盲盒经营活动合规指引》，监管重点包括概率公开、价格和价值的匹配、不得开展涉金融类营销、介入二级市场做市、开展天价炒作、过度营销等。

(五)保障用户个人信息权利

根据《个人信息保护法》，个人信息主体有权对其个人信息行使以下权利：

- 更正补充个人信息：个人信息不准确或者不完整的，个人信息主体有权请求个人信息处理者更正、补充；
- 删除个人信息：在个人信息处理者停止提供产品或者服务、个人撤回同意等情形下，个人信息主体有权请求删除。

NFT 数字藏品中包含相关发行、流转记录，因此不可避免会涉及用户的平台 ID 等个人信息。由于上述个人信息存储于区块链之上，难以进行删除或修改，建议企业在收集相关信息时明确告知该等情形，以避免用户因无法行使个人信息更正或删除权而产生纠纷。对于 NFT 数字藏品项目进行过程中收集的其他个人信息，应确保个人信息主体能够行使前述权利。

(六)审核NFT数字藏品平台资质

为避免项目连续性受到影响,企业在发行NFT数字藏品时,应当事先核查并确保合作的NFT数字藏品平台已具备相应的资质。

1. 区块链服务安全评估与备案

根据《区块链信息服务管理规定》,区块链信息服务提供者开发上线新产品、新应用、新功能的,应当报国家和省、自治区、直辖市互联网信息办公室进行安全评估。此外,提供者应在提供服务之日起10个工作日内通过国家互联网信息办公室区块链信息服务备案管理系统填报服务提供者的名称、服务类别、服务形式、应用领域、服务器地址等信息,履行备案手续。①

2. 增值电信业务经营许可

根据《互联网信息服务管理办法》,从事经营性互联网信息服务,应当向省、自治区、直辖市电信管理机构或者国务院信息产业主管部门申请办理互联网信息服务增值电信业务经营许可证。②

3. 其他业务资质

根据NFT数字藏品映射的数字作品(指向的美术作品、视听作品等)的具体类型,平台需要取得相应的资质,如《网络出版服务许可证》《信息网络传播视听节目许可证》《网络文化经营许可证》《艺术品经营备案》等。

4. 交易所资质

如前文所述,监管部门对NFT数字藏品交易持严格谨慎态度。例如,2022年6月福建省清理整顿各类交易场所工作小组《关于防范NFT违规风险的提示函》中,要求福建省交易场所"不得未经批准从事NFT交易""不得发展其他机构违规展业""不得违规变相参与NFT活动",并强调"目前我省尚未批复任何交易场所从事NFT相关业务,交易场所不得擅自上线NFT相关交易品种、违规从事NFT相关交易"。

结合国务院《关于清理整顿各类交易场所切实防范金融风险的决定》、国务院办公厅《关于清理整顿各类交易场所的实施意见》③等文件的精神,预计未来在设立

---

① 《区块链信息服务管理规定》第9条、第11条。

② 《互联网信息服务管理办法》第7条。

③ 国务院《关于清理整顿各类交易场所切实防范金融风险的决定》(国发〔2011〕38号)"三、"中规定,为规范交易场所名称,凡使用"交易所"字样的交易场所,除经国务院或国务院金融管理部门批准的外,必须报省级人民政府批准;省级人民政府批准前,应征求联席会议意见。未按上述规定批准设立或违反上述规定在名称中使用"交易所"字样的交易场所,工商部门不得为其办理工商登记。国务院办公厅《关于清理整顿各类交易场所的实施意见》(国办发〔2012〕37号)"四、(二)、1"中规定,凡新设交易所的,除经国务院或国务院金融管理部门批准的以外,必须报省级人民政府批准;省级人民政府批准前,应取得联席会议的书面反馈意见。

NFT 数字藏品交易所或者开展相关交易业务之前，可能需要事先经过国务院/国务院金融管理部门或省级人民政府批准。值得关注的是，2023 年 1 月，由中国技术交易所、中国文物交流中心、华版数字版权服务中心股份有限公司联合建设的“中国数字资产交易平台”在北京启动，平台交易种类包括数字藏品。①

第二节　元宇宙能让企业自由翱翔吗

“元宇宙”（Metaverse）一词最早见于美国作家尼尔·斯蒂芬森的科幻小说《雪崩》，其本义为“超越（现实宇宙的）宇宙”，指的是一个独立于现实世界存在的虚拟空间。根据斯蒂芬森的构想，人们可以通过元宇宙跨越现实世界中的空间障碍，通过虚拟化身（Avatar）与他人进行沟通、互动。

在现今社会，随着虚拟现实（Virtual Reality，VR）、增强现实（Augmented Reality，AR）等技术的发展，“元宇宙”的概念逐渐从科幻小说步入现实。2021 年 10 月，Facebook 公司宣布正式更名为“Meta ”，掀起了元宇宙的热潮，元宇宙行业日渐走入普通大众的视野。例如，2022 年末各大地方卫视与网络平台的跨年晚会，虚拟人已加入狂欢队列，初代虚拟人“洛天依”在出道十周年之际，登上 B 站的跨年舞台；东方卫视推出了虚拟人“东方媛”；浙江卫视的“谷小雨”是一位宋韵文化推广数字人；湖南卫视的虚拟主持人“小漾”、“康康”和“果果”同台献艺。又如爱奇艺推出的国内首档元宇宙类型综艺《元音大冒险》，让虚拟科技与游戏闯关真人秀相结合，去实现元宇宙概念的大众知识普及。②

除大众普及度外，元宇宙的商业模式也逐渐多元，行业发展可谓亮点频出。2022 年 3 月，虚拟社交平台 Decentraland 推出了首届元宇宙时装周，参与者可以在虚拟世界中观看、试穿虚拟时装，总计有 108,000 人参与了该活动；③2023 年 3 月，Decentraland 继续举办了第二届元宇宙时装周。2021 年，耐克收购元宇宙时尚品牌 RTFKT，

---

① 中国日报：《全国首个国家级合规数字资产二级交易平台“中国数字资产交易平台”即将启动》，载人民日报中文网：http://cn. chinadaily. com. cn/a/202212/27/WS63aa9a36a3102ada8b22887c. html? ivk_sa = 1023197a，最后访问日期：2023 年 9 月 4 日。

② 刘翠翠：《在虚拟空间里唱歌飙戏？〈元音大冒险〉将元宇宙概念实现了大众知识普及》，载微信公众号“Metaverse 元宇宙”：https://mp. weixin. qq. com/s/4NvkNz4RWixan1JIOqQWsQ，最后访问日期：2023 年 9 月 4 日。

③ JACK MOSS，*What to Expect from Metaverse Fashion Week* 2023，*Adidas to Vivienne Westwood*，Wallpaper（Mar. 28，2023），https://www. wallpaper. com/fashion – beauty/what – to – expect – metaverse – fashion – week – 2023.

截至2022年8月,耐克已通过虚拟商品的销售和版税获得1.85亿美元收入;2022年11月,耐克宣布推出"Dot Swoosh"平台,用户可在其中进行虚拟鞋服的交易。[①] 同样是2022年11月,人工智能公司OpenAI发布了基于大语言模型的AI聊天机器人ChatGPT,它能够结合上下文语境,理解用户输入的自然语言并进行回复。根据相关报道,截至2023年2月,ChatGPT月活用户人数达到1亿。[②]

一、元宇宙简介

(一)概念起源和演变

如本节开篇所介绍的,"元宇宙"的本义是指一个平行于现实世界的虚拟空间,在其中,人们可以像在现实世界中一样娱乐、社交、工作,甚至体验一些现实中无法完成的事情。

虽然元宇宙的相关技术和应用在不断发展,但"元宇宙"至今为止并没有一个统一的概念,包括互联网巨头在内的各方对其理解也不尽相同。例如,扎克伯格认为,元宇宙是现实与虚拟的结合,让世界不再有距离;英伟达的"元宇宙"是将现实世界搬入虚拟世界中,通过完全的复制,提高产业的规划与实际效率;Roblox则认为"元宇宙"包括身份、朋友、沉浸感、低延迟、多元化、随时随地、经济系统和文明八大因素。[③]

尽管如此,我们不难看出,元宇宙与(虚拟)数字空间之间存在千丝万缕的联系。正因为此,全国科学技术名词审定委员会在2022年9月的会议中,对"元宇宙"作出了如下界定并发布征求意见稿——"人类运用数字技术构建的,由现实世界映射或超越现实世界,可与现实世界交互的虚拟世界"。[④]

(二)元宇宙的发展阶段

在一篇关于元宇宙的综述论文中,学者们对元宇宙的发展过程进行了阐述,将其划分为三个阶段:数字孪生(Digital Twins)、数字原生(Digital Natives)以及物理与虚

---

① 时尚聊天室:《耐克推出新Web3生态系统平台"Dot Swoosh"》,载搜狐新闻网:https://www.sohu.com/a/606741186_121119316,最后访问日期:2023年9月4日。

② 机器之心:《史上增速最快消费级应用,ChatGPT月活用户突破1亿》,载澎湃新闻网:https://www.thepaper.cn/newsDetail_forward_21787375,最后访问日期:2023年9月4日。

③ 毕马威:《传媒行业"X+元宇宙"系列报告:再谈元宇宙,从概念探源到理解跟踪》,毕马威2022年研究报告。

④ 孙自法:《"元宇宙"等如何定名释义?全国科技名词委研讨会形成共识》,载人民网:http://finance.people.com.cn/n1/2022/0915/c1004-32526554.html,最后访问日期:2023年9月4日。

拟现实共存(Co－existence of Physical－Virtual Reality),[①]具体包括以下阶段。

1. 数字孪生阶段

“数字孪生阶段”是指在虚拟环境中,通过数字技术映射、还原现实世界中存在的物体。顾名思义,所生成的虚拟模型与对应的现实对象高度一致,如同一对双胞胎。数字孪生技术已经在汽车、医疗、工业等诸多行业得到应用,以智能制造领域为例,工程师可以通过数字孪生技术构建与现实机器设备高度一致的虚拟模型,用于调试与优化。

2. 数字原生阶段

“数字原生阶段”侧重于虚拟世界中的内容创作。例如,在虚拟社交平台中,用户可以通过虚拟化身创建独立的虚拟形象和物品,这些原生的数字内容无须借助现实世界中的实体而存在。数字原生阶段的研究尚处于初步阶段,未来需构建完善的技术设施、法律法规以及社会规范来支持数字内容的创新发展。

3. 物理与虚拟现实共存

在最终的“物理与虚拟现实共存”阶段,元宇宙将发展为一个具有高度独立性、能够持续存在和自我维持运转的虚拟世界,并与现实世界共同存在并互动。在这一阶段,元宇宙又将与现实世界交织融合在一起,为用户营造无缝、沉浸式的体验。人们可以如尼尔·斯蒂芬森所预想的那样,在元宇宙中通过虚拟化身进行工作、互动和交流,推动艺术、娱乐、科研等多个领域的创新。

二、元宇宙的核心技术与应用

(一)元宇宙的核心技术

展望未来,元宇宙需发展的核心要素包括:

1. 基础设施:Web3.0

与元宇宙类似,术语“Web3.0”目前并未达成统一的定义。剑桥大学贝内特公共政策研究所将“Web3.0”定义为:“下一代网络技术、法律和支付基础设施——包括区块链、智能合约和加密货币。”[②]Web3.0的一个核心特征是基于区块链技术实现的“去中心化”,在Web3.0时代,互联网将由每一个网络用户共同所有和控制,而非像

① Lee, L. H., Braud, T., Zhou, P., Wang, L., Xu, D., & Lin, Z., et al., *All one Needs to Know about Metaverse: A Complete Survey on Technological Singularity, Virtual Ecosystem, and Research Agenda*, https://arxiv.org/abs/2110.05352,最后访问日期:2023年9月4日。

② Sam Gilbert, *Crypto, Web3 and the Metaverse*, Bennett Institute for Public Policy of University of Cambridge(Mar. 2022), https://www.bennettinstitute.cam.ac.uk/wp-content/uploads/2022/03/Policy-brief-Crypto-web3-and-the-metaverse.pdf.

Web2.0 时代那样由苹果、谷歌、腾讯等少数科技巨头主导。同时，基于 AI 技术，Web3.0 可以提升机器对网络数据上下文的理解，优化可操作性以及用户体验。

基于区块链、智能合约和加密货币等技术，Web 3.0 有望为开发者及用户带来一个更加安全、去中心化和自动化的平台，因此，Web3.0 天然地与元宇宙相契合，是支撑元宇宙发展的关键基础设施。例如，区块链技术可以用于创建一个去中心化的身份系统，让用户在元宇宙通过虚拟化身交流，并保持对虚拟身份和个人数据的控制；同时，通过数字货币和智能合约等技术，用户可以在元宇宙中便捷地进行资产交换，而无需使用第三方或中介。

2. 入口：扩展现实(Extended Reality，XR)

XR 被广泛认为是支撑元宇宙发展的关键技术之一，作为现实世界与元宇宙之间的硬件接口，起着至关重要的连接作用。XR 技术旨在实现虚拟数字空间与现实物理世界之间的有机结合，进一步拓宽传统现实范畴的界限。具体而言，XR 涵盖了 AR、VR 和 MR(混合现实，Mixed Reality)等一系列技术。

(1)AR 技术将现实环境与虚拟空间相结合，从而提供更丰富的用户体验。例如，在手机游戏《Pokémon Go》《神奇宝贝》中，用户可以通过智能手机的摄像头，在现实世界中捕捉到虚拟的皮卡丘等"神奇宝贝"角色。

(2)VR 技术可以生成一个模拟的三维空间，让用户在其中进行交互。为取得沉浸式体验，用户通常需要佩戴特定的设备，例如"Oculus Quest 2"等头戴式显示器，或 VR 手套、追踪器等。

(3)MR：技术融合了 AR 和 VR 技术的优点，使得现实世界与虚拟现实环境的元素能够进行交互。微软的 HoloLens 智能眼镜便是 MR 技术的一种典型应用，通过佩戴 HoloLens 智能眼镜，用户可以在现实世界的基础上看到虚拟的三维物体，并通过手势、眼动追踪等方法与这些虚拟物体进行互动。

(二)国内外公司实绩

目前，国内外互联网公司正在积极布局元宇宙生态。在不同层面，各公司的主要布局如表 6－2 所示。[①] 可以看出，除谷歌明确表示未来不看好元宇宙发展外，其他头部公司均看好其发展并展开相应布局。

---

① 中移智库：《科技行业：VR/AR 产品发展现状及趋势研究报告》，中移智库 2022 年研究报告。

表 6－2　头部公司的元宇宙布局情况

布局层面	布局内容						
	Meta	Google	Microsoft	Baidu百度	Alibaba	Tencent腾讯	ByteDance字节跳动
感知及显示层	VA/AR Oculus	语音识别 wayii	VA/AR HOLOLENS 体感设备 Kinect	VA/AR 百度 VR	VA/AR	VA/AR TenVR	VR/AR Pico
应用层	游戏 Beat Sabor 社交 HorizonWords 健身 Les Mills Bodycomb at	游戏 STADIA 视频 YoutubeVR	游戏 动视暴雪、 MINECRAFT 会议＋MR Mesh for Teams	社交 游戏 希壤	VR 购物 Buy＋ 云游戏 云镜	QQ、微信 云游戏 START	社交、游戏 重启世界 NFT 产品 TikTok Top Moments
平台层	开发平台 Presence Platform 人工智能	Google Daydream VR 平台 人工智能 TPU 人工 智能芯片	工具软件 操作系统 人工智能	人工智能	人工智能 区块链 （蚂蚁链） NFT 平台 （鲸探）	游戏引擎 （Unreal） NFT 平台 （幻核） 人工智能区块 链（置信链）	游戏引擎 重启世界 人工智能
网络层	开发式计算 数据中心	云计算	云计算 边缘计算 内容分发 网络	百度智能 云物联网	云计算 阿里云	云计算 腾讯云 物联网	云计算 火山引擎
对元宇宙未来发展的态度	公司改名META，扎克伯格表示公司将在 5 年内转型成为一家“元宇宙”公司	谷歌 CEO 表示未来是人工智能和搜索的天下，“元宇宙”并不是未来	最先提出并专注企业“元宇宙”	百度对元宇宙持长期看好态度，积极布局“元宇宙”产业	针对“元宇宙”的企业级应用	“元宇宙”将虚拟的世界变得更加真实，以及让真实的世界更加富有虚拟的体验：通过注资 Epic 和 Roblox 来全面布局“元宇宙”	以超过 90 亿元人民币的价格收购 Pico 扩展“元宇宙”版图

三、元宇宙相关的国内法律法规及政策文件

目前，国内各省市陆续出台了有关元宇宙的法律法规政策。以北京市为例，其发布《关于加快北京城市副中心元宇宙创新引领发展的若干措施》，要求重点在北京城市副中心打造一批元宇宙示范应用项目，支持一批元宇宙应用场景建设，同时，打造一支覆盖元宇宙产业的基金；上海市发布《上海市培育元宇宙新赛道行动方案（2022—2025 年）》，提出了“以虚强实”的口号，也是国内首个推出完备元宇宙发展计

划的省级行政区。元宇宙相关的政策文件总结如表 6－3 所示。

表 6－3 元宇宙相关的政策文件

省/市/区	文件名称	重点
北京	《关于加快北京城市副中心元宇宙创新引领发展的若干措施》	在北京城市副中心打造一批元宇宙示范应用项目,支持一批元宇宙应用场景建设,同时,打造一支覆盖元宇宙产业的基金
上海	《上海市培育"元宇宙"新赛道行动方案(2022—2025 年)》	国内首个推出完备元宇宙发展计划的省级行政区,提出了"以虚强实"的口号
浙江省	《浙江省元宇宙产业发展行动计划(2023—2025 年)》	引育 10 个行业头部企业,打造 50 家"专精特新"企业;推广 10 个行业标杆产品,打造 50 个创新示范应用场景;建设 10 个产业平台,打造 50 个赋能创新中心,不断提升产业发展能级和竞争力
福建省(厦门)	《厦门市元宇宙产业发展三年行动计划(2022—2024 年)》	元宇宙产业生态初具雏形,引入培育一批掌握关键技术、营收上亿元的元宇宙企业,元宇宙技术研发和应用推广取得明显进展,对政府治理、民生服务、产业转型升级的带动作用进一步增强
山东省	《山东省推动虚拟现实产业高质量发展三年行动计划(2022—2024 年)》	打造以青岛为中心,济南、潍坊、烟台、威海四市联动,其他市协同的"1 + 4 + N"虚拟现实产业区域布局。培育推广百项应用场景及解决方案,打造国内一流、具有国际竞争力的千亿级虚拟现实产业高地
河南省	《河南省元宇宙产业发展行动计划(2022—2025 年)》	全省元宇宙核心产业规模超过 300 亿元,带动相关产业规模超过 1000 亿元,初步形成具有重要影响力的元宇宙创新引领区
湖北省	《武汉市促进元宇宙产业创新发展实施方案(2022—2025 年)》	高水平建成 2 个以上元宇宙产业基地,3 个以上元宇宙重点平台,聚焦重点行业领域打造 50 个以上元宇宙典型应用场景和项目,培育引进 200 个以上元宇宙创新企业和产品,建成创新链、产业链、价值链协同发展的我国元宇宙创新发展先导区与核心区
广东省(以广州市某些区为例)	《广州市黄埔区、广州开发区促进元宇宙创新发展办法》	粤港澳大湾区首个元宇宙专项扶持政策,聚焦数字孪生、人机交互、AR/VR/MR(虚拟现实/增强现实/混合现实)等多个领域;围绕元宇宙关键技术实行"揭榜挂帅",对成功攻克的项目给予最高 1000 万元奖励

续表

省/市/区	文件名称	重点
重庆（渝北区）	《重庆市渝北区元宇宙产业创业新发展行动计划（2022—2024）》	元宇宙技术研发和应用推广取得明显进展，元宇宙新技术、新模式、新服务更好融入生产生活，元宇宙产业特色化集群化发展效果显现，元宇宙产业创新生态体系基本建成
四川省（成都）	《成都市培育元宇宙产业行动方案（2022—2025年）（征求意见稿）》	元宇宙产业体系初具雏形，构建起完整的成都元宇宙产业链
西藏自治区	《西藏元宇宙建设方案》	一个元宇宙智库、一个元宇宙研究院、一个科研平台转化公司、一只产业基金和一个元宇宙产业园的“五个一”西藏元宇宙路径；重点关注新一代短焦 VR 眼镜、城市元宇宙、三维重建与数字孪生 PAAS 平台等 8 大千亿级赛道项目
陕西省	《咸阳高新区建设“元宇宙产业先行区”行动方案》	按照“一个目标、三个发展路径、五个应用场景”的“一三五”发展思路，优先布局元宇宙发展新赛道，加速“数字产业化、产业数字化”，推动数字经济更好赋能高质量发展

四、相关法律合规问题

与传统互联网有所不同，元宇宙更像是一个独立的世界，因此在其空间拥有不同的规则要求，需要建立起一套独立的治理体系。以私法问题为主，附带社会法与刑法相关问题的简要说明，笔者探讨未来元宇宙发展可能面临的法律合规问题及法律规制挑战。

（一）私法问题

1. 虚拟人与虚拟形象

虚拟人即指在元宇宙世界中需要人们自建的社会成员身份。2021 年 3 月，中国人工智能产业发展联盟与中关村数字人工智能产业联盟联合发布了《虚拟数字人发展白皮书》，其中对虚拟人应具备的三个主要特征进行了规定，即“人物特征、行为特征、思想特征”。①

目前我国对虚拟人大多采用传统的知识产权法律体系进行保护。如在著作权法

① 中关村数智人工智能产业联盟：《2020 年虚拟数字人发展白皮书》，载互联网数据资讯网：http://www.199it.com/archives/1173590.html，最后访问日期：2023 年 9 月 4 日。

方面,“广东原创动力文化传播有限公司诉北京合日亦诚商贸有限公司侵犯著作权纠纷”一案中,北京朝阳区人民法院认为,“喜羊羊”与“美羊羊”的卡通形象属于《著作权法》的美术作品;[①]某些公司会对其虚拟人物以《专利法》中的外观设计专利进行保护,如国内的许多盲盒公司申请外观设计专利以防止其他公司冒用虚拟人物;未来或可考虑对权利人角色的姓名进行商标注册以取得专用权,但也存在与现有商标法的衔接和适用问题。

2. 虚拟货币与虚拟资产

元宇宙用户虚拟财产的权利归属及流转利用问题也需要获得相应重视。元宇宙中的行为与加密货币、非同质通证以及中央银行以外的私人发行的代币紧密相关。由于中央银行的主要目标与维持物价稳定有关,加密货币的兴起就对中央银行的有效性构成了威胁,因此元宇宙中的虚拟货币与资产也可能受到相应的规制甚至限制。同时,各国对虚拟货币的不同态度也会影响其保护力度,如未能够在民事权利中将其纳入物权财产保护范围,则只能基于民事交易性质将其纳入合同范围保护。[②] 此情况下适用不同的准据法,难免会有不同的结果。

当前,确保虚拟资产稀有性以及独特性的技术初见端倪,以 NFT 为典型,作为区块链数位账本上的数据单位,每一个代币可以代表一个独特的数码资料,虽然文件本身可以被复制,但因为 NFT 的存在,代币可以被跟踪并提供用户的所有权证明。由此,未来是否要建立围绕虚拟资产的相关法律制度,如明文确立 NFT 的数据财产权;[③]如何进行著作权保护,如 NFT 的发布者不是否获得合法的著作权授权、是否可能侵犯商标权等;[④]以及虚拟资产的继承问题,如当用户在现实中死亡时,虚拟遗产是否能够依据《民法典》的相关规定进行处理,有待进一步发掘和规范。

3. 数据和个人信息安全

与元宇宙相关的数据和个人信息安全风险的问题主要表现在三个方面:一是个人信息安全风险;二是网络安全风险;三是数据跨境传输的监管问题。

一是个人信息安全风险方面。元宇宙世界中“虚拟人”的隐私很有可能与现实的隐私紧密相连。在元宇宙中的社交互动中,用户之间往往有更多的接触,而这种动机和行为可能会使用户自身的隐私处于危险之中。用户在元宇宙中的个人信息一旦泄

---

① 北京市朝阳区人民法院民事判决书,(2020)京0105民初25104号。

② 杨延超:《网络时代论元宇宙中的民事权利》,载《东南大学学报(哲学社会科学版)》2022年第4期。

③ 罗艺、佘瑾杨:《元宇宙法律问题的回应性治理》,载《上海法学研究》集刊2022年第11卷。

④ 上海检察:《75号咖啡丨元宇宙发展中的法律风险与应对之二:知产篇》,载微信公众号“上海检察”:https://mp.weixin.qq.com/s/BEGBaSAd4Ukyqoh7VJF4kw,最后访问日期:2023年9月4日。

露或被滥用，将极有可能暴露用户在现实世界中的身份和生活，包括用户的行为信息、通讯簿内容、地点信息、交易信息（如 NFT 交易）等，这将可能严重侵犯个人隐私。因此，如何遵从以《个人信息保护法》为基础的个人信息隐私保护制度，如确保用户本身拥有充分的知情同意权以保护元宇宙中的个人信息，并在个人信息的采集、传输、存储、处理、交换和销毁全生命周期保护其安全和私密性成为合规重中之重。

二是网络安全风险。5G、数字孪生、云计算、区块链等数字技术所支撑起的元宇宙基础架构相应带来了更大的数据安全和网络攻击风险。元宇宙与多样化的硬件设备相连接，也因此面临着巨大的数据处理、交换需求，为网络安全保障提出了新的挑战。元宇宙安全问题的关键点包括：(1)身份管理，元宇宙平台提供商如何设计和加强元宇宙用户身份管理的安全性；(2) DDoS 攻击（Distributed Denial of Service，DDoS）；(3)设备漏洞；(4)数据外溢和数据开发，[①]而相关开发与运营公司需重视其产品可能存在的安全隐患加以改进，并及时关注行业内的监管动态。

三是数据跨境传输监管问题。由于元宇宙具有的高度交互性，并不局限于某个地区或某些国家，基于数据的全球化，不可避免地会产生数据跨境传输问题。目前我国的三种有效出境路径包括标准合同、认证机制和安全评估，有意发展元宇宙项目的企业也需在梳理现有数据的基础上，提前部署落实数据出境的合规工作。

4. 算法治理

《互联网信息服务算法推荐管理规定》对算法的治理对象、算法治理的基本原则、算法的合规要求作出了明确规定，要求提高算法透明度和可解释性、算法的分级分类安全管理制度、算法备案制度和安全评估制度等。

元宇宙相关的算法规范还需依靠行业的自治自律。实践中，针对算法技术本身存在的缺陷，产业已不断地通过技术手段规避固有缺陷，尤其是针对人工智能中算法本身存在的偏见和歧视，通过人工的干预和改进以保证其公平性，并减少其偏见、歧视所带来的负面影响。再如，针对算法的不可解释性，通过不断深入解释算法的运行、决策逻辑和运行机制，从而增强算法的可解释性，这使用户能够更好地理解算法能够产生的结果及其产生过程。

5. 相关资质执照

按照现行有效法规，元宇宙项目可能涉及的相关资质与执照情况归纳如表 6－4 所示。

---

① 上海检察：《75 号咖啡丨元宇宙发展中的法律风险与应对之一：技术和数据篇》，载微信公众号“上海检察”：https://mp.weixin.qq.com/s/kcY9_P6nToegXqfRcSJHZQ，最后访问日期：2023 年 9 月 4 日。

表6-4 元宇宙项目可能涉及的资质与执照相关内容

资质名称	法律文件	监管部门	详细情况
游戏版号	《网络出版服务管理规定》	国家新闻出版署	如具备网络游戏特征,由相关监管部门作出是否认定为游戏的具体审查决定
网络出版服务许可证	《网络出版服务管理规定》	国家新闻出版署	从事网络出版服务,必须依法经过新闻出版行政主管部门批准,取得《网络出版服务许可证》。同时,根据上述规定,中外合资经营、中外合作经营和外资经营的单位不得从事网络出版服务
网络文化经营许可证	《互联网文化管理暂行规定》	国家文化和旅游部	互联网文化产品包括专门为互联网而生产的网络音乐娱乐、网络游戏、网络演出剧目、网络表演、网络艺术品、网络动漫等互联网文化产品,以及将音乐娱乐、游戏、演出剧目、表演、艺术品、动漫等文化产品以一定的技术手段制作、复制到互联网上传播的互联网文化产品;从事经营性互联网文化活动的,应当向省级文化行政部门申请取得《网络文化经营许可证》,从事非经营性互联网文化活动应向省级文化行政部门进行备案
增值电信业务经营许可证	《电信业务分类目录》	工信部/通管局	可能涉及第二类增值电信业务中的"B25项信息服务业务(ICP)"和"B21项在线数据处理与交易处理业务(EDI)"
广播电视节目制作许可证/信息网络传播视听节目许可证	《互联网视听节目服务管理规定》《广播电视节目制作经营管理规定》	国家广播电视总局、文化和旅游部	信息网络传播视听节目许可证的业务类别分为播放自办节目、转播节目和提供节目集成运营服务等,但无权独立制作视频节目;设立广播电视节目制作经营机构或从事专题、专栏、综艺、动画片、广播剧、电视剧等广播电视节目的制作和节目版权的交易、代理交易等活动的行为,实行许可制度

(二)社会法问题

首先,在面临可能出现的元宇宙内的种族歧视、用户偏见、公平偏失、宗教问题、用户上瘾、网络霸凌、虚拟伤害、情感矛盾等社会性问题,其中的一些突出问题将可能被纳入法治框架,而未来企业需通过自身算法的设计与改进来满足合规需求。

其次,在经济法方面,其焦点在于平台的反垄断问题。目前在提供元宇宙接口平台方面仍依赖于少数的互联网巨头公司,而这些平台势必选择在元宇宙内部优先扶持自己的服务,从而加剧元宇宙中第三方企业平台对提供接口平台的依赖。以国务院反垄断委员会发布的针对平台经济的《关于平台经济领域的反垄断指南》为例，未来如何规范提供接口的平台隐形地对元宇宙二级市场中提供他类竞品服务的平台进行打压和垄断，[①]相关企业也应及时关注立法与监管动向。

（三）刑法问题

元宇宙发展可能触及的犯罪问题，一是虚拟经济犯罪问题，可能涉及非法吸收公众存款罪、集资诈骗罪、诈骗罪、洗钱罪、非法经营罪等；二是人员组织发展风险问题，如组织、领导传销活动罪。此外，随着未来元宇宙的发展，其潜在犯罪活动包括跟踪、攻击和虐待行为、性骚扰、儿童色情、绑架等。

第三节　打造跨品牌会员体系

笔者在服务大型跨国公司的过程中，经常收到来自 DPO 及法务人士关于打通不同品牌的数据池、建立跨品牌会员体系的法律咨询。消费品行业对于打造跨品牌会员体系的需求最盛，一些集团公司旗下拥有众多品牌，覆盖不同需求偏好、不同消费层级的消费者，集团公司希望通过数据中台打通底层数据，将不同品牌之间所产生的数据汇聚在一起，实现共享并在此基础上加工、分析、复用。

笔者理解跨品牌会员体系的底层数据处理关系是数据的汇总、融合，这一过程的确能够产生更大的商业价值，但是海量数据的汇聚和分析也会导致许多新的法律风险，读者可阅读本书第四章第四节“‘数据融合’风险与合规要点”一文作进一步了解。本节汇总了笔者的客户在打造跨品牌会员体系过程中常问的问题，有同样或类似潜在疑问的 DPO 或可在本节中找到您的答案。

一、品牌之间可以直接共享个人信息吗，可否“点对点”的直接共享

可以。在集团公司旗下品牌的数量不多时，品牌之间共享个人信息是最显而易见的互通方式，但直接共享应遵从相关法律法规要求。

以 A 品牌和 B 品牌互相共享个人信息为例，在共享之前，A 品牌和 B 品牌应分别告知其会员出于特定目的（关于“目的”的撰写，详见本节第五问）会向其他品牌共享个人信息，并征得其单独同意；其次为了划清个人信息处理的责任边界，A 品牌和 B 品牌之间应签订个人信息共享协议，其中至少应规定：（1）个人信息提供方收集个人

---

① 罗艺、佘瑾杨：《元宇宙法律问题的回应性治理》，载《上海法学研究》集刊 2022 年第 11 卷。

信息时已取得会员同意;(2)个人信息共享过程中双方需要采取安全保障措施;(3)个人信息接收方应当在分享目的范围内处理个人信息,否则需另行取得会员的同意;最后,如涉及开展集团层面的活动,A 品牌和 B 品牌可能需要分别通知其品牌会员并征得关于参与集团活动收集使用个人信息的同意。

满足上述三项条件可能存在三重困难。首先,不同品牌面向品牌会员出具的隐私政策,以及面向其他品牌提供的个人信息共享协议可能不同。这将导致会员作出同意的范围存在差异,会员的个人信息在不同品牌下受到保护的水平可能也不同,为保持同样的操作各品牌会存在不可忽视的沟通成本。其次,在个人信息共享关系下,各品牌都分别存储个人信息,这意味着会员的个人信息可能有多个副本,且分散在各地,副本的增加可能导致个人信息泄露风险升高。最后,各品牌存储的个人信息存在交叉,在集团活动分别触达个人时可能会产生过度打扰。

数据作为新型生产要素,其在生产、分配、流通、消费等各环节中的价值也越来越被重视,数据及其所附的价值如何在品牌之间分配可能引发新的问题:是始终由最初收集的品牌享有,抑或不同品牌分别对其使用目的范围内的数据资产享有权益,DPO 应结合实际情况做出选择。

二、打造跨品牌会员体系平台,对企业而言有什么好处

建立集团公司跨品牌会员体系平台可解决问题一中提及的实践困难。平台可以自身的名义提供隐私政策供平台会员签署,也可以提供统一的个人信息共享协议供各品牌实体签署;在个人信息存储方面,平台可以集中管理并为各个品牌提供不同访问权限;在开展集团活动的场景下,无须单个品牌分别触达个人,平台可以集团的名义向个人进行告知并征得其关于集团活动的同意,在此基础上产生的数据资产权益归集团所有。

三、公司下设部门和新设立一个实体运维跨品牌会员平台的不同之处,企业应使用哪一种方式

出于下述原因,企业宜选择新设立一个专门的实体运维跨品牌会员平台。

(一)风险

风险隔离是最显著的一项优势,如平台由公司下设部门负责,在平台发生侵权等事件时,将不可避免地导致公司对外承担责任,进而可能影响公司整体声誉及其他业务的开展;而新设立一个实体支持跨品牌会员平台的情况下,平台在一定范围内的过错将由新设实体对外承担责任,对公司整个体系的影响相对有限。

（二）经营范围

设立单独实体时可根据跨品牌会员平台的内容计划登记经营范围，而如果将平台放在企业名下，可能需要对企业现有的经营范围进行调整和扩充，牵一发而动全身所需的内部协调权衡通常会消耗时间。

（三）业务资质

如果企业属于外商投资企业，希望通过平台开展一些外资限制或禁止从事的业务，比如存在通过互联网向上网用户有偿提供信息的需求（"B25 信息服务业务"），或可通过设立一个纯内资公司，取得 ICP 许可证等相应的业务资质，专门负责运营跨品牌会员平台，而后通过协议控制的方式建立企业与平台之间的连结，起到企业实质控制平台的效果。需注意，实践中 VIE 架构可能被要求进行披露，相关业务资质的取得可能因此受到影响。

（四）其他管制要求

如果企业的主营业务属于特殊受管制领域，其产生的数据在流通和利用过程中可能受到诸多限制。例如，汽车行业的数据受制于《汽车数据安全管理若干规定（试行）》《工业和信息化领域数据安全管理办法（试行）》等法规的规定，跨品牌会员平台如作为公司下设部门，平台及平台上的数据将受到主营业务所在主管部门的管辖，进而有义务遵守相关行业法律法规的要求；如果跨品牌会员平台作为单独的实体进行管理，则可能落入不同主管部门管理的范围。仍以汽车行业为例，汽车品牌会员数据以主营业务作为界定标准可能将受到来自工信厅（委）的管理，而单独设立实体的情况下可能属于通管局的职责范围，实践中二者监管的重点可能有所不同。

四、在跨品牌会员体系搭建完成之后，平台和品牌谁是个人信息处理者，应以谁的名义出具隐私政策

在数据处理关系中，哪一方是个人信息处理者，取决于其底层的事实与法律关系。具体而言，在品牌产品和服务的消费过程中，产品和服务的提供方（品牌），为了订立和履行与个人之间的合同而收集、使用个人信息，平台仅受品牌委托存储个人信息。显然，品牌由于有权决定个人信息处理的目的和方式，构成该场景下的个人信息处理者。相反，在向个人提供会员礼遇的数据处理活动中，平台可能收集个人的生日、联系电话和地址等个人信息，以便发送生日祝福、寄送会员礼物等，平台自然成为个人信息处理者。

原则上,数据处理场景中的个人信息处理者应是出具隐私政策的主体。在订购品牌产品和服务的页面,笔者建议提供多个可供选择的条目:(1)是否同意隐私政策(覆盖因提供品牌产品和服务、向品牌常客推送品牌优惠而处理个人信息的相关规则),各品牌可使用相同模板、不同品牌实体作为个人信息处理者的隐私政策;(2)是否同意加入该产品和服务对应品牌的会员;(3)是否同意同时加入其他集团会员并同意集团隐私政策(覆盖因会员礼遇、集团活动而处理个人信息的相关规则)。上述三项政策的出具方应分别为品牌、品牌和平台。

五、如何撰写跨品牌会员平台的隐私政策相关内容,以论证品牌之间数据融合的合法、正当、必要

笔者提供典型表述,读者可结合企业实际情况进行选择和修改,参考文本如下:

- 同意集团隐私政策,可以帮助您成为集团的尊贵会员,节省在各个集团旗下的品牌重复填写会员注册表单的时间。
- 基于您对集团的认可和信任,为了巩固您和集团之间的联系,也便于根据您的喜好向您提供集团旗下所有品牌的多种产品和服务选择。
- 出于对您消费体验的考虑,同意集团隐私政策将帮助您在集团旗下任一品牌进行福利通兑,即A品牌提供的礼券可以在B品牌兑换相似价位的产品和服务,A品牌的消费积分或等级达到某个数值,可以享受B品牌产品和服务的免费试用。

六、如问题四所述,品牌和平台都涉及出具隐私政策,那么在会员个人进入各品牌小程序时,应如何设计隐私政策弹窗,以达到取得个人同意而不过度打扰个人的效果

在会员个人仅同意了A品牌的隐私政策、未同意集团隐私政策的情况下,不能视为个人已自动加入了集团旗下的B品牌,成为B品牌的会员。因此,在个人登录B品牌小程序时,需重新弹窗集团隐私政策,寻求个人关于加入跨品牌会员体系的同意,如个人在B品牌进行选购并即将下单时,应提供B品牌的隐私政策,展示有关产品和服务交付中涉及个人信息处理的规则。如前所述,A品牌和B品牌出具的该等隐私政策可采取相同模板,以确保各品牌取得个人同意的范围一致。相对地,如果个人在A品牌处已对集团隐私政策作出同意的情况下,进入B品牌小程序无须再就相同内容进行弹窗。

最后,值得关注的是,各品牌应在集团隐私政策的范围内进行个人信息处理活动。例如,一些集团企业会在集团层面发布隐私政策,但集团隐私政策通常较为笼统,未必会覆盖集团内具体的品牌针对个人信息的处理场景。如果个人仅对集团隐私政策作出同意,而未对品牌隐私政策作出同意,个人给出的同意就没有包含对于品牌对其个人信息处理的具体场景,从而相关的品牌不得对其进行针对品牌的个人信息收集和处理。此外,即使集团的隐私政策包含了具体的品牌场景,如品牌需要超出集团隐私政策的范围使用个人信息,仍然应通过相关的渠道(如网站、小程序、App等),另行取得个人的同意。

第四节 AIGC的主要合规问题

2018年,人工智能艺术家罗比·巴拉特(Robbie Barrat)的创作作品被拍卖出432,500美元,其后续作品"Saint Nazaire"也被誉为"AI艺术的划时代作品"。[①] 近年来,以ChatGPT为代表的生成式人工智能(Generative AI)更具创造性,能够实现互动对话、精准回复、图表分析和数据推理,甚至图像创作等功能。

在生成式人工智能时代,不仅用户无法控制人工智能创作的内容,甚至人工智能开发者也难以控制。因此,生成式人工智能的强大功能不可避免地带来了更多的法律风险,也引起了全球监管浪潮。继2023年3月31日意大利个人数据保护局禁用ChatGPT[②] 以及多国宣布考虑对ChatGPT发布禁令或进行严格监管[③]后,国家互联网信息办公室于2023年4月11日发布《生成式人工智能服务管理办法(征求意见稿)》,拟对生成式人工智能产品和服务内容、技术和准入要求等进行监管。本节将结合《生成式人工智能服务管理办法(征求意见稿)》的主要内容,总结并解读与生成式人工智能相关的七大合规问题。

一、适用范围

生成式人工智能以现有的数据集为基础,通常利用"深度学习"模型[包括循环神经网络(RNN)、变分自编码器(VAE)、生成对抗网络(GAN)等],最终产出形式多样

---

① 《收藏者曹寅:Robbie Barrat,了不起的AI艺术》,载碳链价值,https://www.ccvalue.cn/article/382855.html,最后访问日期:2023年9月4日。

② Italian privacy regulator bans ChatGPT,POLITICO,https://www.politico.eu/article/italian-privacy-regulator-bans-chatgpt/。据Politico报道,ChatGPT履行相应合规要求后,可能被意大利数据保护机构解除禁用,https://www.politico.eu/article/chatgpt-italy-lift-ban-garante-privacy-gdpr-openai/。

③ EU:ChatGPT spurs debate about AI regulation,https://www.dw.com/en/eu-chatgpt-spurs-debate-about-ai-regulation/a-65330099,最后访问日期:2023年4月20日。

(包括文章、对话、音乐、语音、绘画、动画等)的新内容。《生成式人工智能服务管理办法(征求意见稿)》开篇即对"生成式人工智能"进行定义,即生成式人工智能指"基于算法、模型、规则生成文本、图片、声音、视频、代码等内容的技术",为生成式人工智能的监管划定了范围。

地域效力方面,《生成式人工智能服务管理办法(征求意见稿)》的适用范围为"研发、利用生成式人工智能产品面向中国境内公众提供服务"的行为。换言之,《生成式人工智能服务管理办法(征求意见稿)》监管在中国境内提供服务的行为,无论该行为发生在中国境内或境外。以 ChatGPT 为例,虽然 ChatGPT 的运营方及服务器等位于中国境外,但如果 ChatGPT 的运营方主动将其向中国用户开放,则可能导致 ChatGPT 及其运营方落入该管理办法的管辖范围。这也可能是 OpenAI 没有向中国地区用户开放使用 ChatGPT 的一大原因(关于 ChatGPT 产品风险分析与合规建议,参见本章第五节、第六节内容)。此外,即使境外主体本身不直接向中国境内提供生成式人工智能产品,如果境外主体以提供可编程接口等方式支持其他主体(无论位于中国境内或境外)生成内容,而其他主体向中国境内公众提供服务,则该境外主体仍将受《生成式人工智能服务管理办法(征求意见稿)》的监管。

二、内容生产者责任

根据《生成式人工智能服务管理办法(征求意见稿)》的规定,利用生成式人工智能产品提供聊天和文本、图像、声音生成等服务,以及通过提供可编程接口等方式支持他人自行生成文本、图像、声音的组织和个人是服务提供者,需承担内容生产者的责任。

在生成式人工智能研发过程中,提供者需要进行数据收集和投喂,并进行模型设计、训练和评估。在此过程中,提供者能够通过数据筛选、模型构建以及算法训练对生成内容进行把控。正是因为提供者对于生成的内容有一定的控制能力,《生成式人工智能服务管理办法(征求意见稿)》要求提供者承担内容生产者责任。然而,提供者对生成内容进行管理远非易事。《生成式人工智能服务管理办法(征求意见稿)》要求提供者"采取措施防止生成虚假信息",由于生成内容的多样性,提供者或只能对客观事实的真实性进行管理,而无法对生成的"创造性"、"艺术性"作品的真实性进行管理。并且,提供者需要为此付出极大的技术和管理成本。因此,"内容生产者责任"的内涵和外延还有待立法或执法部门的进一步解释,究竟是提供者证明其"采取了充分的措施防止生产虚假信息"即可免责,还是只要产生了虚假信息的后果,提供者就需要承担责任?

此外,在使用者直接利用侵犯他人权益的或虚假的数据使用生成式人工智能时,生成式人工智能的输出结果同样可能侵犯合法权益或构成不正当竞争,这也对提供者研发和利用生成式人工智能提出更高的技术要求。此外,尽管《生成式人工智能服务管理办法(征求意见稿)》并未对生成式人工智能使用者的法律责任进行直接规定,但使用者仍需要履行《网络安全法》、《数据安全法》、《个人信息保护法》以及其他适用法律法规(如《互联网信息服务深度合成管理规定》规定的使用者义务)规定的特定的数据处理场景下的法律义务,我国未来也可能出台专门针对生成式人工智能使用者的相关管理规定,对使用者提出更加细化的合规要求。

三、个人信息保护责任

《生成式人工智能服务管理办法(征求意见稿)》在两个阶段对提供者提出履行个人信息保护义务的要求。在生成式人工智能产品的训练阶段,如果训练用的数据类型中包括个人信息,提供者(或个人信息提供方)应当获取个人信息主体的同意或符合其他法定情形;在生成式人工智能产品的使用阶段,对于用户输入的个人信息,提供者不能非法留存、对外提供,也不能利用输入信息对用户进行画像。提供者还应当响应个人信息主体的请求,对个人信息主体提出的更正、删除、屏蔽个人信息的请求予以处理。就提供者而言,笔者理解,对于人工智能产品的训练并不需要识别具体的个人信息主体,因此为了避免非法获取和留存个人信息,建议提供者对个人信息进行匿名化或者至少是深度去标识化后再使用。

此外,使用者应当确保在使用生成式人工智能产品的过程中,其使用个人信息的行为具备合法性基础。

四、前置性要求

根据《生成式人工智能服务管理办法(征求意见稿)》,提供者在利用生成式人工智能产品提供服务前,还应当履行以下两项前置性要求。

(一)互联网信息服务安全评估

提供者应当按照《具有舆论属性或社会动员能力的互联网信息服务安全评估规定》向国家网信部门申报安全评估。

根据《具有舆论属性或社会动员能力的互联网信息服务安全评估规定》,通常在以下两类情形,具有舆论属性或社会动员能力的互联网信息服务触发安全评估:(1)互联网信息服务本身发生的重大变化,如信息服务上线和增设新功能;(2)客观情况发生重大变化,包括用户规模的显著增加和违法有害信息发生传播扩散难以有效防控。提供者应当及时预估生成式人工智能产品的社会动员能力,以确认是否需要履行相应的安全评估义务。

(二)算法备案

提供者应当按照《互联网信息服务算法推荐管理规定》履行算法备案和变更、注销备案手续。

算法推荐技术,是指利用生成合成类、个性化推送类、排序精选类、检索过滤类、调度决策类等算法技术向用户提供信息。《互联网信息服务算法推荐管理规定》在算法模型审核、防沉迷机制、用户注册、信息发布审核、数据安全与个人信息保护方面的要求与《生成式人工智能服务管理办法(征求意见稿)》有共通之处。企业在进行算法推荐技术备案时,应注意备案内容包括服务提供者的名称、服务形式、应用领域、算法类型、算法自评估报告、拟公示内容等信息。

五、实名制要求

《生成式人工智能服务管理办法(征求意见稿)》要求生成式人工智能的使用者提供真实身份信息。与《具有舆论属性或社会动员能力的互联网信息服务安全评估规定》相衔接,用户真实身份核验也是具有舆论属性或社会动员能力的互联网信息服务的重点评估内容。此前,《互联网信息服务深度合成管理规定》在用户实名制方面的审核方式包括通过移动电话号码、身份证件号码、统一社会信用代码或者国家网络身份认证公共服务等识别用户身份,《生成式人工智能服务管理办法(征求意见稿)》很可能采取类似的手段进行用户核验。

六、用户管理义务

在提供生成式人工智能服务过程中,提供者应当履行用户管理义务,主要包括:

(一)监管用户发布内容

如果用户利用生成式人工智能违反法律法规,违背商业道德、社会公德,包括从事网络炒作、恶意发帖跟评、制造垃圾邮件、编写恶意软件,实施不正当的商业营销等,提供者应当暂停或者终止对该用户的服务。

提供者应当注意,除《生成式人工智能服务管理办法(征求意见稿)》的规定外,《网络安全法》针对网络平台运营者、《未成年人保护法》针对网络服务提供者均提出用户发布信息管理要求。如果用户存在发布违法内容的行为,除暂停或终止服务外,提供者还可能需要履行记录、报告义务等。具体而言:

1.《网络安全法》要求,网络平台运营者发现用户发布法律、行政法规禁止发布或者传输的信息的，应当立即停止传输该信息，采取消除等处置措施，防止信息扩散，保存有关记录，并向有关主管部门报告。

2.《未成年人保护法》要求，网络服务提供者发现用户发布、传播含有危害未成年人身心健康内容的信息的，应当立即停止传输相关信息，采取删除、屏蔽、断开链接等处置措施，保存有关记录，并向网信、公安等部门报告；发现用户利用其网络服务对未成年人实施违法犯罪行为的，应当立即停止向该用户提供网络服务，保存有关记录，并向公安机关报告。

（二）指导用户合法利用生成内容

《生成式人工智能服务管理办法（征求意见稿）》要求提供者对用户使用生成式人工智能生成的内容进行指导，避免用户利用生成内容损害他人形象、名誉以及其他合法权益，或进行商业炒作和不正当营销。实践中，提供者可能需要同时通过技术和管理手段履行相应义务。在技术手段方面，可能需要对违法内容进行屏蔽、不予展示及进行合法性提示；在管理手段方面，提供者可通过用户服务协议等政策向用户传达利用生成内容的合法性要求。

（三）防沉迷措施

提供者应当明确并公开其服务的适用人群、场合、用途，采取适当措施防范用户过分依赖或沉迷生成内容。提供者可能需要结合前述实名制要求和手段，对用户进行分类，实现生成内容用途和场合方面的管理。

七、人工标注要求

在研发生成式人工智能产品时，利用模型生成的内容可能不准确或不合理，需要通过后续的人工编辑和修正提高生成内容的准确性和可靠性。人工标注能够起到纠错和校对作用，使模型生成更加准确和合理的内容。

由于数据量庞大以及类似“流水线”的工作流程，提供者可能委托第三方开展人工标注工作。根据《生成式人工智能服务管理办法（征求意见稿）》的规定，人工智能产品研制中采用人工标注时，提供者应当制定清晰、具体、可操作的标注规则，对标注人员进行必要培训，抽样核验标注内容的正确性。实践中，如果提供者采用第三方人工标注服务，应当通过协议对上述内容进行约定，并实际对人工标注内容进行审计抽检。此外，提供者可能还需要履行数据分类分级、PIA 等法律义务。

第五节　ChatGPT,合规“缰绳”何在
——以开发者为视角

2022 年 12 月,基于 GPT－3.5 技术的 chatbot 发布使得 ChatGPT 爆火,人工智能的话题在全球范围内再次引发高度关注。据其研发公司 OpenAI 介绍,“ChatGPT 是一种对话式 AI,可运用自然语言连续对话、回答问题并挑战不正确的假设”。作为人工智能技术驱动的自然语言处理工具,它的亮点在于通过学习和理解人类的语言以及聊天的上下文进行互动、交流对话,完成诸如撰写邮件、视频脚本、文案、翻译、代码等任务。

但 OpenAI 远不是唯一的入局者。ChatGPT 火热之际,微软已宣布将正式接入 ChatGPT 技术,以支持必应搜索和 Edge 浏览器;而 Google、百度等传统搜索引擎类企业也火速入局类 ChatGPT 领域,并计划推出聊天机器人“Bard”“文心一言”等竞品,未来的竞争是否将更加激烈也犹未可知。而随着 ChatGPT、DALL－E 等利用深度合成技术的产品逐一问世,面对未来该领域的广阔发展前景,其也引发了一系列的合规与隐私安全方面的担忧。

ChatGPT 类产品虽然非常复杂,但其原理却并非新鲜事物。ChatGPT 中“GPT”的含义为 Generative Pre－trained Transformer,简言之,是通过预先输入海量的文本内容,使得 ChatGPT 能够学习人类语言的特征和结构,对输出结果进行校正和优化,从而实现人机之间的自然、流畅交流。ChatGPT 背后所依赖的核心技术,便是深度合成技术,记忆力好的读者可能还记得几年前闹得沸沸扬扬的换脸技术“deepfake”也正是基于深度合成技术。

深度合成技术,是指利用深度学习、虚拟现实等生成类算法制作文本、图像、音频、视频、虚拟场景等网络信息的技术。我国是最先立法规范深度合成技术的国家之一:国家网信办、工信部和公安部于 2022 年 11 月 25 日联合发布了《互联网信息服务深度合成管理规定》,该规定已于 2023 年 1 月 10 日起正式实施。除《互联网信息服务深度合成管理规定》外,我国其他网络安全与数据合规领域的法律,如《网络安全法》《数据安全法》《个人信息保护法》等均可能适用于 ChatGPT 类产品,因此该等产品在中国法律下可能面临诸多合规风险和挑战。

本节旨在探讨 ChatGPT 类产品在中国的数据合规与个人信息保护的法律体系下存在的合规风险,供读者借鉴思考。

一、ChatGPT 的潜在法律风险

(一)数据合规风险

1. 收集训练数据阶段:数据来源的合规风险

根据《互联网信息服务深度合成管理规定》第 14 条规定,深度合成服务提供者和技术支持者应当加强训练数据管理,采取必要措施保障训练数据安全;训练数据包含个人信息的,应当遵守个人信息保护的有关规定。其中还特别强调了"深度合成服务提供者和技术支持者提供人脸、人声等生物识别信息编辑功能的,应当提示深度合成服务使用者依法告知被编辑的个人,并取得其单独同意"。

ChatGPT 类产品收集的训练数据量绝对不容小觑,仅以 ChatGPT 为例,从 GPT-3(ChatGPT 前代)公开发表的论文可知,其用于干预训练的文本已达到了 45TB。而在中文数据上,据查询,全球最大的语料库是"WuDaoCorpora",约有 3TB 的中文语料。①

首先,ChatGPT 收集的训练数据难以避免对个人信息的收集,尤其是公开渠道的个人信息。根据《个人信息保护法》的相关规定,个人信息处理者需取得个人信息主体的同意或具备其他合法性基础,方可处理其个人信息。然而,在 OpenAI 公布的隐私政策中,②只描述了个人访问 OpenAI 及其关联公司的网站或使用其相关产品和服务时对个人信息的处理,并未提及其收集训练数据环节的隐私政策。实践中,数据训练环节想要取得个人同意几乎不可行。如果个人信息的数据源仅限于公开渠道,那么 ChatGPT 类产品公司可能可以援引"在合理的范围内处理个人自行公开或者其他已经合法公开的个人信息"或兜底条款来论证收集使用个人信息的合法性,但如何证明训练 AI 属于"合理的范围内"仍将是一大合规难题。

另一方面,ChatGPT 类产品收集个人信息的方式应注意是否违反"最小范围"原则。与 GDPR 数据最小化规则的规定类似,《个人信息保护法》对于企业收集个人信息提出了"限于实现处理目的的最小范围"的要求。这类法规要求 ChatGPT 类产品所收集的数据仅限于最低限度、且仅提供给此项产品及其服务使用。③

OpenAI 的隐私政策指出,所有收集的数据都将仅用于合同指定目的。尽管如

---

① 《ChatGPT 的发展历程、能力来源和复现它的关键之处》,CSDN(专业开发者社区),https://blog.csdn.net/qq_35082030/article/details/128988965,最后访问日期:2023 年 4 月 20 日。

② Open AI Privacy Policy, https://openai.com/privacy/.

③ Unveiling the Crucial 5 GDPR Obstacles of ChatGPT That Can't Be Ignored, Fieldfisher, https://www.fieldfisher.com/en/insights/unveiling-the-crucial-5-gdpr-obstacles-of-chatgpt.

此,该隐私政策并未说明其用于合同指定目的的数据是否包括存储在其模型中的数据。同时,收集如此海量的数据的同时,其中所涉的个人信息是否真正仅用于 ChatGPT 也未可知。

此外,GPT 模型的预训练模型挖掘大量受著作权法保护的第三方文字作品内容投入数据库作为训练素材,因而 ChatGPT 类产品的训练数据库需要注意避免侵害第三方的著作权。以复制使用文本数据为例,将触及著作权侵权、挖掘行为授权、二次创作许可等问题。ChatGPT 类产品可能会主张对上述版权作品构成合理使用,但目前中国对合理使用仍采取封闭模式规制,并未承认文本挖掘构成合理使用,因此文本挖掘可能侵犯文字作品的复制权、改编权、署名权等著作权。[①] 此外,从二次创作许可来看,如果其生成物是在保留他人作品的基础上进行创造性变动,可能会侵犯他人的改编权;如果对数据进行个性化选择和编排,则可能会侵犯他人的汇编权。[②]

最后,即使数据中不涉及个人信息,或者作为知识产权被保护的作品,其本身也是一种竞争性财产权益。《反不正当竞争法》的最新修订草案征求意见稿第 18 条指出,经营者不得以不正当的方式获取或者使用其他经营者的商业数据,如违反约定或者合理、正当的数据抓取协议,获取和使用他人的商业数据。在"淘宝诉美景"一案中,[③]杭州市中级人民法院也认为,由于网络数据产品不同于网络原始数据,其数据内容经过网络运营者大量的智力劳动成果投入,"网络运营者对于其开发的数据产品应享有独立的财产性权益"。由此,针对 ChatGPT 类产品的训练数据,虽然互联网上存在大量可以自由访问的信息,但从诸如具有禁止第三方爬取数据条款的网站收集海量数据,该等数据很有可能被认定为竞争性财产权益,因此如何避免对该等数据的收集违反《反不正当竞争法》的相关规定也将是 ChatGPT 类产品的一大合规课题。

2. 使用阶段:信息安全风险及个人信息主体行权问题

在使用阶段,用户在 ChatGPT 类产品的界面中输入相关请求时,可能会披露个人相关信息、企业的业务数据等,甚至可能涉及公司的商业秘密等机密信息。而 ChatGPT 使用的训练方法表明,用户使用过程中的输入和交互信息可能会用于其持续迭代训练。

尽管 ChatGPT 声称会采取适当的安全保障措施(如匿名化、加密等技术)来提高

---

① 《建议著作权法修法将文本挖掘行为纳入合理使用的情形》,载知产力,https://mp. weixin. qq. com/s/VTGb265WQXyh - dqpzbDczw,最后访问日期:2023 年 4 月 20 日。

② 《ChatGPT 爆火,带来哪些版权问题?》,载中国新闻出版广电报,https://mp. weixin. qq. com/s/5JfO2dAzNrcOG1pL_s2SBQ,最后访问日期:2023 年 4 月 20 日。

③ 淘宝(中国)软件有限公司诉安徽美景信息科技有限公司不正当竞争纠纷案,载中国法院网:https://www. chinacourt. org/article/detail/2019/10/id/4591196. shtml,最后访问日期:2023 年 4 月 20 日。

数据安全性,数据泄露风险仍然存在。据报道,Amazon 内部的通信工具"Slack"泄露的一条信息显示,亚马逊的公司律师称,公司在 ChatGPT 生成的内容中发现了与公司机密"非常相似"的文本,可能是由于 Amazon 员工在使用 ChatGPT 生成代码和文本时输入了公司的机密数据。① 而这些信息的外泄不仅可能造成公司商业秘密的直接泄露,也可能被 OpenAI 存储于数据库中并作为训练数据,如遭受黑客攻击,公司将进一步蒙受损失。

另一方面的合规担忧则源自 ChatGPT 是否能满足保障个人信息主体权利的相关要求,尤其是针对个人信息的删除权。虽然其隐私政策中规定了用户对其个人信息的查阅、更正和删除权等,但基于请求该类 AI 系统擦除数据的复杂性,②对于深度合成技术提供者能否真正删除个人信息的存在痕迹、满足现有合规要求仍存疑。

(二)内容合规风险

内容方面,ChatGPT 类产品的主要风险则在于可能生成包含违法信息的答复。《互联网信息服务深度合成管理规定》对内容审核提出了较高要求,其中包括禁止深度合成服务提供者、使用者在内的主体利用该服务从事危害国家安全和利益、损害国家形象、侵害社会公共利益、扰乱经济和社会秩序、侵犯他人合法权益等法律、行政法规禁止的活动(如制作、发布、传播假新闻等),且服务提供者应采取技术或者人工方式审核使用者的输入数据和输出结果。另外,该新规以及《互联网信息服务管理办法》《网络信息内容生态治理规定》还规定了建立违法和不良信息特征库、违法和不良信息报告与处置、辟谣机制建立、申(投)诉渠道设置及处理等一系列内容合规义务。

因此,落地中国的 ChatGPT 类产品还需关注其是否建立健全了相关内容审核、违法和不良信息报告与处置、辟谣、申(投)诉等一系列机制,特别是审核其输出结果(如问题的答案)是否可能涉及中国法律禁止的内容,如涉嫌危害国家安全、破坏国家统一,或含有暴力恐怖、淫秽色情元素等。

(三)算法合规问题

《互联网信息服务深度合成管理规定》进一步要求,深度合成服务提供者和技术支持者应当加强技术管理,定期审核、评估、验证生成合成类算法机制机理,具有舆论

---

① Amazon Warns Employees to Beware of ChatGPT, https://news.yahoo.com/amazon-warns-employees-beware-chatgpt-174500629.html,最后访问日期:2023 年 4 月 20 日。

② Does ChatGPT Comply with EU-GDPR Regulations? Investigating the Right to be Forgotten, Fiedfisher, https://www.fieldfisher.com/en/insights/does-chatgpt-comply-with-eu-gdpr-regulations-inves,最后访问日期:2023 年 4 月 20 日。

属性或者社会动员能力的还应按照《互联网信息服务算法推荐管理规定》的要求履行备案手续等。

ChatGPT 类产品作为基于大规模语言模型的对话系统产品,其应用的生成合成类算法技术毫无疑问属于《互联网信息服务算法推荐管理规定》下的算法推荐技术之一。虽然相关算法合规细则尚未出台,但未来若要实现 ChatGPT 类产品的本土落地,是否能够达到目前相关规定提出的要求仍不可忽视。因此,笔者试列举以下合规要求供参考。

1. 审核算法的机制机理,如设置防止用户沉迷、过度消费等机制;

2. 应以显著方式告知用户其提供推荐服务的情况,并以适当方式公示其推荐服务的基本原理、目的和主要运行机制等(如利用描述信息、用户画像等进行自动化决策);

3. 应向用户提供不针对其个人特征的选项,如选择或删除用于推荐的用户标签等功能;关闭其推荐算法服务的便捷选项等;

4. 如向未成年人提供服务,应当依法履行未成年人网络保护义务,开发适合其使用的模式,不可向其推送可能诱导未成年人模仿不安全行为、违反社会公德、沉迷网络、损害身心健康的信息。

二、《互联网信息服务深度合成管理规定》重点提示

《互联网信息服务深度合成管理规定》针对深度合成服务提供者、技术支持者、使用者三类主体的各项义务进行了较详细的规定,请参考表 6 - 5 重点提示。当然,对于细节性规则,仍有待监管部门的进一步明确。

表 6 - 5 深度合成服务相关义务

义务类型	义务具体内容
深度合成服务提供者	
数据合规	(1)建立管理制度及技术保障措施义务;(2)制定和公开管理规则义务;(3)身份信息认证义务;(4)个人信息保护义务;(5)安全评估义务
内容合规	(1)内容审核义务;(2)建立违法和不良信息特征库义务;(3)违法和不良信息报告与处置义务;(4)建立辟谣机制义务;(5)申(投)诉渠道设置及处理义务
算法合规	(1)深度合成内容标识义务;(2)算法机制机理审核评估义务;(3)算法备案义务

续表

义务类型	义务具体内容
深度合成服务技术支持者	
数据合规	(1)个人信息保护义务;(2)安全评估义务
算法合规	(1)算法机制机理审核评估义务;(2)算法备案义务
深度合成服务使用者	(1)内容审核义务;(2)配合身份信息认证义务

三、结语

作为网安与数据合规领域的律师,笔者非常乐于见到、尝试并学习类似 ChatGPT 这样的新型产品。基于本节的分析,OpenAI 等 ChatGPT 类产品的开发者的合规之路无疑任重而道远,而另一方面,用户使用 ChatGPT 类产品也不得"随心所意",也必须要在使用该类产品时注意自身的合规风险与义务。

第六节　ChatGPT,合规"缰绳"何在
——以用户为视角

在前节内容中,笔者结合《互联网信息服务深度合成管理规定》及我国其他网络安全与数据合规领域的法律法规,从 ChatGPT 类产品开发运营者的角度探讨了其潜在风险与合规边界。在本节内容中,笔者将聚焦于广大用户群体,对企业及企业员工作为个人在使用该类产品时的合规风险与义务进行提示。

一、ChatGPT 类产品通用合规风险及建议

(一)商业秘密泄露风险

如笔者在前节中所述,ChatGPT 类产品的完善需要大量的数据输入来对 AI 进行训练,这些数据中,OpenAI 等产品开发方自行收集并"喂"给 ChatGPT 的仅仅是一部分,大量的数据其实是在用户使用 ChatGPT 的过程中提供的。当用户使用 ChatGPT 类产品并提交信息时,该信息便会作为训练数据用于生成为其他用户提供的回答、完成请求等。在此过程中,如果企业或者企业员工提供了企业的敏感信息,很有可能因此导致企业商业秘密或其他敏感信息的泄露。

商业秘密(Trade Secrets),一般是指不为公众所知悉、具有商业价值并经权利人采取相应保密措施的技术信息、经营信息等商业信息。作为企业的重要财产性权利,

它是企业的竞争力之所系,商业秘密的保护将对企业的发展至关重要。因此,企业有必要采取"必要的保密措施"来保证商业秘密在合理的条件下不至于被泄露,满足其"秘密性"要求。相反地,如果企业未对员工进行任何约束,员工在此情形下将保密数据主动提供给 ChatGPT,可能会被视为企业自行放弃了商业秘密的秘密性及未对商业秘密采取必要的保护措施。

如果企业在开展业务过程中需要员工使用 ChatGPT 的,对于 ChatGPT 类产品可能存在的商业泄露风险,笔者建议公司在建立内部保密规章制度、与员工签订保密协议或提出保密要求时,制定相关规则禁止或限制员工向 ChatGPT 上传可能涉及公司商业秘密的相关信息。同时,需要向员工事先明确公司商业秘密的类型和范围,必要时要求员工在使用 ChatGPT 类产品时要将提交的信息事先提交法务/合规/知识产权部门进行审查,并且明确违反该等规定需要承担的相应法律责任。

(二)内容合规风险

ChatGPT 类产品生成的信息包罗万象,但却并非都是真理。使用者还应当注意 ChatGPT 类产品生成的包含违法、违规信息的答复内容,特别是在答案可能构成违法违规信息的前提下对其进行传播的法律后果。

相关研究表明,比起"冷冰冰的搜索引擎",人类天生更容易相信从"更具人情味"的聊天机器人处获取的答案。[①] 虽然该类产品在开发前通常需要接受严格测试以减少"出错"概率,但其作用和实际效果有限。更与传统搜索引擎不同的是,聊天机器人在与用户交流的过程中并不需要向用户展示一连串的链接,且由用户自行决定信任与选择哪些信息,其自动化决策的过程和运作方式是缺乏透明度的。[②] 因此,如果用户盲目地信任 AI 自动生成的答案或产出成果并进行传播,将会十分危险。

例如,根据我国《治安管理处罚法》和《刑法》的相关规定,散布谣言,在信息网络或以其他方式谎报险情、疫情、警情等涉及公共利益情况的,将可能受到拘留、罚款等行政处罚,严重可招致刑事责任。目前,网安数据的监管部门对此也有所关注,并特别指出,"一旦 ChatGPT 被不法分子利用,将成为成本与门槛极低、效率与产出极高、可信度极强的造谣工具"。例如,网信部门认定,一则新闻制造出"杭州决定取消限

---

① 《ChatGPT 颠覆传统搜索引擎,它的回答能信几分?》,载微信公众号"Nature Portfolio":https://mp.weixin.qq.com/s/i31vEQgPsrrVMLj5VkBivw,最后访问日期:2023 年 4 月 20 日。

② Philipp Hacker, Andreas Engel, Marco Mauer, *Regulating ChatGPT and other Large Generative AI Models*, https://arxiv.org/abs/2302.02337,最后访问日期:2023 年 4 月 20 日。

行”的吸睛话题而导致许多人信以为真,但最终该新闻被证实为 ChatGPT 所写。①

针对 ChatGPT 这一特点,笔者建议使用者需谨慎对待 ChatGPT 答复内容或其他生成成果,如果需要将 ChatGPT 类产品生成的内容对外提供(尤其是公开发布)的,建议企业提前发布内容合规的指南或者手册给员工参考,对于重大的内容,还应当在对外提供/发布前由法务/合规部门进行审核,否则一旦成为违法违规信息的传播者,企业也可能为此承担法律责任。此外,企业还应注意加强员工培训、增强其风险意识,避免不必要的商誉损失。

二、境外 ChatGPT 类产品使用的合规建议

除上述提及的常规风险以外,如在我国境内使用境外部署的 ChatGPT 类产品,还会有一些额外的合规风险考量。笔者提示用户应对向其提供个人信息、敏感个人信息及重要数据等所涉及的数据出境风险、跨境联网以及购买、租用账号风险等予以关注。重点提示如下。

(一)数据出境风险

以 ChatGPT 为例,由于其服务器部署在境外,当用户在聊天界面提问时输入的信息包含公司在境内运营过程中收集和产生的数据时,企业将涉及“向境外提供”数据,或存在该等数据能够被境外机构、组织或者个人“访问或调用”的法定数据出境情形。

为此,针对每一类数据的特别规定,笔者提示以下风险点并提出相应的合规建议(见表 6-6)。

表 6-6 特殊数据使用风险及合规建议

序号	数据类型/数量	合规风险	合规建议
1	国家秘密	本地化存储,出境须经过严格审批	仅限具有严格保密义务的必要范围的员工知悉,并采取严格安全保障措施,如禁止员工在使用 ChatGPT 时输入相关数据
2	• 重要数据 CIIO 收集和产生的个人信息 • 处理人数达到网信办规定数量的个人信息	原则上本地化存储,传输至境外须经过网信办的出境安全评估	本地存储相关数据,同时禁止员工在使用 ChatGPT 时输入相关数据,相关规定纳入员工管理考核、内部风控建设体系

① 西藏网警、网信内蒙古等,《ChatGPT 如何依法合规正确使用?》,https://mp.weixin.qq.com/s/M3pc0DW2J88ZqEX-Ij5Gdw,原载于《人民邮电报》。

续表

序号	数据类型/数量	合规风险	合规建议
3	特定行业数据: • 人口健康信息 • 健康医疗大数据 • 人类遗传资源信息 • 未公开的国家基础地理信息	仅能本地化存储,不得传输至境外并存储	本地存储相关数据,同时禁止员工在使用 ChatGPT 时输入相关数据,相关规定纳入员工管理考核、内部风控建设体系
4	个人信息	(1)就个人信息出境的情况告知相关个人,并取得其单独同意; (2)出境前进行 PIA; (3)需要进行出境安全评估申报:a. 向境外提供重要数据;b. 属于 CIIO 和处理 100 万人以上个人信息的数据处理者;c. 自上年 1 月 1 日起累计向境外提供 10 万人个人信息或者 1 万人敏感个人信息	建议企业采取禁止性或限制性手段避免员工在使用 ChatGPT 时披露个人信息,以防止此类出境的情境和数量不可控
5	其他未受特别规制的数据	仍存在造成企业商业秘密外泄的风险	建议企业制定相关规则禁止或限制员工向 ChatGPT 上传可能涉及公司商业秘密的相关信息。同时,向员工事先明确公司商业秘密的类型和范围,必要时要求员工在使用 ChatGPT 类产品时要将提交的信息事先提交法务/合规/知识产权部门进行审查,并且明确以及违反该等规定规则需要承担的法律责任

(二)买卖、租用账号风险

目前,ChatGPT 并未开放中国用户使用、无法用国内手机号进行注册,这一限制也催生了一项新的"生意",即一些商家自行搭建或使用 VPN,并通过"闲鱼"等网络平台以出售和出租账号,代注册、包月访问 ChatGPT 账号等方式赚取差价。

虽然 ChatGPT 本身对是否禁止买卖、租用账号暂无规定,但上述商家以营利为目的、在未办理国家相关行政许可的前提下搭建或使用 VPN 进行注册账号并擅自经营买卖国外账号的行为,可能涉嫌非法经营。[①] 此外,根据《互联网用户公众账号信息服务管理规定》,公众账号生产运营者不得以虚假身份信息进行注册,运营者因此也可能受到行政处罚或承担刑事责任。

购买账号的使用者也将为此面临一定风险。由于已涉嫌非法经营,该等商品不仅没有售后服务保障、无法维护消费者的合法权益,而且账号本身还可能被卖家收回。如果遇到一号多售的情况,不但影响用户的使用体验,还很有可能造成个人信息和其他数据的泄露。

(三)跨境联网风险

在注册和使用阶段,用户还需将自己的国内 IP 地址切换至境外方可正常访问。如果企业通过自建信道等违规方式实现访问境外网站的,可能会因此受到处罚。即使是合规搭建的跨境联网架构,如果员工通过公司专线等向 ChatGPT 类产品传输或者获取违法、违规的信息,不仅员工个人可能会受到行政处罚或承担包括利用信息网络传播违法犯罪活动信息罪在内的刑事责任,也可能给公司带来名誉损失。

此外,如果员工在企业内网中使用自己购买的 VPN 跨境联网,由于其获取的 VPN 本身可能属于违反工信部的规定未经批准"自行建立或租用专线(含虚拟专用网络 VPN)开展跨境经营活动"的情形,员工作为使用者也可能会因此受到行政处罚(此前已有多起 VPN 使用者被处罚的案例)。此外,与购买 ChatGPT 账号的风险类似,也将面临没有售后服务保障、无法维护自身合法权益的困境,甚至在此过程中泄露个人信息,并对企业内网的可见性产生风险和威胁等。[②]

---

① 《ChatGPT 大火 广东消委会提醒:代注册账号涉嫌非法经营》,载中国经济网(生活频道):http://fashion.ce.cn/news/202303/02/t20230302_38421377.shtml,最后访问日期:2023 年 4 月 20 日。

② Luochicun:《在企业内网中使用个人 VPN 的潜在风险》,载微信公众号"嘶吼专业版":https://mp.weixin.qq.com/s/tj-AbAeyAHt-p4kWwNMSAg,最后访问日期:2023 年 4 月 20 日。

第七章

员工个人信息合规

本书第四章至第六章笔者探讨企业业务经营场景下常见的个人信息与数据合规问题，本章分析企业人力资源管理场景下的员工个人信息合规问题。

新冠疫情促使远程办公成为一种常态和习惯，企业需要越来越多地借助各类自动化人力资源管理手段，监督和确保员工工作效率，而伴随而来的是近年来国内外员工个人信息泄露事件频发；运用不合理的监控手段进行超范围、超限度地收集员工个人信息也极易引起员工不满，甚至引发舆论事件。因此，笔者作为企业外部律师顾问观察到，企业内部的员工个人信息合规问题咨询近几年来呈现出明显的上升趋势，员工信息合规管理更多地被提上企业数据合规管理日程。

员工数据与隐私合规管理不可任性妄为，仍需合法守规。本章中，笔者将从以下方面讨论员工数据合规管理体系。

第一节　员工知情同意

在《个人信息保护法》颁布实施前，有关员工个人信息处理的要求散见于《劳动合同法》等相关法律法规中，且未侧重于员工个人信息权益保护。尽管企业日益规范消费者、客户信息等“外部”个人信息的收集及使用，但可能忽视“内部”员工的个人信息管理。作为雇主，企业在招聘、录用以及日常管理员工的过程中，不可避免收集大量的应聘者和员工信息，随着《个人信息保护法》对个人信息处理活动的规范和对个人权益保护的强化，处理和使用员工个人信息成为企业数据合规工作中不容忽视的重要议题。

一、员工个人信息处理流程

员工个人信息的处理伴随着企业用工全流程，按照企业与员工之间的关系性质可分为入职前（应聘者）、入职后（员工）和离职后（离职员工）三个阶段，涵盖人员招聘、安全管理、人事服务、业务经营、系统运维、合规审计、薪资福利、劳动争议等事项。一般而言，招聘和入职是员工个人信息收集的主要阶段，而后续环节更多是对存储的个人信息进行传输、处理和使用。部分存在劳务派遣人员、实习生等人员的企业，也应比照员工个人信息加以管理，全方位防范个人信息安全风险。

根据《个人信息保护法》，在常见的员工个人信息处理场景中，姓名、年龄、性别、联系方式、地址、教育背景、工作经历等属于员工个人信息。其中，身份证号、犯罪记录、银行卡号、体检报告、社保账号、定位信息等属于敏感个人信息，照片、指纹、面部识别信息、录音录像可能构成或包含生物识别信息。此外，由于企业往往会出于背景调查、防范利益冲突、提供员工福利之目的收集员工子女、近亲属、同事等相关人员信息，因此，该等其他人员的个人信息也应纳入员工信息管理的范畴。

二、处理员工个人信息的法律基础

根据《个人信息保护法》第 13 条，企业处理员工个人信息，均需具备适当的法律基础，即取得员工的同意，或满足法律规定的同意豁免情形。在收集员工个人信息前，企业可先判断相关处理场景是否能够落入以下除同意以外的其他法律基础。

（一）为与员工订立、履行劳动合同所必需

《劳动合同法》等法律法规明确规定，用人单位有权了解员工与劳动合同直接相关的基本情况，一般包括劳动者的身份证和学历、就业状况、工作经历、职业技能、健康状况等。[①]《公司法》第 146 条明确对董监高的任职资格限制包括犯罪情况、过往任职经营状况、个人负债情况等信息。因此，企业收集员工的姓名、身份证号、学历背景、工作经历、健康状况等与劳动合同直接相关的个人信息，或按照其他法律要求收集相应信息，能够被解释为“为订立、履行与员工的劳动合同所必需”，而无须取得员工同意。根据笔者对司法案例的观察，婚姻状况、生育状况、宗教信仰等信息与劳动合同的签订和履行并无必然关联，故难以满足“必需”的要求。[②]

（二）为实施人力资源管理所必需

企业处理员工个人信息通常会考虑适用本项豁免情形，但须注意满足“按照依法制

---

① 《上海市劳动合同条例》第 8 条第 2 款规定，用人单位有权了解劳动者健康状况、知识技能和工作经历等情况。《北京市劳动合同规定》第 10 条规定，用人单位有权要求劳动者提供本人的身份证和学历、就业状况、工作经历、职业技能等证明。

② 上海市黄浦区人民法院民事判决书，(2014) 黄浦民一（民）初字第 4034 号。

定的劳动规章制度和依法签订的集体合同”这一前提条件。实践中,因签订集体合同的情形较少,企业可重点关注“劳动规章制度”这一情形。根据《劳动法》和《劳动合同法》,用人单位应当依法履行民主程序与公示程序以建立和完善规章制度,保障劳动者享有劳动权利和履行劳动义务。法律法规尚未明确何为“实施人力资源管理所必需”,对“必需”的评估取决于企业所属行业、性质、管理方式等因素,企业对相关个人信息是否必要具有幅度不一的解释空间。为避免争议,企业应确保内部规章制度中已就相关处理场景和目的作出规定,以为相关处理活动依据本项合法性基础提供充分依据。

(三)为履行法定义务所必需

作为雇主,企业负有为员工缴纳社会保险、缴存公积金、保障劳动安全和职业健康、配合执法与司法部门开展案件调查等法定义务。为履行该等义务,企业需收集并向相关政府部门提供员工个人信息,则该等情形下企业无需获得员工授权同意。

三、告知同意要求

值得注意的是,具备其他合法性基础的情形下,《个人信息保护法》仅豁免企业获取同意的义务,但未免除告知义务。因此,企业仍需按照《个人信息保护法》第 17 条规定向员工告知相关处理事项,包括处理者名称、处理目的、处理方式,处理的个人信息种类、保存期限、个人行使权利的方式和程序等。

要点提示:

除前述法律基础外,在其他个人信息处理活动中,企业仍需按照要求告知并获取同意。笔者建议企业通过劳动合同、劳动规章、员工手册、告知函、员工隐私声明、邮件等方式向员工告知个人信息处理相关事项。一般而言,通过纸质签署、电子签章、系统勾选等方式获取同意为宜,特殊情况下,如员工主动提供,也可视为其默示同意个人信息的收集使用。

第二节 员工个人信息处理场景

从招聘面试,到员工入职和管理,再到离职,企业的用工管理过程涉及应聘者/员工个人信息的收集、存储、使用、加工、传输、提供、删除等数据处理生命周期的全流程。本节笔者将梳理企业收集使用员工个人信息的全流程,并阐述员工个人信息处理过程中常见的合规问题。

一、招聘阶段

招聘阶段一般包括简历投递、员工内推、猎头招聘、招聘面试、背景调查等场景(见表7－1),注重校园招聘的集团企业往往会面向高校学生开展宣传活动。

表7－1　招聘阶段个人信息处理场景

个人信息处理场景	场景描述	涉及的个人信息主体	主要个人信息类型
简历投递	应聘者通过企业招聘渠道或第三方招聘平台投递简历	应聘者	简历
员工内推	员工通过内推渠道推送应聘者简历	应聘者	简历
猎头招聘	企业通过猎头公司获取简历、安排面试、结算服务费等	应聘者	简历、薪资信息、入职时间
校招活动	举办面向高校学生的各类活动,如开放日、夏令营等	外部人员(如师生)	姓名、电话、身份证号、所属院校
招聘面试	面试前要求应聘者填写应聘登记表	应聘者	姓名、电话、性别等基本资料;教育背景、工作经历、过往薪酬、犯罪记录等信息
背景调查	自行或通过第三方机构对特定岗位的应聘者开展背景调查	应聘者及其相关人员	姓名、电话、背调报告

二、入职阶段

入职阶段,企业通常在办理入职手续时统一收集后续实施人事管理所需要的员工个人信息,例如,办理社保、劳动就业等事项(见表7－2)。

表7－2　入职阶段个人信息处理场景

个人信息处理场景	场景描述	涉及的个人信息主体	主要个人信息类型
入职体检	要求应聘者统一参与入职体检,或提交体检报告或健康证	应聘者	姓名、性别、体检报告或结论、健康证
入职手续	提交详细个人资料和相关证明文件,签署劳动合同、员工手册等制度文件	员工(可能涉及亲属子女、紧急联系人)	姓名、电话、性别等基本资料;身份证号等身份信息;银行账号等财产信息;学历学位证书、离职证明等信息

续表

个人信息处理场景	场景描述	涉及的个人信息主体	主要个人信息类型
社保事项	新员工入职社保公积金开户、转入	员工	姓名、性别、电话、地址等基本资料;身份证号等身份信息
劳动就业事项	人才落户、人事档案管理、应届生档案接收、人才安居申请、劳动关系备案、残疾人就业申报、特殊工时申请	员工	根据主管部门针对特定事项要求获取个人信息或材料,如身份证号、薪资信息、职务信息、考勤数据等
外籍管理	外籍员工工作许可及居留许可办理	员工	姓名、性别、电话等基本资料;证件号、签证信息等身份信息;薪资信息、体检报告、无犯罪记录证明等信息
职业健康体检	针对特定岗位人员安排职业健康体检	员工	既往病史、体检报告

三、日常管理阶段

多数情况下,企业将招聘和入职阶段收集的个人信息用于员工的日常管理活动,但在特定场景中可能会收集新的个人信息(见表7-3)。

表7-3 日常管理阶段个人信息处理场景

个人信息处理场景	场景描述	涉及的个人信息主体	主要个人信息类型
考勤管理	通过各类考勤工具(如指纹、定位等)实现员工打卡管理	员工	姓名、工号、指纹信息/打卡定位信息、考勤数据
假期管理	员工申请病假、婚假、产假、育儿假等提交相关证明	员工	各类假期相应证明材料,如病假证明、结婚证、产检单、子女出生证等
员工培训	组织员工培训、考试、问卷调研、外部培训机构报名	员工	姓名、性别、电话、邮箱、工号
福利体检	统一组织年度体检,或发放体检卡	员工	姓名、性别、电话、邮箱
商业保险	为员工购买商业保险	员工(可能包括亲属子女)	姓名、生日、身份证号

续表

个人信息处理场景	场景描述	涉及的个人信息主体	主要个人信息类型
员工福利	各类节假日组织员工活动或发放礼品	员工(可能包括亲属子女)	姓名、性别、生日、电话、亲属关系、地址
薪资发放	个税申报、财政退税、社保缴纳及薪资发放	员工	姓名、电话、性别、生日等基本资料;身份证号等身份信息;银行账号、薪资、社保及个税等财产信息
员工激励	员工股权激励计划	员工	姓名、性别、地址等基本资料;身份证号等身份信息;银行账号、股东号、金融账号、股权授予信息等财产信息
差旅报销	出差预申请及出差费用报销	员工	姓名、工号、出差事由、行程安排、报销票据等
安全管理	办公场所安装监控摄像头;特定区域安装指纹、面部识别门禁;系统后台安装监控软件等	员工	指纹/人脸信息;设备使用及网页浏览记录
内部调查	针对特定事项启动调查程序	员工	视调查需要获取个人信息及资料,一般涉及工作电脑和工作手机中所包含的信息。

四、离职阶段

离职阶段通常使用或处理已有的岗位信息和员工基本资料信息(见表7－4),一般不涉及新的个人信息收集。

表7－4　离职阶段个人信息处理场景

个人信息处理场景	场景描述	涉及的个人信息主体	主要个人信息类型
离职流程	办理员工离职手续	员工	姓名、部门、职位等基本资料;离职日期、离职原因、离职签署材料等信息;员工档案
争议解决	处理企业与员工间的劳动纠纷	员工	视争议解决需要获取个人信息及资料
联谊	建立企业“校友”圈,维持与离职员工的联系	员工	姓名、部门、职位等基本资料;微信、电话等信息

第三节　典型合规问题

一、未经同意收集使用个人信息

根据《个人信息保护法》,为订立、履行个人作为一方当事人的合同所必需,或者按照依法制定的劳动规章制度和依法签订的集体合同实施人力资源管理所必需而处理个人信息无需取得同意。企业收集员工个人信息应当从“告知”和“同意”两个角度考虑,即基于企业与应聘者/员工之间的关系,考虑相关收集行为是否需要获取同意;另外,无论同意是否能被豁免,企业均负有告知相关个人收集情况的义务。

企业收集员工个人信息主要集中于招聘阶段和入职阶段,因此,企业可根据实际情况分别准备应聘者隐私政策和员工隐私政策,说明各场景中个人信息的处理目的、处理方式,处理的个人信息类型、保存期限,行使个人权利的方式和程序,个人信息的对外提供情况等,于应聘者投递简历时和员工办理入职手续时展示以全面履行告知义务。

此外,考虑法律法规尚未对属于豁免同意的情形作明确解释或说明,部分个人信息处理活动可能因难以符合“必要性”要求而无法免除同意要件。如获取同意不会过多增加企业的合规成本,企业在展示隐私政策时一并获取相关个人同意为宜。

二、过度收集个人信息

《个人信息保护法》规定收集个人信息应当限于实现处理目的的最小范围,不得过度收集个人信息。涉及敏感个人信息的,更需满足特定的目的和充分的必要性的要求。为便于员工入职后的管理,企业通常会在招聘和入职阶段要求员工填写申请表、登记表、信息收集表等表单,一次性收集大量员工个人信息。因此,企业在这一过程中收集个人信息的范围和类型往往在必要性和关联性合规要件方面存在瑕疵。

举例而言,企业要求应聘者在面试阶段填写紧急联系人的姓名和联系电话、过往工作证明人及联系电话、包括工作单位和职位在内的家庭成员详情。员工在入职流程中需提供其宗教信仰、离职原因及过往薪水、过往病史、(无)犯罪记录、体检报告,以及家庭联系人的政治面貌、民族、学历、证件号码、出生日期等信息。

上述面试阶段收集的信息与评估应聘者的岗位适配度的相关性较低,部分信息可能会在后续的背景调查或员工日常管理中使用;而入职流程中收集的部分信息则并非为员工的入职、就业所必需。因此,企业在各阶段确定个人信息的收集范围和类型时，应考虑相关场景下的实际需求，充分评估必要性，确需收集时可针对不同岗位作出区分或转移至联系更密切的场景中获取，避免仅基于日后的潜在需要而"一揽子"收集大量欠缺"必要性""关联性"的个人信息。

三、疏于对第三方的管理

企业的用工管理流程中存在与各类第三方进行个人信息交互的场景，主要可分为以下三类。

第一类，自第三方获取个人信息。例如，自第三方招聘平台和猎头机构获取简历；自背调机构获取背调结果；自人事外包供应商获取外包服务人员信息。

第二类，委托第三方处理个人信息。例如，向体检机构、商业保险机构提供员工信息；各类人事管理系统供应商可能在提供系统运维服务时接触员工信息；委托外包服务供应商办理社保公积金事务等。

第三类，向第三方共享个人信息。例如，按照法律规定、监管要求或政府指示提交员工信息；为满足客户审计需要提供员工信息；向关联方共享员工信息。

第三方管理作为员工个人信息保护的重要一环，需依据个人信息流向和第三方性质予以不同侧重的关注。从第三方获取个人信息需注重合法性审查，即要求第三方说明个人信息来源，确保来源合法；向第三方提供个人信息则应加强安全管理，在信息提供前进行必要的尽职调查，与第三方签署数据处理或传输协议并开展监督和审计。

四、超期保存个人信息

多数企业会在招聘过程中保留所有获取的简历，并在人才库中维护和使用。所有员工的纸质档案和电子档案也在员工离职后仍永久保留。但根据《个人信息保护法》，除法律、行政法规另有规定外，个人信息的保存期限应当为实现处理目的所必要的最短时间，且保存期限届满后应当予以删除。因此，企业未明确个人信息的存储期限而永久保留的做法存在合规风险。

对于应聘者的简历，由于继续留存已超出原先的招聘目的，也不符合应聘者发送简历时的预期，企业需在针对应聘者的隐私政策中说明简历可能会被继续保存于人才库中的情况，以提前获取应聘者对简历保存事项的同意。对于员工档案的留存，企业宜事先确定各类个人信息的合理存储期限，如无充分必要应避免永久保存，超过留存期限的个人信息应及时删除。如删除个人信息从技术上难以实现，则应当停止除存储和采取必要的安全保护措施之外的处理。

五、个人信息违规出境

实践中,一些外资企业使用总部统一部署的全球招聘、人事、财务、办公管理系统,而此类系统的服务器通常位于境外。此外,也有部分企业将员工信息传输至境外进行数据处理,以实现员工激励、绩效考核、内部调查等目的。上述情形均涉及员工个人信息的跨境传输问题。

根据《个人信息保护法》及相关法律法规,员工个人信息合规出境需满足以下条件:(1)通过网信部门的安全评估,或取得个人信息保护认证,或与境外接收方订立标准合同;(2)向员工告知个人信息出境相关情况并取得单独同意;(3)完成 PIA。

如企业存在员工个人信息出境情形,应首先在公司制度、隐私政策等文件中予以明确,并取得员工的单独同意。其次,统计出境的个人信息主体人数是否达到需申报数据出境安全评估的数量。如出境数据仅为员工个人信息,考虑到外资企业的通常体量,确认是否包含敏感个人信息及涉及的员工人数即可判断;但如业务经营活动也存在个人信息出境情况,则需综合统计个人信息主体数量并考虑个人信息类型,以判断是否必须进行申报。

第四节　员工行为管理

出于用工管理、商业秘密保护、安全监管、履行法定职责等目的,企业在日常运营中,往往通过制定工作纪律、行为守则、奖惩规定等对员工应当遵守的劳动义务进行规定,并可能利用考勤设备、录音设备、摄像头、定位装置、行为监控软件等对员工行为进行监督和管理。由于企业监控员工的过程中,会收集大量的员工个人信息,甚至精准位置信息、网页浏览记录、面部识别信息、通信记录等敏感个人信息,因此,必须明确界定企业监控的边界,否则易引发侵害员工隐私权以及个人信息权利的风险。本节列举企业“监控”员工的典型场景,总结企业采取相关措施管理员工的合规要点。

一、场景一:安装摄像头

出于办公场所安全管理、监督生产安全的目的,企业经常在办公区域安装摄像头。尽管此类摄像头一般不具备人脸识别功能,但摄像头拍摄记录的视频或图片仍包含员工的个人图像信息。《个人信息保护法》规定,“在公共场所安装图像采集、个人身份识别设备,应当为维护公共安全所必需,遵守国家有关规定,并设置显著的提示标识。所收集的个人图像、身份识别信息只能用于维护公共安全的目的,不得用于其他目的;取得个人单独同意的除外”。

因此,如企业部署摄像头仅为保障公共安全或监督生产过程,而非“识别个人身份”,且相关设备不具有人脸识别功能,企业在摄像头部署位置设置显著的文字或图像提示即可。对于部署摄像头监督员工工作效率的情形,考虑到此类摄像头往往清晰度更高,尽管目的具有一定合理性,但难以被解释为实施人力资源管理所必需,因此仍应事先向员工告知相关情况,并征得员工同意。

二、场景二:部署监控软件

企业通常会部署各类后台监控软件,实现终端屏幕控制、上网行为管理、聊天记录监控、搜索引擎管控等功能。出于用工管理目的,企业具有通过软硬件监督员工工作行为的合法需求,但近年来监控软件的产品功能日益纷繁复杂,部分功能可能存在侵犯员工个人隐私的风险。例如,此前某企业被曝推出一款可以监测和分析员工在公司内网的网站访问情况并得出员工是否有离职倾向的行为感知系统。

从个人隐私角度,员工在工作时间使用公司设备产生和处理的个人信息,一般不会被解释为在私密空间处理私密信息,企业构成侵害个人隐私的违法风险较低。若员工通过个人设备接入公司网络,相关信息在一定程度上可能与个人设备内的私密信息相混杂,如涉及该等私密信息,则企业可能产生侵害隐私权的风险。

从个人信息保护角度,监控软件收集的电子邮件、网页浏览记录等构成个人信息或敏感个人信息,企业应通过员工手册、设备管理制度等相关规章制度明确告知涉及的个人信息类型及目的,并可通过同意书、设备签收单等形式取得员工同意。此外,企业应当注意采集个人信息的范围,特别是涉及敏感个人信息时,应当在合法、正当、必要的范围内,并采取严格的保密措施对个人信息进行保护。

三、场景三:考勤管理

除了传统的打卡考勤方式外,越来越多的企业采用指纹识别、人脸识别和GPS定位/蓝牙等方式。尽管先进的考勤方式具有防代打卡、便捷可靠的优点,但由于涉及指纹、人脸等生物识别信息和精准定位信息等敏感个人信息,部署和使用时具有较高的个人信息合规和安全风险。

根据《个人信息保护法》,只有在具有特定的目的和充分的必要性,并采取严格保护措施的情形下,企业方可处理敏感个人信息,且需取得个人的单独同意。结合实践中存在的排队久、代打卡、办公灵活等问题,企业通过其他设备优化考勤方式具有合理性和必要性。企业在采集所需信息前告知所涉个人信息类型、目的、方式、必要性及对员工个人权益的影响,征得员工的单独同意,且对相关信息采取适当的安全保护措施,一般不会违反相关法律规定。

但值得注意的是,企业采用GPS技术对员工实施定位,即通过相关App获取员工设备的GPS权限,企业应高度重视监管App开发者第三方合规风险。如App开发者违反与企业的合作协议,在后台持续静默收集GPS信息,则可能汇聚形成员工的完整行踪轨迹。对于指纹识别、人脸识别等考勤方式,还需考虑最高人民法院《关于审理使用人脸识别技术处理个人信息相关民事案件适用法律若干问题的规定》《网络数据安全管理条例(征求意见稿)》中针对利用生物特征的特别要求,不将人脸、指纹等生物特征作为唯一的身份认证方式以强制员工同意,而宜提供除指纹、人脸设备以外的其他考勤方式(如打卡)。

要点提示:

综合上述场景,笔者建议企业:

1. 就所涉员工监督行为制定明确、清晰的内部政策,并经民主程序审议通过;

2. 在员工监控设备或系统上线前开展PIA,评估该等监督行为的正当性、必要性和安全性,使用过程中宜定期审计;

3. 就个人信息处理情况(个人信息类型、收集和使用目的、保存期限等)作出明确说明,并取得单独同意;

4. 明确相关信息保存的安全要求,采取适当的安全保护措施,如涉及可能接触或获取相关信息的第三方,应加强监督管理。

第五节　招聘中的数据合规“雷区”

在招聘环节,企业一般会收集应聘者简历、应聘申请表等材料,联系应聘者开展笔试或面试,对拟录用员工开展背景调查,要求拟录用员工提供身体状况证明等。各类应聘材料可能包含应聘者个人信息(如姓名、性别、地址、联系方式、教育经历、工作经历等)及敏感个人信息(如身份证号、体检报告等)。在简历获取和背景调查阶段,可能涉及与第三方招聘平台、猎头公司、背调机构等信息交互。此外,已有不少企业在招聘阶段部署专门的信息系统,以优化招聘流程和满足无纸化办公需求。

由于招聘阶段所涉的个人信息主体为尚未建立劳动关系的应聘者,且企业在这一阶段会收集大量个人信息,员工招聘过程中个人信息的收集、存储、使用和删除成为企业数据合规工作中不可忽视的一部分。

一、通过隐私政策履行告知义务

为初步评估应聘者资质和岗位匹配度,企业需首先获取应聘者的简历。相关简历来源主要是应聘者通过企业招聘平台(如招聘网站或微信公众号)直接投递,或由内部员工内推、第三方招聘平台和猎头公司提供;除此以外,也存在应聘者直接向HR邮箱投递简历,HR在校招现场获取纸质简历等情况。除简历外,多数企业出于应聘登记、背景调查、内部筛选便利等目的,会要求应聘者在面试前填写《应聘登记表》《岗位申请表》等表单。

按照《个人信息保护法》,一般而言,处理个人信息应取得个人的同意,但为订立、履行个人作为一方当事人的合同所必需,或者实施人力资源管理所必需的情况下无须取得个人的同意。尽管简历投递场景一定程度上可以被解释为"应聘者与企业订立劳动合同"所必需而免除同意的获取,但《个人信息保护法》仍要求企业以显著方式、清晰易懂的语言真实、准确、完整地向个人告知包括处理目的、方式、种类、保存期限、行使个人信息主体权利方式和程序等在内的相关事项。

因此,笔者建议企业专门制定适用于应聘者的隐私政策,并在相关招聘平台发布,就招聘过程中涉及的个人信息处理事项予以告知。对于源于员工内推、第三方招聘平台、猎头公司的简历,即使相关第三方已就简历来源的合法性作出承诺,但企业可能难以保证应聘者授权的事项与范围与企业后续招聘流程的一致性。例如,涉及填写《应聘登记表》等表单、相关信息系统存在数据出境等情况。此外,在应聘者自行向HR邮箱投递简历或现场获取简历的场景中,企业也未能履行充分告知的义务。基于此,对于此类非来源于企业招聘平台的应聘者,企业可在面试阶段向应聘者提供隐私政策,在不额外增加履行成本的情况下以签署该等隐私政策为宜。

二、评估收集个人信息的必要性

企业可能会在招聘阶段收集身份证号、(无)犯罪记录、违规处分记录、过往工作薪水、离职原因、家庭情况、宗教信仰等信息,获取完整的体检报告,该等信息或属于敏感个人信息,或涉及个人隐私。

根据《个人信息保护法》,只有在具有特定的目的和充分的必要性,并采取严格保护措施的情形下,个人信息处理者方可处理敏感个人信息,且处理敏感个人信息应取得个人的单独同意。企业根据自行业务经营和员工管理需要,确有相关信息收集必要性的情况下可以获取该等信息,例如,企业在少数民族聚集区开展经营活动,不同宗教信仰对其生产安排管理可能产生影响;再如,确认部分生产线员工的详细身体状况是企业保障食品安全的重要举措。此种情况下,企业一方面应按照"最小必要"原则严格限定该等信息收集的适用人群范围,并可通过调整信息获取方式限定信息的范围。例如,企业宜通过"是/否"的问答方式,而非开放性的问题填写形式。另一方面,部分个人信息可能仍难以落入"订立合同所必需"的范围,则应按照《个人信息保护法》要求,取得应聘者的单独同意。

由于《个人信息保护法》规定收集个人信息应当限于实现处理目的的最小范围,不得过度收集个人信息。即使相关信息不属于敏感个人信息或个人隐私,企业在收集前仍应评估个人信息收集的必要性。例如,部分企业在设计《应聘登记表》等表单时出于员工入职后的管理需要,增加了个人信息收集内容,通过招聘阶段一次性收集以减少后续再收集的烦琐,可能包括应聘者的紧急联系人信息、详细的家庭成员信息,但该等信息在招聘阶段尚非必要。针对此类情况,企业应在招聘阶段取消相关信息的收集,如确需使用该等信息,可调整至后续满足相关性合规要件的环节收集。

三、避免超期保存个人信息

实践中,多数企业在招聘结束后不会删除或销毁应聘者简历,而将未录用人员简历永久留存于人才库内。《个人信息保护法》规定,个人信息的保存期限应当为实现处理目的所必要的最短时间。当保存期限已届满,处理目的已实现、无法实现或为实现处理目的不再必要时,企业应当主动或者根据个人的请求删除个人信息。

对于未录用人员而言,留存其简历已超出本次招聘的目的,也可能超出应聘者发送简历时的预期。未录用人员的简历理论上已无继续处理的必要,企业应及时删除。但如企业确有利用应聘者简历建立人才库的需要,企业应事先告知应聘者并取得授权同意。例如,在隐私政策或招聘启事中注明未被录用的情况下,简历可能会被继续保存于人才库中的情况,以提前获取应聘者对简历保存事项的同意。企业也可考虑向未录用人员的联系邮箱或手机发送通知,告知其简历留存的目的和期限,取得未录用人员的回复和确认。

四、加强第三方合规监管

员工招聘环节一般会涉及自第三方获取个人信息和委托第三方处理个人信息的情形,存在个人信息交互的第三方包括招聘平台、猎头公司、背景调查机构、体检机构、招聘信息系统服务商等。如同其他个人信息处理活动中的第三方管理要求,企业自第三方获取个人信息应注重合法性审查,将个人信息提供给供应商处理则应关注安全管理。

因此,如企业自第三方招聘平台、猎头公司、背景调查机构、体检机构获取相关个人信息或报告(如简历、背调报告、体检报告),应对其个人信息来源的合法性进行确认，要求第三方遵循合法、正当、必要和诚信原则，避免存在误导、欺诈、胁迫等方式收集个人信息的情况。对于第三方未能取得授权的部分，应重新获取相关个人的授权同意。

针对就企业提供的个人信息作进一步处理或使用的第三方，企业应首先对其安全能力和合规情况进行评估，必要时需通过技术手段进行安全检测，尤其是确认相关技术实现方式的合法合规性。其次，通过签署数据处理协议，明确第三方在数据处理中的角色地位，约定委托处理的目的、期限、处理方式、数据类型、保护措施及双方权利和义务等。在第三方提供服务的过程中还应加强监督管理，必要时开展安全审计。

第六节　人力资源无纸化管理的合规要点

自动化、智能化的经营管理系统给 HR 管理活动带来极大便利。企业的用工管理、岗位发布、人员招聘、入职流程岗位调整、工作打卡、薪酬制度、离职管理等均可利用人力资源管理系统（Human Resource Management System，HRM 系统）运行。无纸化管理系统一方面可以使得企业日常事务性的人事工作通过管理软件得以快速高效的完成，降低人力资源管理成本；另一方面，通过 HRM 系统及时收集、整理、分析大量的人力资源管理数据，为企业的管理策略制定和实施提供了强有力的支持。这样的无纸化管理系统在带来诸多便利的同时，也可能引发个人信息合规风险，企业需注意员工个人信息与隐私保护方面的问题。

一、招聘、入职等收集环节的知情同意流程

《个人信息保护法》对个人信息处理者处理个人信息提出了“合法、正当、必要、诚信与目的限制”等原则性要求，且要求个人信息处理者处理个人信息必须具备相应的合法性基础，例如，获得个人信息主体同意或者具有豁免个人同意的法定理由等。由于 HR 管理贯穿招聘前至离职后这一员工从业前后的整个过程，过程中涉及求职者、员工的各类不同敏感程度的个人信息。随着自动化工具和信息系统的发展与完善，整个过程中均可能通过无纸化管理系统收集和处理个人信息。因此，企业应当注意，在不同的 HR 管理阶段，个人信息处理的合法性基础可能不同。

企业处理员工个人信息的合法性基础通常包括：（1）取得个人信息主体同意；或（2）符合“按照依法制定的劳动规章制度和依法签订的集体合同实施人力资源管理所必需”。针对第 2 种合法性基础而言，由于涉及“劳动规章”与“集体合同”，该基础仅适用于企业员工，且收集、使用员工个人信息的情况仍应被写在规章制度中或以员工

隐私政策的方式进行公示。

HR管理过程中,还存在大量处理员工个人信息的特殊场景,使企业无法具备第(2)种合法性基础,即企业必须获得个人主体同意/单独同意后才可处理相关个人信息。(见表7-5)

表7-5 HR管理场景及同意获取方式

HR管理场景	获取同意的方式
企业部署数据防泄露系统("DLP系统"),并拟通过无纸化系统收集和存储员工在手机和电脑等设备中的操作行为。	通常情况下,企业可以基于HR管理的目的(如维护网络数据安全、抵御病毒攻击等)部署DLP系统,但部署DLP系统前,企业的劳动规章制度中往往未涵盖DLP系统相关内容,因此企业通常并不具备第2种合法性基础。企业应当在部署DLP系统前,通过系统弹窗、纸质通知等方式对DLP系统部署目的以及收集个人信息的具体情况向员工进行告知,并通过签名、邮件回复、点击操作等方式获取员工同意或单独同意
企业制订用工计划、接收和筛选简历以及面试过程中,拟利用无纸化管理系统收集应聘者的基本信息,并要求应聘者在系统中出示、填写个人身份证件、对面试过程进行录制。	应聘者尚未成为企业员工,通常无法适用第2种合法性基础。企业应当根据收集个人信息的情况以邮件、系统弹窗或页面提醒等方式向应聘人员进行告知,并通过邮件回复、系统勾选同意等方式获取应聘者的个人同意或单独同意
企业进行日常考核管理,拟通过无纸化系统收集和存储员工人脸识别信息、指纹信息等生物识别信息,用于员工打卡、考核和门禁系统。	由于使用指纹、人脸等生物识别信息并非企业进行员工考核的唯一方式,因此很可能超出"实施人力资源管理所必需"的范畴,企业应当在收集前述生物识别信息前通过无纸化系统对个人生物识别信息的收集的情况进行告知,并获取员工的单独同意

二、个人信息处理和传输

由于企业在处理员工个人信息的过程中,可能将所有员工个人信息存储在系统中,其中又很可能包括员工身份证号码、健康状况、银行账号等敏感个人信息。因此,除了应当具备收集个人信息的合法性基础外,还应当注意将企业的个人信息分级分类制度、个人信息保护制度有效嵌入至无纸化管理系统。

具体而言,在使用无纸化管理系统前,应当根据企业对个人信息的分类分级管理要求,在无纸化管理系统中针对不同类型的个人信息设置不同的保密机制,对于敏感个人信息,应当采取加密等安全措施进行存储和传输,且个人生物识别信息应与个人身份信息分开存储。此外,HR如需在无纸化管理系统中访问、操作个人信息,则企业应当合理匹配访问和处理相应个人信息的人员和人员权限,并按照业务流程的需求设置相关的操作授权。例如,专门负责招聘的 HR 在不具备法定理由的情况下不应当访问在职员工的个人信息;专门负责薪酬统筹计划的 HR 在不具备法定理由的情况下不应当访问离职人员的个人信息等。

三、个人信息出境

企业在使用无纸化管理系统的过程中,可能涉及员工个人信息跨境传输的问题。实践中,很多企业采用境外供应商提供的无纸化管理系统处理员工个人信息;基于统一管理的需要,某些跨国企业还可能将所有境内外员工个人信息存储在同一服务器,或者允许境外管理人员访问境内员工的个人信息。

如果企业使用境外供应商提供的无纸化管理系统,则应当向员工如实告知个人信息跨境传输的情况并可能需要获得单独同意。同时,应当明确境外供应商是否有权访问系统中的员工个人信息,如境外供应商可访问系统中的个人信息,则企业还应根据系统中个人信息的数量判断是否需要申报数据出境安全评估或是否涉及网络安全审查。

如果在使用无纸化管理系统的过程中,境外关联企业需要访问或者管理境内员工的个人信息,则企业应当严格限制境外访问的条件,并将境外访问的情况向员工进行告知。同时,企业还应当在跨境传输个人信息的过程中采取保密措施,确保跨境传输个人信息的安全性,并根据境外人员访问的个人信息的数量和类型判断是否需要申报数据出境安全评估。

四、个人信息删除

根据《个人信息保护法》的规定,个人信息的保存期限应当为实现处理目的所必要的最短时间。在个人信息处理目的已经实现的情况下,个人信息处理者通常不具备个人信息处理合法性基础,该等情况下,无纸化管理系统应当能够及时删除和匿名化已收集的个人信息。

如果应聘者最终没有被企业录用,除非企业明确告知留存个人信息的理由并经个人同意,如相关个人信息将作为后备人才备选信息等,则企业应当及时将应聘者的个人信息进行删除或匿名化处理。如果员工已经离职,则企业亦不具备继续存储或处理该员工个人信息的合法性基础,同样应当删除或匿名化存储在无纸化管理系统中的离职员工个人信息。需要注意的是,在判断员工个人信息存储期限时,企业还需要考虑内部档案保存制度,对构成企业档案重要资料的数据信息予以留存,并最终确认相应员工个人信息的保存期限。

五、个人信息影响评估

在企业首次使用无纸化系统,或者无纸化系统涉及敏感个人信息处理、个人信息委托处理、个人信息对外提供、个人信息出境、个人信息自动化决策等情况的,企业应当就个人信息的处理情况进行 PIA。PIA 的内容应当至少包括:(1)系统收集处理的员工个人信息的数量、范围、类型以及敏感程度;(2)员工个人信息的处理目的、处理方式等是否合法、正当、必要;(3)利用无纸化管理系统处理个人信息对员工个人权益的影响及安全风险;(4)使用无纸化管理系统时所采取的保护措施是否合法、有效并与风险程度相适应。

六、结语

收集、使用员工个人信息亦应遵循一般个人信息处理合规方面的规定。就基础法律法规适用的角度而言,除了有专门的人力资源管理豁免同意的情形外,其余事项并无直接区别。由于企业与员工之间有管理与被管理的关系,相较于处理消费者个人信息而言,企业落实员工个人信息合规措施通常会更为高效、阻力更小,员工的配合意愿更高。

尽管如此,在实施各项便捷化人力资源管理措施的过程中,企业仍应注意审慎考虑收集员工个人信息的范围,确保合法正当、在最小必要限度内处理个人信息。正如笔者反复强调,员工个人信息合规是营造良好用工环境、打造企业合规文化的重要一环。在数据合规体系建设的过程中,首先保障员工的合法权益和个体体验,有助于员工在业务过程中将这种数据合规意识外化并一以贯之。

第八章

技术是天使还是魔鬼

第一节　去标识化、匿名化如何帮助企业合规

一、背景

我国《个人信息保护法》对于个人信息的处理提出了严格的要求，针对个人信息的收集、使用和共享等方面都进行了明确规定。这些规定旨在保护个人权益，防止个人信息被滥用或泄露。与此同时，这些严格的法律规定也对数据的创新应用提出了挑战。正如“大数据之父”舍恩伯格所说，“大数据的价值不再单纯源于它的基本用途，而更多源于它的二次利用”。[①] 企业在收集用户个人信息之后，通常希望对其进行进一步处理（如用于分析用户偏好等），而若需严格遵循“知情同意”原则，在每一次“进一步处理”之前告知用户处理事项并征得同意，必将增加数据分析的时间和金钱成本。为解决这一难题，企业或可“另辟蹊径”，考虑应用匿名化、去标识化技术。

二、匿名化与数据合规

（一）匿名化简介

为了“平衡个人信息权益与经济效率，促进个人信息合理利用”，立法者引入了个人信息的匿名化规则——《个人信息保护法》仅适用于“处理自然人个人信息”的活动[②]，而对“个人信息”的定义是“以电子或者其他方式记录的与已识别或者可识别的自然人有关的各种信息，不包括匿名化处理后的信息”。[③] 因此，《个人信息保护法》

---

① ［英］维克托·迈尔－舍恩伯格、［英］肯尼思·库克耶：《大数据时代：生活、工作与思维的大变革》，周涛译，浙江人民出版社2013年版，第197页。

② 《个人信息保护法》第3条。

③ 《个人信息保护法》第4条。

不适用于匿名化数据,即“个人信息经过处理无法识别特定自然人且不能复原”①的数据。换言之,企业若能有效实施匿名化,则可以将匿名化数据用于原本可能不被允许的用途,或者在无需征得同意的情形下进行共享或传播。

(二)法律挑战

尽管法律和技术研究对如何界定信息的“可识别性”②以及如何有效地将数据匿名化做出了很大的努力,但如何有效地评估匿名化效果仍然未有定论。在实际应用中,很难准确地区分匿名化数据和个人信息,因为两者之间的界限并不明确。可识别性通常并不是全有或全无的概念:如果将典型个人信息(如身份证号)的可识别性视为“1”,完全匿名化的数据的可识别性视为“0”,那么可能大部分数据的可识别性将处于“0-1”的中间地带。例如,个人的生日、性别、所在城市等信息可能无法单独识别特定个人,但当它们结合在一起时就有可能辨认出个人身份。

其结果是,对于试图匿名化个人信息的企业来说,面临大量的法律不确定性。为了避免产生违法处理个人信息的风险,企业在实施匿名化时,需要尽可能彻底地去除数据中可能包含的个人信息。然而,匿名化的效果与数据效用之间成反比关系——数据越是匿名,相应的数据效用也就越低。③ 这是因为,匿名化是通过去除或者更改原始数据实现的,这一技术原理导致经过匿名化处理后的数据可能难以被有效地分析和利用。因此,企业需要在匿名化效果与数据效用之间进行权衡,严格地应用匿名化固然可以最小化企业的个人信息合规义务,但可能无法满足业务部门的实际需求。

三、去标识化与企业合规

(一)去标识化简介

匿名化并不是企业唯一可用的数据合规工具。《个人信息保护法》还提出了一个与匿名化相关的概念——去标识化,即“个人信息经过处理,使其在不借助额外信息的情况下无法识别特定自然人的过程”。④

与匿名化不同的是,去标识化仅仅降低了原始数据与个人身份之间的可链接性,但并没有达到“不可复原”的程度,这意味着去标识化数据有可能在日后重新与个人

① 《个人信息保护法》第73条第1款第4项。

② 即这些信息能否被用于识别某个特定的个人。

③ Machanavajjhala, J. Gehrke. L-diversity: Privacy beyond k-anonymity. ACM Transactions on Knowledge Discovery from Data, 2007, Vol. 1, ACM Digifal Library, https://dl.acm.org/doi/10.1145/1217299.1217302.

④ 《个人信息保护法》第73条第1款第3项。

产生关联。因此，在法律意义上，去标识化数据并不是一个独立的数据类型，去标识化数据仍然属于个人信息。

（二）去标识化的合规价值

在收集个人信息之后，通过应用去标识化技术，企业可以减轻个人信息处理方面的合规义务。

1. 减轻"同意"义务

国标《信息安全技术　个人信息安全规范》（GB/T 35273－2020）规定，在特定情形下，处理者可以通过对个人信息进行去标识化处理，豁免征得个人授权同意的义务。包括：

（1）个人信息处理者为学术研究机构，出于公共利益开展统计或学术研究所必要，且其对外提供学术研究或描述的结果时，对结果中所包含的个人信息进行去标识化处理的。①

（2）共享、转让经去标识化处理的个人信息，且确保数据接收方无法重新识别或者关联个人信息主体的。②

可以看出，在一定程度上，去标识化可以帮助企业减轻"同意"义务。但需要注意的是，由于《个人信息保护法》对于共享、转让个人信息提出了"单独同意"的新要求，其与《信息安全技术　个人信息安全规范》（GB/T 35273－2020）在实践中应当如何适用仍然有待观察。

2. 符合"目的限制"原则

根据个人信息处理的"目的限制"原则，企业在使用个人信息时，不应超出与收集个人信息时所声称的目的具有直接或合理关联的范围。因业务需要，确需超出上述范围使用个人信息的，应再次征得个人信息主体明示同意。③

参照 GDPR，在判断后续进一步处理的目的是否与原始目的兼容/一致时，一个需要考虑的重要因素是否采取了适当保障措施，如加密或假名化措施等。④ 其中，假名化与中国法中的去标识化概念基本一致，指"对个人信息的技术处理，使其在不结合额外信息的情况下，无法识别特定信息主体"。因此，实施适当的去标识化处理可帮助企业满足"目的限制"原则，将进一步处理的目的保持在与原始处理具有合理关联

① 《信息安全技术　个人信息安全规范》（GB/T 35273－2020）5.6"征得授权同意的例外"。
② 《信息安全技术　个人信息安全规范》（GB/T 35273－2020）9.2"个人信息共享、转让"。
③ 《信息安全技术　个人信息安全规范》（GB/T 35273－2020）7.3"个人信息使用的目的限制"。
④ GDPR 第 6 条。

的范围。

3. 保护个人信息安全

根据《个人信息保护法》,企业应当采取适当的安全保护措施,防止未经授权的访问以及个人信息泄露、篡改、丢失。[①] 去标识化技术属于上述安全保护措施的一种,它通过降低数据集中信息和个人信息主体关联程度,可以有效地减少个人信息安全风险。

举例而言,假设企业想要分析消费者数据以改进产品和服务。为了保护消费者的个人信息,企业可以使用去标识化技术将消费者的用户标识符(用于标识用户的数据字段,如姓名和手机号)从数据集中删除或替换,只保留与消费行为相关的信息(如购买商品的品类和频次)。如此,即使数据发生泄露,攻击者也很难将去标识化数据与特定的个人联系起来,从而降低了个人信息安全风险。

此外,去标识化技术也有助于防止个人信息的非授权使用。例如,在涉及通过界面展示个人信息的(如电脑显示屏幕、纸面),企业可以对需展示的个人信息采取去标识化处理措施(如将消费者手机号中间四位标注为 *),从而防止非授权人员获取个人信息,降低个人信息在展示环节的泄露风险。

四、企业去标识化的最佳实践

(一)明确去标识化的对象

现有的去标识化技术主要适用于微数据(结构化的数据集),而对于非结构化的数据(如图片、视频等),尚未有相对成熟泛用的去标识化技术。数据集中可以识别个人身份的数据被称为“标识符”(进一步可分为直接标识符和准标识符),去标识化的基本步骤便是根据企业的实际业务需要,确定需要对哪些标识符进行删除变化。参照《信息安全技术　个人信息去标识化指南》(GB/T 37964 - 2019),常见的标识符示例如表 8 - 1 所示。

表 8 - 1　常见标识符

术语	定义	常见示例
直接标识符	在特定环境(个人信息使用的具体场景)下可以单独识别个人的数据属性。	姓名、身份号码、护照号、驾照号、地址、电子邮件地址、电话号码、传真号码、银行卡号码、车辆号码、车辆识别号码、社会保险号码、健康卡号码、病历号码、设备标识符、生物识别码、互联网协议(IP)地址号、网络通用资源定位符(URL)等

① 《个人信息保护法》第 51 条。

续表

术语	定义	常见示例
准标识符	无法单独识别个人但结合其他数据属性可唯一识别个人的数据属性。	性别、出生日期或年龄、事件日期（例如入院、手术、出院、访问）、地点（例如邮政编码、建筑名称、地区）、族裔血统、出生国、语言、原住民身份、可见的少数民族地位、职业、婚姻状况、受教育水平、上学年限、犯罪历史、总收入和宗教信仰等

（二）建立去标识化的目标

与匿名化处理相似，在对个人信息进行去标识化处理时，企业将面临去标识化效果与数据效用的权衡：加强去标识化效果需要更多地删除或变更标识符，相应的数据效用会随之越低。在极端情况下，去标识化可能会导致数据变得无用或产生误导。为此，企业需要建立适当的去标识化目标，确定最低可接受的重识别风险阈值以及数据有用性的最低要求。

重识别 Re – Identification

又称“重标识”，指将去标识化数据重新关联到原始个人信息主体的过程。①

去标识化数据在不借助额外信息的情况下，无法识别特定自然人的过程。但去标识化数据可能会与外部的“辅助信息”相结合，以关联到有关个人，从而发生重识别。辅助信息包括公共数据集或其他企业的客户数据库等。

建立去标识化目标的过程中，企业需要考虑的因素包括以下几个方面：

第一，数据用途，根据数据去标识化后的用途，确定数据有用性的最低要求。例如，如果去标识化数据用于群体分析，则可以选择删除数据集中的直接标识符；反之，如果仍然希望保留去标识化数据的个体区分度，则可以使用假名、加密等技术替换原始的直接标识符。

第二，数据使用场景，去标识化数据是企业内部使用还是对外共享，或者公开发布等。

第三，数据的敏感程度，即数据集中是否包含敏感个人信息。

第四，可供采用的去标识化模型和技术等。

---

① 《信息安全技术　个人信息去标识化指南》（GB/T 37964 – 2019）3.9 “重标识”。

(三)持续监控去标识化效果

个人信息在去标识化之后,企业应当定期对去标识化数据进行重识别风险评估,并与预期可接受风险阈值进行比较,以保障个人信息安全。

常见的重识别风险评估方法包括"蓄意侵入者"测试,蓄意侵入者指一个不具有任何专业知识(如计算机黑客技能,或有权使用专业设备,或通过犯罪行为,如盗窃),但可以获取公开资源(如网络或图书馆资源)并具有动机进行重识别的一般个人。[①]通过模拟这样的渗透测试,企业可以评估未经授权的人员是否有可能重新识别去标识化数据,并量化计算具体的风险概率。

根据《个人信息去标识化效果分级评估指南》,基于重标识风险从高到低,个人信息标识度分级可划分为4级(见图8-1)。

重标识风险增大(↓)

4级	聚合数据
3级	重标识风险可接受数据
2级	消除直接标识符的数据
1级	能直接识别主体的数据

图8-1 个人信息标识度分级

1级数据:是指包含直接标识符的数据,在特定环境下能直接识别个人信息主体。

2级数据:是指删除了直接标识符,但包含准标识符的数据,并且重标识风险高于或等于可接受风险阈值的数据。

3级数据:是指消除了直接标识符,但包含准标识符的数据,并且重标识风险高的数据。

4级数据:不包含任何标识符的数据。例如,对数据进行汇总分析得出的聚合数据(总计数、最大值、最小值、平均值等)。

(四)采取相应的管理措施

为了最大限度地减少个人信息在去标识化后被重新识别的风险,企业在实施去标识化时,不仅需要关注技术方面的处理,还应当采取相应的管理措施去控制去标识化数据的使用。特别是在与第三方共享去标识化数据的情况下,不同来源数据的汇

---

① Information Commissioner's Office, *Anonymization: Managing Data Protection Risk Code of Practice*, 2012, p.22-23, https://ico.org.uk/media/1061/anonymisation-code.pdf,最后访问日期:2023年9月4日。

聚融合会显著增加重新识别的风险。为此，企业可以考虑选用以下管理措施：

- 限定可访问去标识化数据的人员范围，仅允许授权人员在“需要知道”（need to know）的基础上访问和使用数据；
- 将可用于恢复识别个人的信息与标识化数据分开存储，使得有权访问去识别化数据（用于数据分析）的人员也无法访问原始数据；
- 只允许在受控环境（如本地部署的主机）中访问去标识化数据；
- 仅共享实现预期目的所必需的去标识化数据；
- 在项目完成后要求合作方销毁或归还去标识化数据；
- 通过协议来限制去标识化数据的使用和披露，包括禁止任何重新识别的尝试、明确双方的权利和义务等；
- 定期进行内部和外部审计，及时发现并整改不合规的行为。

五、结语

去标识化是一种有价值的个人信息保护措施，企业通过去标识化措施可以降低个人信息安全风险、履行个人信息合规义务。但需要注意的是，去标识化并不等于匿名化，去标识化后的数据仍然属于个人信息，即使大部分个人身份信息已被从数据集中去除，也仍然可能结合其他辅助信息重新识别到个人。

因此，一方面，企业应当根据可接受的重识别风险及数据效用水平，实施适当的去标识化技术；另一方面，在使用去标识化数据时，企业仍然需要遵守个人信息保护的相关法律法规，并采取相应的管理措施进一步降低重识别风险。

第二节　使用“爬虫”技术合法吗

“网络爬虫”又称为“网页蜘蛛”（Spider），是一段自动执行的程序。向其提示统一资源定位（URL）之后，能从相应网页（也可以包括该网页上超链接指向的网页）自动下载信息。很多企业在数据收集阶段，或多或少需要借助“爬虫”技术。“爬虫”技术是否合法？它究竟是大数据行业的宠儿，还是乱局者？本节将从“爬虫”技术的应用场景出发，结合中外有关“爬虫”技术的司法实践，探讨“爬虫”技术的合法性边界。

一、“爬虫”技术及其商业应用

“爬虫”技术几乎伴随着互联网行业共同发展。“网络爬虫”的信息检索功能极大提高了在浩如烟海的网络中检索、收集信息的效率，因而被产业界广泛应用。

现实中,传统企业、互联网巨头和政府机关收集和存储了大量的数据,但其对于数据的利用效率往往不高,或者说对于数据的开发仍然没有达到最佳效率。知名咨询公司 Forrester 副总裁兼首席分析师麦克·格列蒂里(Mike Gualieri)曾表示:“企业的多数数据处于休眠状态。平均而言,公司有 60% ~73% 的数据未用于任何分析。”①大量的“数据孤岛”且企业缺乏与数据量相匹配的分析能力是造成以上局面的主要原因。对于数据公司而言,使用“爬虫”技术和类似的自动搜索访问工具,可以打破“数据孤岛”,使数据资源自由能够流通,从而充分利用该等没有充分发挥效能的数据,带来巨大的经济价值和社会效益。

但是,“爬虫”技术的使用也饱受争议。对于已拥有大量数据的公司而言,虽然其可能没有充分利用该等数据,但也往往将这些数据视为其私产,拒绝第三方通过“爬虫”技术获取其收集的信息。这些公司担心“爬虫”技术可能造成以下危害:

- “爬虫”技术与 DDoS 攻击具有直接相关性,对网络安全形成巨大的威胁;
- 被“爬”网站采取的“反爬”措施降低了消费者的体验,进而降低了消费者的福利剩余;
- “爬虫”技术使得数据/信息的流通不受控制,使得“搭便车”行为更加便利,侵害了潜在权利人的正当利益;
- “爬虫”技术导致用户的个人信息和隐私受到极大威胁。

出于上述担心,科技公司还采取一系列以“反爬”为目的的技术手段,以保护其拥有的数据的安全性。常见的“反爬”措施包括公示 Robots 协议、采取 IP 限制措施、采取 User Agent 鉴别机制、采取其他措施限制访问(如验证码、数据伪装、参数签名、隐藏验证和阻止调试等)。当然,与人类可通过肉眼捕捉公开网站上的信息类似,只要是能够通过公开网页访问的信息,在技术层面,“爬虫”即可绕过各种反制手段直接获取信息。

除了通过技术手段设置相应的门槛,互联网巨头也正积极寻求司法保护。从全球整体的司法历程来看,已有的司法判决主要关注两方面的问题:一是规范“爬虫”技术的使用规则;二是对“爬虫”获取对象的数据权益进行确权。对此,虽然在立法层面上尚无定论,但在具体案件中,各国司法实践已有了初步回应。

二、美国法律下的“爬虫”规制

美国法院很早就开始审理与爬虫获取数据有关案件。早期的法院判决,大体上

① Mike Gualtieri, *Hadoop is Data' s Darling for a Reason*, Forrester(Jan. 21, 2016), https://www.forrester.com/blogs/hadoop-is-datas-darling-for-a-reason/.

围绕着普通法的"trespass"(非法侵入)以及《计算机欺诈与滥用法》(1986 年)(Computer Fraud and Abuse Act of 1986,CFAA)的适用展开,探究使用"爬虫"技术进入他人计算机系统获取数据,并在不影响他人正常使用的情况下的合法性问题。

在 eBay Inc. vs. Bidder Edge Inc. 案件①中,法院禁止了 Bidder Edge Inc. 通过技术手段获取 eBay Inc. 数据的禁令,法院认为,Bidder Edge Inc. 获取 eBay Inc. 的数据虽然没有在现实中损害 eBay Inc. 的权利,但是,如果允许它未经 eBay Inc. 许可获取 eBay Inc. 数据,必将引起其他公司效仿。因此,这样的行为可能给 eBay Inc. 带来损害。在 Oyster Software Inc. vs. Forms Processing Inc. 案件②中,法院更进一步指出:无须证明损害,一旦第三方未经许可进入他人计算机空间,就属于侵权。但是,在随后的 Ticket Master vs. Ticket. com 一案中,③法院有了不同的看法。在该案中,纵然 TicketMaster 表明其收集、整理购票信息花费了大量的精力,因此该等信息是有价值的,但法院仍然认为 Ticket. com 通过技术手段获取该些信息,没有损害 TicketMaster 的利益,因此不构成侵权。

2017 年的 hiQ Labs, Inc. v. LinkedIn Corp. 一案④则对爬取数据的边界作出了较为完整的论述。在本案中,加州北区联邦法院在论述 hiQ 的抓取行为是否属于"未经授权"或"超出授权"行为时,将判决的核心重新调整到了"信息"的公开性上。法院认为,"爬虫"获取公开的信息并不构成 CFAA 意义上的"未经授权"或"超出授权"行为,因为公开信息不同于 CFAA 法条中阐明的"information from any protected computer",其缺少相应的保护措施,所以不属于 CFAA 禁止的行为。

经考量,加州北区联邦法院认为:(1)权衡利益损害,hiQ 有可能承受难以弥补的损失;(2)hiQ 初步证明了 LinkedIn 可能将其在职场社交领域的竞争优势"传导"到了职场分析数据领域,存在严重违反加州不正当竞争法(California' s Unfair Competition Law)的可能性,同时,hiQ 也初步证明 Linkedln 有违反 CFAA 的可能性;(3)本案关系到公共利益。据此,加州北区联邦法院支持了 hiQ 的诉前禁令请求。

虽然 2021 年 1 月美国最高法院要求加州北区联邦法院"重新考虑"该案,但该案对于确定"爬虫"技术使用的合法边界仍然重要的参考意义,即如果"爬虫"抓取的是

---

① eBay v. Bidder' s Edge, 100 F. Supp. 2d 1058(N. D. Cal. 2000), casetext, https://casetext. com/case/ebay - v - bidelers - edge,最后访问日期:2023 年 9 月 4 日。

② Oyster Software, Inc. v. Forms Processing, Inc. , et al. C - 00 - 1724(N. D. Cal. 2001), casetext, https://casetext. com/case/oyster - software - inc - v - forms - processing,最后访问日期:2023 年 9 月 4 日。

③ Ticketmaster Corp. v. Tickets. com, Inc. , CV 99 - 7654 HLH(BQRx), casetext, https://casetext. com/case/ticketmaster - corp - v - ticketscom - inc - 2?,最后访问日期:2023 年 9 月 4 日。

④ hiQ Labs, Inc. v. LinkedIn Corp. , 938 F. 3d 985(9th Cir. 2019), casetext, https://casetext. com/case/hiq - labs - inc - v - linkedin - corp - 2?,最后访问日期:2023 年 9 月 4 日。

公开信息,为了保证特定数字服务市场的竞争性,最终是为了消费者福利的总体增长,美国的司法机构们更愿意考虑接受使用"爬虫"技术的合法性。相反,如果爬取的信息具有私有属性,则使用"爬虫"技术的合法性将会受到挑战。

三、我国司法实践

从政策角度观察,一方面,出于鼓励大数据产业发展和打破"数据孤岛"考虑,我国鼓励数据的流通,因此,"爬虫"技术的使用存在积极价值;另一方面,纵容"爬虫"技术的滥用容易滋生正当的"搭便车"现象。因此,我国法院在司法判决中往往以技术中立为原则,不否定"爬虫"技术的合法性,但就其具体使用,则严格限定边界和条件。

从现有相关法院判决来看,我国法院倾向于认为"爬虫"技术本身并不违法,并且认定旨在规范"爬虫"规则的 Robots 协议也不具有强制性的约束力。在百度与奇虎 360 的"奇虎违反 Robots 协议抓取数据"系列案件①中,北京一中院和北京高院均认为设置 Robots 协议并不代表第三方因此不得利用"爬虫"技术抓取其数据,尤其是考虑到 Robots 协议是在 20 世纪 90 年的网络资源缺乏的背景下制定的,而现在的技术条件与当时不可同日而语。因此,法院认为除非存在非常有限的例外情况,违反当事人设置的 Robots 协议约定,利用"爬虫"技术抓取数据并不违法。

但是,在另一系列案件中,法院认为,如果使用"爬虫"技术获取数据的结果为复制、传播和展示了他人受著作权保护的作品,或者构成不正当竞争,那么,虽然"爬虫"技术本身并不违法,但是,该种"爬虫"的使用方式则会构成侵权行为。"大众点评诉爱帮网"系列案件②最全面地阐释了这一观点。在该系列案件中,"大众点评"曾分别以"著作权"和"不正当竞争"为由,起诉"爱帮网"未经授权抓取数据的行为,并获得法院认可。尤为值得注意的是"大众点评"以"反正当竞争"为案由起诉的案件。法院认为"大众点评"虽然不拥有点评和介绍信息的著作权,但是"爱帮网"获取该些信息用于公开展示,利用了"大众点评"的劳动成果,对"大众点评"构成不正当竞争。此案的判决具有里程碑意义,在之后的"微博诉脉脉"案、"车来了诉酷米乐"案、"淘宝诉美景"案、"腾讯诉头条"案中,数据拥有者均以"不正当竞争"为由起诉被告方违法使用或者抓取"大数据资源"的行为,并获得法院支持。

在这些案件中,法院虽然没有从正面肯定"大数据资源"的财产属性,但尝试以"无形财产权益"、"集合性民事权益"、"竞争优势"、"竞争性财产权益"等用语界定大

---

① 北京市第一中级人民法院民事判决书,(2012)一中民初字第 5718 号。

② 北京市第一中级人民法院民事判决书,(2009)一中民终字第 5031 号;北京市海淀区人民法院民事判决书,(2010)海民初字第 4253 号;北京市第一中级人民法院民事判决书(2011)一中民终字第 7512 号。

数据在竞争法意义上的法律地位。这种裁判规则背后的规制逻辑是，商业主体利用“爬虫”技术获取第三方数据，且与原数据收集者形成竞争关系的，该情形下的“爬虫”技术使用行为可能构成不正当竞争。

四、刑事风险

如果在“爬虫”抓取数据过程中存在其他的违法行为，或者造成法律禁止的严重后果的，该等“爬虫”使用行为非常可能产生刑事责任。相关刑事判决揭示，以下情形使用“爬虫”技术，导致刑事责任。

1. 使用“爬虫”技术导致“被爬”网站长时间无法访问

在（2019）粤0305刑初193号案件①中，被告人开发的“爬虫”软件在2018年5月2日10时至12时的2小时内，以每秒183次的频率访问“深圳市居住证系统”，导致“深圳市居住证系统”停止运行超过2小时，该等爬虫使用行为被认定违反了《刑法》第286条的规定，构成“破坏计算机信息系统罪”。

2. 绕开技术限制措施，进而使用“爬虫”技术下载网站后台数据

在（2019）鲁0213刑初144号案件②中，被告人首先利用“SQL注入漏洞”获取网站的后台管理权限，进而利用其编写的“爬虫”脚本程序侵入计算机信息系统，获取计算机系统内存储的大量数据，且该等数据并非在公开页面显示的数据。因此，被告人的行为被认定违反了《刑法》第285条的规定，构成“非法获取计算机信息系统数据罪”。

3. 在授权目的之外，利用“爬虫”技术获取大量数据

（2019）浙0602刑初636号案件③中，被告人北京瑞智华胜科技股份有限公司及其员工通过签署合作协议的方式获取了运营商服务器的登录权限，但是北京瑞智华胜科技股份有限公司通过部署恶意程序的方式保存服务器中的用户登录数据，并通过利用自行研发的“爬虫”程序调用数据库中的保存的数据和信息。经核实，该等信息可以用来登录淘宝、京东等网络平台，法院认为，在此情况下，超越授权范围使用“爬虫”非法采集、保存数据的行为，违反了《刑法》第285条第2款的规定，构成“非法获取计算机信息系统数据罪”。

五、“爬虫”技术使用规则展望

我国在立法上并没有明确界定使用“爬虫”技术的合法边界，但是现有的司法判

---

① 广东省深圳市南山区人民法院刑事判决书，（2019）粤0305刑初193号。
② 山东省青岛市李沧区人民法院刑事判决书，（2019）鲁0213刑初144号。
③ 浙江省绍兴市越城区人民法院刑事判决书，（2019）浙0602刑初636号。

决力求达到保护数据原始收集人和使用人以及使用效率的利益平衡。秉承“技术中立”的原则,法院不否定“爬虫”技术的合法性,允许其在不影响网络安全或者非不公平地侵犯商业秘密和个人信息,不与原始数据收集者直接竞争的前提下使用,从而增强数据的使用效率,增进社会福祉。换而言之,我国司法以“帕累托”优化为主导思想,在不损害任何第三方现有利益的情况下,允许使用“爬虫”技术收集数据,进而挖掘数据的更大价值。

但是,我国法律对“爬虫”技术的规制,还有一些待明确之处。从立法上说,需要在规则层面上明确“数据”、“爬虫”技术以及“数据共享”的法律地位。在目前生效的法律渊源中,无论是国家立法或是司法解释,均未涉及“数据抓取”或“爬虫”技术。缺少正式的成文规定,无疑给“爬虫”技术的使用蒙上不确定性。此外,一些地方政府基于当地的产业需求出台的地方性法规,有意无意创造了“数据权利”的概念,这样的立法活动本身也可能存在合法性缺失。在没有上位法支持的情况下,地方政府创设“数据权利”也为“爬取”数据的合法性带来更大的不确定性。

就司法上而言,我国目前的司法裁判虽然已经形成了对使用“爬虫”技术合法性边界的初步规则,但是仍然有不少问题没有得到充分解析。比如,就“不正当竞争”而言,如何使用爬取的数据不认为构成竞争关系,这种竞争关系是否必须是直接的,抑或功能上存在潜在的替代关系,或者压缩原始数据收集者发展空间也构成“竞争”?目前涉及“爬虫”技术的案件中,法院对于竞争关系的认定往往作广义解释,侧面反映了法院对规制“爬虫”技术使用的政策性思考。再如,对于“侵入计算机系统”而言,如何界定侵入计算机系统,绕过口令、技术措施,还是违反网站上公开的网站使用声明都可以被认为是“侵入”行为?这些具体问题,关系到“爬虫”技术能不能被合法使用,仍然需要在今后的司法实践中进一步明确。因此,在现阶段,企业经营活动中如需使用“爬虫”技术,需要审慎考量爬取数据的来源、数据的性质、企业对数据的使用是否会构成不正当竞争,避免相关的合规风险。

第三节　隐私计算技术对数据开发利用的突破与限制

一、隐私计算概念

数字经济时代,数据已成为重要的生产要素,收集、使用和分析数据的规模和速度正在迅速增加。然而,出于数据安全和个人信息保护方面的考虑,数据共享的落地并没有同步实现。因此,为打破“数据孤岛”,充分释放数据的价值,隐私计算技术应运而生。

根据联合国大数据全球工作组的定义，隐私计算（Privacy - Preserving Computation）是指可在保证原始数据加密或者不可见的状态下对数据进行计算和分析的一系列技术，包括安全多方计算、同态加密、可信执行环境、差分隐私、联邦学习等。① 在隐私计算中，原始数据不会离开“所有者”，各参与方只分享最终的计算结果，实现了数据“所有权”与使用权的分离，从而可以最大限度挖掘数据要素的价值，为数据融合需求与隐私保护要求提供了解决方案。

二、隐私计算涉及的主要技术

隐私计算技术的核心思想是通过代码加密、算法等方法，构建数据共享的信任基础。当前，行业技术主要可以分为三类：

- 密码学技术：以安全多方计算、同态加密为代表，通过算法对原始数据进行加密或分割，保证数据接收方无法识别；
- 可信执行环境：基于硬件的防护能力构建一个安全区域，将需要保护的数据汇聚到该区域后进行计算；
- 联邦学习：隐私计算在人工智能领域的最新应用，多个参与方之间无须共享训练数据，只传输模型参数，从而实现在原始数据不离开企业私有域的前提下，进行联合建模。

此外，差分隐私技术可适用于隐私计算结果的发布，在广义上也属于隐私计算技术的一种。它通过添加“噪声”②的方法来达到隐私保护的效果，从而确保攻击者无法根据输出差异来推测特定个体记录的信息。

（一）多方安全计算

多方安全计算主要研究“在无可信第三方的情况下，如何安全地计算一个约定函数”的问题。《多方安全计算　金融应用技术规范》（JR/T 0196 - 2020）将其定义为“一种基于多方数据协同完成计算目标，实现除计算结果及其可推导出的信息之外不泄露各方隐私数据的密码技术”。③

安全多方计算常用的密码技术有混淆电路、不经意传输、秘密共享、同态加密等。

---

① Big data UN Global Working Group, UN Handbook on Privacy - Preserving Computation Techniques, 2023, p. 17，请见 UNSTATS 官网。

② 噪声是指对数据集中的数据值（如个人标识符）进行随机变化。

③ 《多方安全计算　金融应用技术规范》（JR/T 0196 - 2020）3.1“多方安全计算”。

通过运行安全多方计算协议,多个参与方可以在不暴露数据明文的情况下进行协作,共同对数据执行计算,当协议完成时,各参与方只知道自己的输入和计算结果,而无法获知其他参与方的输入。安全多方计算适用于多个参与方希望联合对数据进行计算,但出于数据安全和隐私保护考虑而不能直接共享数据的情形。例如,安全多方计算可以允许竞标者识别“谁赢得了拍卖”,而不透露任何关于实际出价的信息。

(二)同态加密

同态加密是指满足密文同态运算性质的加密算法,它允许对加密数据(密文)进行计算得出加密结果,解密之后,与直接对原始数据(明文)计算的结果一致。

同态加密不需要对加密数据进行解密就可以对其进行计算,适用于数据处理过程外包给第三方组织(如云服务商)的情形。该技术可以让用户在保障数据隐私的前提下,充分利用云服务商的计算资源。

(三)可信执行环境

可信执行环境是一种基于硬件和操作系统的安全架构,它将运行在其中的数据与通用执行环境隔离,以保障数据的机密性。当需要进行隐私计算时,通用执行环境将加密的数据送入可信执行环境,解密为明文后再进行计算。

可信执行环境提供了一种基于硬件保护能力以实现数据隐私保护的方案,其安全性依赖于硬件设备自身的安全性,因此在实际使用时需要选择可信任的硬件厂商或平台服务商。

(四)联邦学习

联邦学习是一种分布式的机器学习框架,联邦学习可以在多个参与方不披露自身原始数据的情况下,实现联合建模。

在传统的机器学习框架中,多个参与方需要将各自持有的数据集中到一个数据中心,用来训练模型。在联邦学习框架下,多个参与方利用自有的原始数据训练机器学习子模型,并通过加密机制传输中间结果(如梯度),最终建立并维护一个共有的模型,这样不仅保护了各参与方的数据隐私,还降低了大量数据集中传输的成本。

(五)差分隐私

差分隐私根据部署模式可分为中心化差分隐私和本地差分隐私。中心化差分隐私的噪声机制主要以拉普拉斯机制和指数机制为主,数据控制者在发布数据集对统计结果上添加以零为中心分布的随机值,确保单个记录的存在与否不会对查询结果产生重大影响；本地化差分隐私的噪声机制主要以随机响应为主，用户在本地对数据添加噪声以后，再发送给数据控制者，在数据聚合时，由于噪声符合一定的概率分布，因此不同记录间的噪声可以相互抵销。

差分隐私建立在坚实的数学基础之上，能够在实现数据集价值的同时，保证特定个人信息主体不被识别，是当下比较主流的隐私保护技术之一，例如，谷歌公司正是使用基于布隆过滤器和随机响应技术的 RAppOR 本地差分方案，从 Chrome 浏览器中收集用户的行为数据。①

三、隐私计算可以满足匿名化要求吗

我国《网络安全法》第 42 条、《民法典》第 1038 条均为对外提供个人信息设定了经过处理加工“无法识别特定个人且不能复原的除外”的例外情形，《个人信息保护法》第 4 条亦明确规定，个人信息是“以电子或者其他方式记录的与已识别或者可识别的自然人有关的各种信息，不包括匿名化处理后的信息”。

因此，企业往往致力于寻找一种技术手段来实现个人信息的匿名化，从而一劳永逸地解决数据合规问题。换言之，在初始阶段完成合法的数据收集后，后续的存储、处理、分析等阶段不再需要承担额外的个人信息保护义务。近年来兴起的隐私计算技术为解决这个问题带来了希望，拥护者们认为，隐私计算可以通过以下两个路径规避个人信息合规风险：

- 在共享之前对个人信息进行预处理，如加密或者转换（分割、添加噪声等），使其无法重新识别出特定个人并且不能复原；
- 尽可能减少个人信息的披露，在本地对原始数据进行计算或分析，仅对外传输中间结果，而后者已不再属于个人信息。

那么，隐私计算真的能实现法律层面上个人信息的匿名化吗？

（一）区分去标识化与匿名化

《个人信息保护法》对于匿名化与去标识化的定义如下：

- 去标识化，是指个人信息经过处理，使其在不借助额外信息的情况下无法识别特定自然人的过程。

① C. Wei, S. Ji, C. Liu, W. Chen & T. Wang, *AsgLDP: Collecting and Generating Decentralized Attributed Graphs with Local Differential Privacy*, IEEE Transactions on Information Forensics and Security, Vol. 15, p. 3239 – 3254（2020）, IEEE, https://ieeexplore.ieee.org/document/9056817，最后访问日期 2023 年 9 月 4 日。

• 匿名化,是指个人信息经过处理无法识别特定自然人且不能复原的过程。

两者均是通过技术手段对个人信息进行处理,去除信息与个人信息主体之间的关联性,使其无法识别特定自然人。区别在于,匿名化的处理更为彻底,要达到“不能复原”的效果。

根据《信息安全技术　个人信息去标识化指南》(GB/T 37964 - 2019)列出的常见重标识方法,符合匿名化标准的技术至少应对以下三种识别威胁具有很强的抵抗力:

• 隔离:基于是否能唯一确定一个个人信息主体,将属于一个个人信息主体的记录隔离出来。
• 关联:将不同数据集中关于相同个人信息主体的信息关联。
• 推断:通过其他属性的值以一定概率推断出一个属性的值。

数据科学领域存在诸如假名化、去标识化、匿名化等术语,实践中,企业往往将这些方法与法律语境下的匿名化相混淆,认为去除个人信息中的直接标识符(姓名、身份证号等)就可以实现匿名化。事实上,许多传统的去标识化方法都存在被重新识别的可能,无法达到匿名化的效果。特别是随着大数据时代的到来,多源数据的融合进一步加剧了个人信息的重识别风险。2006 年,Netflix 举办了一场电影推荐算法比赛,同时发布了“经过匿名化处理”的用户数据库供参赛者训练算法,仅保留每个用户对电影的评分和评分的时间。但是,研究人员发现,将 Netflix 匿名化的数据库与 IMDB 数据库结合之后,可以重新识别出部分用户的身份信息。[①] Netflix 因此遭到了美国联邦贸易委员会(Federal Trade Commission, FTC)的问询,为了避免 FTC 的进一步行动,Netflix 取消了比赛。

(二)隐私计算的匿名化认定

尽管《个人信息保护法》《信息安全技术　个人信息安全规范》(GB/T 35273 - 2020)给出了匿名化的定义,但是并未明确规定其认定标准。从技术角度来说,只要有足够强的技术、足够多的资源和时间,或许不存在绝对“不能复原”的数据。鉴于此,GDPR 对可识别性的判断采取了一个相对缓和的标准,只需考虑所有可能合理使用的识别方法,检验合理性的因素包括现有技术和实施成本等。[②] 2020 年,欧盟地平线协会“Scalable Oblivious Data Analytics”(SODA)项目对隐私计算技术进行了研究,

---

① Arvind Narayanan, Vitaly Shmatikov. *Robust De - anonymization of Large Sparse Datasets*. IEEE Symposium on Security and Privacy, IEEE, https://ieeexplore.ieee.org/document/4531148,最后访问日期:2023 年 9 月 4 日。

② GDPR 第 26 条。

认为“通过秘密共享、差分隐私等技术，可以去除个人数据的可识别性，将其转换为非个人数据”。[①] 2021 年，中国信通院发布的《隐私保护计算与合规应用研究报告》也指出，“当启用了最先进的加密技术，且执行了严格的密钥管理，数据接收者无法获取解密密钥，在当前经典计算机的算力下，在一定的时间期限范围内想要破解几乎又是不可能的，则可认为构成匿名化”。[②]

遗憾的是，虽然理论上隐私计算可以保障数据的安全性，但在实际应用中，企业通常会为了性能而做出妥协。比如，为了提高计算效率，多数安全多方计算框架都仅实现了“半诚实模型”[③]的安全性，而实际中的情况往往更为复杂，当出现恶意的参与者时，很可能会发生数据泄露的风险。在联邦学习中，尽管不需要传输原始用户数据，但研究表明，攻击者可以通过模型的中间参数推测出原始信息。[④] 部分前沿的联邦学习协议已经可以做到不披露中间结果，只披露最终模型，从而实现更好的安全性，但是在性能上还有很大的提升空间。

因此，在目前阶段，企业不宜简单地将隐私计算和匿名化画上等号，应当审慎评估所使用的隐私计算技术是否符合“无法识别、不能复原”的要求。此外，除了技术手段，企业还应采取强有力的组织措施，以防止个人信息的重新识别。例如，制定隐私安全策略和规程、定期开展员工安全培训、组织员工签署保密协议等。

四、隐私计算的积极意义

如前文分析，鉴于判断标准的模糊，目前仍不能明确隐私计算是否符合“匿名化”的要求。但可以肯定的是，通过实施隐私计算，可以在一定程度上降低数据主体的风险、帮助企业履行数据合规义务。

（一）符合数据最小化原则

根据《民法典》第 1035 条的规定，“处理个人信息的，应当遵循合法、正当、必要原则，不得过度处理”，《个人信息保护法》第 6 条规定，处理个人信息“应当与处理目的

---

① EU Horizon2020 “Scalable Oblivious Data Analytics”（SODA），Deliverable D3.5.

② 中国信息通信研究院，《隐私保护计算与合规应用研究报告（2021 年）》，载中国信通院官网：http://www.caict.ac.cn/kxyj/qwfb/ztbg/202104/t20210401_372713.htm，最后访问日期：2023 年 1 月 15 日。

③ 安全模型可分为半诚实模型和恶意攻击模型两类。半诚实模型是参与方在接触和处理其他参与方隐私数据时，在严格遵守协议规范基础上，尽其所能地从接触和处理的数据中挖掘出有效信息；恶意攻击模型是参与方可能做出任何行为，尽其所能地获得关于隐私数据的有效信息，如背离协议或与他人串通等，这样的参与方也称为“不诚实参与方”。

④ Li Z，Huang Z，Chen C，et al. Quantification of the leakage in federated learning［J］. arXiv preprint ARXIV，https://arvix.org/abs/1910.05476.

直接相关,采取对个人权益影响最小的方式”。

安全多方计算、同态加密等隐私计算技术可在原始数据保留在本地的前提下,实现各参与方之间的协同计算,从而确保各参与方在整个数据处理过程中无法获知计算结果之外的信息;而联邦学习系统不需要收集和处理原始的训练数据,只需要从每个参与方收集本地模型参数以更新全局模型。这些隐私计算技术仅收集和处理与描述的目的直接相关的、有限的个人信息,遵循了数据最小化原则。

(二)可帮助企业履行数据合规义务

根据《数据安全法》第 27 条规定,开展数据处理活动应当采取相应的技术措施和其他必要措施,保障数据安全。采用隐私计算技术无疑可以减少数据泄露的风险,从而提高企业的数据安全水平。因此,使用隐私计算可作为企业履行数据安全保护义务的证明。

此外,根据《个人信息保护法》第 69 条规定,“处理个人信息侵害个人信息权益造成损害,个人信息处理者不能证明自己没有过错的,应当承担损害赔偿等侵权责任”。在发生个人信息安全事件时,采用隐私计算可在一定程度上证明企业自身没有过错,作为减轻或免除责任的依据。

五、主要挑战

(一)仍需遵循个人信息保护原则

《个人信息保护法》第 4 条第 2 款,“个人信息的处理包括个人信息的收集、存储、使用、加工、传输、提供、公开、删除等”。隐私计算过程本身既构成法律意义上对个人信息的“处理”,因此,即便将隐私计算技术处理后的数据视为匿名数据,对于原始数据的处理仍需遵从知情同意、目的合理等个人信息保护原则。

个人信息主体的知情同意是企业处理个人信息的常用法律基础,企业有义务明确告知用户使用隐私计算的目的、具体的处理方式和范围。然而,由于隐私计算涉及密码学、人工智能等多个领域,而大多数用户不具备相关的专业知识,难以理解和信任隐私保护的算法逻辑。因此对于企业而言,让用户信任并接受隐私计算的安全性是一项很有挑战性的工作。为解决这一问题,业界正在努力推进隐私计算相关标准的制定,以提高隐私计算技术的公信力,相信在将来,隐私计算会被越来越多的用户所接受。

此外,根据技术中立原则,隐私计算技术的目的是否合理取决于企业自身商业模式的合法性。因此,在实施隐私计算时,企业仍需审查数据处理目的,例如,是否有益于社会、是否会对某些个人或群体造成不利影响等。

（二）数据保护和效用之权衡

为了实现数据保护的目的，在使用隐私计算时往往需要付出一定的效用成本：

- 在差分隐私中，将噪声添加到数据集中会导致一些有用信息的丢失，因此在准确性方面需要付出一定的代价，差分隐私的数据保护水平由隐私预算 ε 决定，ε 越小，数据保护水平越高，但相应的数据可用性也就越低，企业需要对隐私预算进行合理地控制。
- 对于在加密数据上进行计算的隐私计算技术，如同态加密和安全多方计算，其效用代价主要是计算量和通信量的开销，恶意的参与方会尽可能地获得关于隐私数据的有效信息（如背离协议或与他人串通等），因此恶意模型下协议的复杂程度和开销与半诚实模型相比，存在数量级上的差异。

因此，在部署隐私计算时，企业需要基于具体的应用场景和采用的技术，在数据保护和效用之间进行权衡。并且，由于重标识技术以及重标识攻击能力都在不断发展，企业应根据情况变化或定期进行重标识风险评估，持续监控技术的去标识化效果，以保障个人信息安全。

六、结语

作为一种新的技术体系，隐私计算为数据融合与隐私保护的迫切需求提供了一个相对可行的技术解决方案，在金融、医疗、政务等领域都已经实现了落地应用。但是目前隐私计算技术尚处于起步阶段，还存在着诸多问题，相关的行业标准仍处于探索的过程。总体而言，隐私计算可以有效降低数据处理活动中的隐私泄露风险，从而为用户提供更多的安全保障。但需要注意的是，企业应当在合法合规的前提下使用隐私计算技术，而不应将其视为一种规避监管的手段。

作为大数据产业发展的要素和基础，数据的开放与共享是大势所趋。隐私计算致力于实现数据的"可用不可见"，与国际隐私保护实践中倡导的"通过设计保护隐私"（privacy by design）理念相一致，有着广泛的应用前景，相信在今后会有进一步的发展。

第四节　大数据供应商，能用吗

随着数据仓库、商业智能（BI）等工具的普及，大数据技术正被越来越多地应用于企业的经营和决策。这些工具不仅能够帮助企业更好地把握市场动态,提高运营效率,也可以为用户提供更加个性化的服务和产品。举例来说,人们在网上购物时,不同的商品页面上不时跳出“猜你喜欢”的商品推荐往往能够可能精准踩中喜好,让消费者心动不已,激情下单。这就是电商企业通过大数据技术分析用户购物记录、浏览习惯、收藏清单等信息,从而为用户精准地推荐符合个人喜好的商品。

一、常见的大数据产品

根据不同的交付形式,大数据产品可以大致分为以下三种类型:

- 数据接口:是指通过 API 接口,为用户提供在线的数据查询、订阅、推送等功能的产品。例如,移动、联通、电信等运营商可以通过大数据 API 接口,向企业提供手机用户的基本信息、通信行为等数据。
- 数据集(包):是指将大数据按照一定的规范和格式,清洗、整理成文件或数据库的形式,供用户下载或访问,比如,企业可以从第三方处购买机器学习数据集,用于训练人脸识别、图像分类等算法模型。
- 数据报告:是指大将数据通过分析、挖掘、可视化等处理,形成研究报告等形式,帮助用户了解行业趋势、市场动态、用户画像等信息。

二、采购大数据产品时应注意的合规要点

大数据产品是通过对原始数据进行筛选、清洗、整理而生成的,因此,对于大数据行业的监管重点在于供应商的原始数据来源的合法性。根据实践观察,在大数据供应商因为违法违规而被监管部门查处的案例中,数据购买方如果尽到了审慎注意义务,则一般不会受到连带处罚;尽管如此,由于供应商的服务中断,相关企业的业务连续性可能会受到影响。因此,在采购大数据产品时,企业需要关注供应商提供的产品是否侵犯了第三方的合法权益,或者存在其他的违法情形。

(一)是否存在个人信息合规风险

许多的大数据产品是经由个人用户的个人信息加工生成,如果供应商在收集、使用等个人信息处理环节未获得用户的合法授权,则构成违法处理个人信息,不仅会遭受监管部门的罚款,情节严重的,甚至可能被监管部门责令暂停相关业务或者停业整顿。常见的个人信息合规风险归纳如下:

1. 违法收集个人信息

违法收集个人信息的情形包括:

(1)未经同意收集个人信息:例如,收集身份证号等敏感个人信息未获得用户的

单独同意；使用第三方 SDK 收集个人信息的，未告知同意第三方 SDK 收集行为。

（2）超范围收集个人信息：例如，收集与业务功能无关的个人信息，“一揽子”收集个人信息等。

2.（合法收集后）超出约定范围使用个人信息

法律对于个人信息的合规监管贯穿信息处理的全生命周期，在取得合法授权收集个人信息之后，如果供应商后续的处理行为超出了授权时的约定范围，仍会受到处罚。

以大数据风控公司魔蝎科技侵犯公民个人信息刑事案为例，[①]魔蝎科技是一家大数据智能风控服务供应商，主要与各网络贷款公司、小型银行进行合作，其业务模式为：在经过个人贷款用户授权后，通过“爬虫”技术抓取用户在多个平台网站上的通话记录、社保、公积金等数据，提供给各网络贷款公司、小型银行用于分析个人贷款用户的信用情况。

经查明，魔蝎科技在和个人贷款用户签订的《数据采集服务协议》中明确告知，“不会保存用户账号密码，仅在用户每次单独授权的情况下采集信息”，但其仍在服务器上采用技术手段长期保存用户各类账号和密码，并有邮箱等部分账号密码存在未经用户授权被魔蝎公司二次使用的情况。

2021 年，杭州市西湖区法院经审理认为魔蝎科技明确告知不会保存用户各类账号密码，却未经许可非法留存用户信息，是以其他方法非法获取公民个人信息，构成侵犯公民个人信息罪，最终判处罚金 3000 万元，其法定代表人被判有期徒刑 3 年、缓刑 4 年，技术总监被判有期徒刑 3 年、缓刑 3 年。

3. 私自对外提供个人信息

私自对外提供个人信息原因主要在于供应商在提供大数据产品时，未能正确的识别出其中的个人信息，从而忽视了授权过程。

情形一：出售的大数据产品本身包含个人信息

在将个人信息加工成大数据产品的过程中，如未经充分的数据清洗、脱敏等处理，则个人信息并不能实现充分的“匿名化”，处理后的信息仍然属于个人信息。例如，在电商平台提供的大数据产品中，可能会包含经用户的购物记录和浏览历史等个人信息处理而生成的特征标签、用户画像。许多企业倾向于认为该等特征标签、用户画像不再属于个人信息的范畴，但根据《信息安全技术　个人信息安全规范》（GB/T 35273－2020），用户画像或特征标签如果能够单独或者与其他信息结合识别特定自然人身份或者反映特定自然人活动情况的，仍然属于个人信息。

---

① 浙江省杭州市西湖区人民法院刑事判决书，（2020）浙 0106 刑初 437 号。

因此,购买大数据产品时,企业需要仔细研判、考量涉及的各类数据本身的颗粒度以及可识别性,如可能构成个人信息的,应当要求供应商提供取得相关个人的“单独同意”的证明记录。

情形二:交付大数据产品的过程中涉及个人信息

为了更好地提供产品和服务,企业会将其现有的用户数据与第三方数据来源(如社交媒体、地理位置数据等)相结合,这一过程被称为“数据丰富”(Data Enrichment)。例如,在市场营销领域,企业可以通过数据丰富来获取目标市场更多的用户年龄、地区分布等信息,从而制定更有效的营销策略和内容;在金融领域,企业可以通过数据丰富来获取信用评分等信息,从而加强信贷风险控制。

在数据丰富的过程中,即便第三方提供的大数据产品不再包含个人信息,但在将不同数据来源(如企业自建数据库与第三方数据库)的同一用户对应起来时,还是需要用到用户的手机号等标识信息。这类标识信息(使经过简单的加密处理,如 MD5 加密)可能仍然属于个人信息的范畴,在使用时需要遵循相关法规取得用户的合法授权。

(二)是否存在不正当竞争风险

大数据产品使用的原始数据还有一个主要来源是通过“爬虫”爬取的公开数据。在我国,法院对于“爬虫”通常采取“技术中立”的原则:即认为“爬虫”技术本身并不违法,但如果在使用“爬虫”技术获取数据的结果为复制、传播和展示了他人受著作权保护的作品,或者构成不正当竞争,则会构成侵权行为。比如,如果一个旅游网站用“爬虫”抓取了其他旅游网站上的酒店信息和用户评论,并且在自己的网站上展示和推荐给用户,则可能被认定为不正当竞争。

在“大众点评诉爱帮网”案、“微博诉脉脉”案、“车来了诉酷米乐”案、“淘宝诉美景”案、“腾讯诉头条”案中,原告方(数据拥有者)均以“不正当竞争”为由起诉被告方违法使用或者抓取“大数据资源”的行为,并获得法院支持。有关“爬虫”的合规要点请见本章“使用爬虫技术合法吗”一节。

三、如何合法合规地使用大数据

(一)对数据供应商进行审查

企业可以通过调查问卷、合规评估表格等形式,对供应商进行审查,以确保其提供的产品和服务符合相关法律法规、国家标准以及行业惯例。审查重点包括但不限于:

- 数据来源、获取数据的方式是否合法;

- 处理数据是否已合法获得授权（包括个人信息主体的授权以及相关公司的授权）；
- 是否按照授权时约定的范围处理数据；
- 通过爬虫软件从网络收集数据，爬取数据的方式（包括爬取的对象、数据类型、是否遵守 Robots 协议等）是否合法；
- 数据是否已进行去标识化或匿名化处理，是否有可能再次识别到个人。

（二）与大数据供应商约定数据合规条款

在与供应商签订合同时，企业需要在合同中约定数据合规条款，以明确双方的责任和义务。数据合规条款的主要内容如下：

- 遵守适用法律法规的整体合法性承诺，特别是对于受到强监管的行业，供应商应当承诺遵守行业规范性文件，例如适用于医疗健康行业的《国家健康医疗大数据标准、安全和服务管理办法（试行）》、适用于汽车行业的《关于促进智能网联汽车发展维护测绘地理信息安全的通知》等；
- 供应商对于数据来源、内容、权属等合法性的承诺；
- 供应商对于数据处理方式（包括共享、提供等方式）合法性的承诺；
- 供应商的数据安全保护义务；
- 发生数据/个人信息安全事件时双方的责任分配或责任限制。

（三）使用过程中的持续合规审计

许多大数据产品的交付并不是“一锤子”买卖，而是需要供应商持续的运营和维护，因而企业应当建立标准化的审计流程，定期检查数据来源、处理方式等是否合法合规。

如果供应商是通过 SDK、API 等方式提供服务的，企业宜通过技术检测手段，确保其从企业处收集、使用数据的行为符合双方的约定，并在发现超出约定的行为时，及时切断接入。

第五节　云服务的分类及合规责任应用

一、云服务的定义

根据美国国家标准与技术研究院（National Institute of Standards and Technology）

的定义,“云计算”是一种模型,可以实现对共享的可配置计算资源池(例如,网络、服务器、存储、应用程序和服务)的方便、按需网络访问,这些资源以最小化的管理成本和无需与服务提供者交互的方式提供并发布。[①] 我国国标《信息安全技术 云计算服务安全指南》(GB/T 31167－2014)将“云计算服务”(以下简称“云服务”)定义为“使用定义的接口,借助云计算提供一种或多种资源的能力”。

概言之,云服务是指通过互联网远程提供资源的服务。它允许客户在无须购买本地基础设施或者安装应用软件的情况下,通过网络调用“云端”的共享资源、程序和数据。

二、云服务的分类

根据云服务商提供的资源类型的不同,云计算的服务模式主要可分为三类:

- 基础设施即服务(Infrastructure as a Service,IaaS):云服务商向客户提供虚拟机、存储、网络等基础设施,以及访问基础设施的 API 接口。客户负责云中的操作系统、应用程序和数据,但通常不能管理或控制网络、服务器、存储等底层基础设施,典型的 IaaS 服务包括云服务器、云硬盘等。
- 平台即服务(Platform as a Service,PaaS):云服务商向客户提供开发环境和工具,帮助客户开发、部署和管理应用程序,客户同样无法控制云服务基础设施,但可对运行环境进行配置、部署并控制应用软件,典型的 PaaS 服务包括软件开发和测试平台、数据库等。
- 软件即服务(Software as a Service,SaaS):云服务商提供在线应用程序,客户可通过不同设备上的客户端(如 Web 浏览器)或程序进行访问并使用。SaaS 模式下,客户对云服务的控制程度最低,仅可对应用软件进行有限的配置管理,常见的 SaaS 服务包括“Salesforce”或“Microsoft Office 365”等协同办公软件。

此外,根据美国国家标准与技术研究院的定义,从不同部署模型来看,云服务可以分为公有云、私有云、混合云、行业/社区云等种类:

- 公有云:向公众提供计算资源的云服务,例如,由阿里云、AWS 提供的“即用即付”的服务;
- 私有云:仅供企业或组织内部使用的云服务。私有云的基础设施可由云服务商管理和运营,这种私有云称为“场外私有云”;也可由客户自己管理和运营,

---

① Mell,P. M. ,SP 800－145,The NIST Definition of Cloud Computing,National Institute of Standards and Technology,2011,NIST,https://nvlpubs.nist.gov/nistpubs/Legacy/sp/nistspecialpublication800－145.pdf,最后访问日期:2023 年 9 月 4 日。

这种私有云称为“场内私有云”；

- 混合云：公有云与私有云模式混合部署；
- 行业/社区云：特定的群体使用，群体中的客户具有共同职能、安全需求/策略等。行业/社区云可能基于公有云、私有云式混合部署。

其中，以“公有云”最有代表性，是实践中各企业使用率最高的云服务模式。

三、云服务中的安全责任边界

云服务可以让客户按需使用，而无须购买、部署和维护本地基础设施。这一方面可以节省成本、提高效率和提供更高的可用性和可扩展性，另一方面也在安全责任边界的划分上带来了新的问题。在传统 IT 模式中，运营、使用单位承担从设备到应用全部的安全责任，但在云计算环境中，根据角色的不同，安全责任由云服务商和客户分担。

《信息安全技术　网络等级保护基本要求》（GB/T 22239 – 2019）中规范了不同云服务模式下云服务商和云服务客户的安全管理责任，①如图 8 – 2 所示：在不同的服务模式中，云服务商和云服务客户对计算资源拥有不同的控制范围，控制范围则决定了安全责任的边界。

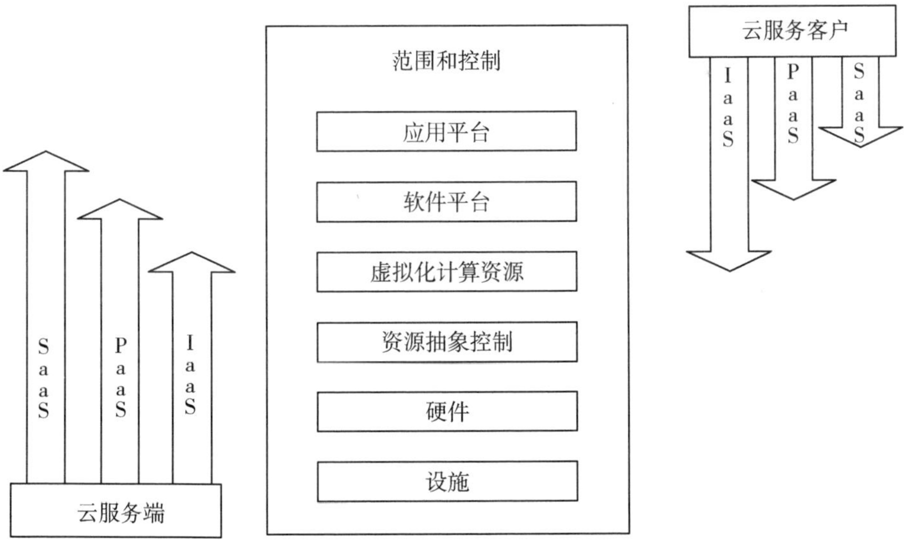

图 8 – 2　GB/T 22239 – 2019 中不同模式下控制范围的划分
（即“云计算服务模式与控制范围的关系”）

① 《信息安全技术　网络安全等级保护基本要求》（GB/T 22239 – 2019）附录 D。

可以看出,从 SaaS 到 IaaS 服务模型,随着云客户对基础设施的控制权逐级增加,其承担的安全责任也随之加重。同时,考虑到云服务商可能还需要其他组织提供的服务,如 SaaS 或 PaaS 服务提供商可能依赖于 IaaS 服务提供商的基础资源服务。在这种情况下,一些安全措施由其他组织提供。因此,《信息安全技术　云计算服务安全能力要求》(GB/T 31168 - 2014)将云计算安全措施的实施责任分为 4 类(见表 8 - 2)。

表 8 - 2　实施责任分类

责任	示例
云服务商承担	在 SaaS 模式中,云服务商对平台上安装的软件进行安全升级
客户承担	在 IaaS 模式中,客户对其安装的应用中的客户行为进行审计
云服务商和客户共同承担	云服务商的应急演练计划需要与客户的应急演练计划相协调。在实施应急演练时,需要客户与云服务商相互配合
其他组织承担	有的 SaaS 服务提供商需要利用 IaaS 服务提供商的基础设施服务,相应的物理与环境保护措施应由 IasS 服务提供商予以实施

实践中,部分企业存在"使用云服务的企业均无须履行网络安全等级保护义务"的误解。通过上表也可看出,至少在 IaaS 和 PaaS 平台中,企业作为云服务用户对于安全措施仍然需要承担一部分责任,因此也可能需要就相关的云系统履行网络安全等级保护的义务。有关网络安全等级保护的详细介绍,请见本书第三章第五节内容。

四、选择云服务商的要点

在将业务部署于云端之前,企业应当事先在合同条款中就以下重点事项和云服务商进行约定。如果云服务商无法和客户进行协商和谈判,企业应当仔细审查其提供的标准格式条款,以确定相关规定是否提供了关于数据安全的充分保障以及适当的损害赔偿方式。此外,由于数据存储于云服务商的服务器,一旦云服务商选择违约,或者遭受网络安全事件,企业往往对此无法控制,只能被动接受相应的后果(如数据丢失或数据泄露)。除合同条款外,建议企业做好云服务商违约或发生安全事件时的应急预案,如定期对数据进行本地备份,将主动权保留在自己手中。

(一)安全责任分配

如上所述,由云服务商与客户共同分担责任的模式是目前的行业共识,但需要说明的是,上述提及的 GB/T 22239 - 2019、GB/T 31168 - 2014 等标准文件仅供企业参考,并不具有法律强制效力。在实践中,云服务商为了自身的商业考量,所选择的安全措施的实施范围、实施强度可能与标准有所不同。因此,企业在部署云服务时,仍然需要根据自身数据、业务系统的安全管理要求以及商业需求,选择适当的服务模式以及云服务商。尤其是在涉及共同承担责任的安全层级,企业应当在云服务合同中具体约定双方对安全措施的预期分工和共同职责,以确保各方承担责任的总和能够覆盖到系统的全部安全要素,避免责任无人承担或责任承担不明确的情况。

在部署模式中,私有云允许企业对云环境保持最大限度的控制,更符合高度监管行业客户(如金融、医疗等)的利益。由于私有云通常比公有云部署成本更高,并且要求客户拥有更多的 IT 治理能力,实践中部分企业会选择“公有云 + 私有云”的混合部署模式。例如,将应用系统部署于公有云,将数据部署于私有云。

(二)数据存储地点

根据我国法律规定,针对符合特定条件的数据处理者,[①]个人信息及重要数据在传输出境之前应当通过网信办组织的安全评估,并且特定种类的数据应本地化存储(如人口健康信息、健康医疗大数据等)。而在大部分云服务模式中,企业通常难以控制数据的实际存储位置,尤其是对于一些境外的云服务商,其可能将部分数据存储在境外的数据中心。

如无特定业务需求,企业应当尽量将这类受到特别监管的数据部署在境内云服务器,以免增加额外的合规义务。为此,企业可以在合同中加入与遵守数据本地化存储要求相关的保障措施,例如,与云服务商约定服务器的物理所在地,要求云服务商禁止将数据传输至中国境外,包括不得依据其他国家的法律和司法要求将企业数据提供给其他国家的第三方等。

(三)个人信息保护

根据《个人信息保护法》,个人信息处理者是指在个人信息处理活动中自主决定处理目的、处理方式的组织、个人。在个人信息处理的语境中,云客户作为创建/收集、使用数据的实体,一般可认定为“个人信息处理者”,需要对个人信息保护承担最终的法律责任。而云服务商则无法访问客户上传于云端的数据,更无法自主决定数据的“处理目的、处理方式”,通常处于“接受委托处理个人信息的受托人”的地位。[②]

因此,如云端业务系统包含个人信息,企业应当在合同中与云服务商约定处理的性质和目的、个人信息的种类、保护措施以及双方的权利和义务等内容,并明确云服

---

① 详见本书第九章第四节“数据出境安全评估流程与要点详解”。

② 此处主要指 SaaS 型的云服务商,通常认为底层的云服务商(如 IaaS 服务商)属于纯粹的技术服务提供者,不承担个人信息处理相关的角色。

务商对数据的访问权限和访问标准。此外,合同还应当涵盖云服务商在个人信息保护方面的协助义务,包括发生个人信息事件安全时的通知/应急处置、处理个人信息主体的权利请求等。

(四)数据的迁移和返还

根据业务需求,企业可能选择退出云服务,或将数据和业务系统迁移到其他云服务平台上。但对于数据迁移所涉及的责任方及法律责任,目前尚未出台相关的法律法规或规范性文件。由此企业在使用云服务时可能会产生"锁定风险",尤其是在PaaS和SaaS模式中。具体而言,企业可能需要花费资源将数据全部导出,并自行上传到新的系统,或者数据可能以某一云服务平台特有的格式存在,而这种格式不能在其他平台中使用。

因此,为避免产生争议,企业应在采购服务时,在合同中约定终止/解除条件,以及届时双方的责任和义务,包括数据和业务系统迁移出原云服务平台的具体方案。例如,要求云服务商在合同解除时返还"结构化、通用和机器可读"的数据,或直接将数据传输至第三方等。当数据迁移、返还完成后,云服务商应当以安全的方式彻底删除平台上的企业数据(例如,覆写3次以上),并继续承担企业退出服务后的保密义务。

(五)云服务商的资质审核

由于云端的安全措施由云服务商和云客户共同实施,为满足网络安全等级保护制度的要求,企业应当确保所选用的云服务商已通过与拟部署的业务系统级别相符或更高的等保测评。例如,拟部署业务系统等保测评结果为2级的,云服务商的等保级别应当为2级或以上。

此外,《电信业务分类目录》(2015年版)规定,"B11互联网数据中心业务"包括互联网资源协作服务业务,即"利用架设在数据中心之上的设备和资源,通过互联网或其他网络以随时获取、按需使用、随时扩展、协作共享等方式,为用户提供的数据存储、互联网应用开发环境、互联网应用部署和运行管理等服务"。据此,提供相关服务模式的云服务商还需要取得互联网数据中心业务(含互联网资源协作服务)许可证。

第九章

网安数据行政监管与审批

第一节　如何应对网络/数据安全事件

近年来，随着数字经济的蓬勃发展，网络、数据安全事件也随之频发。网络、数据安全事件在泄露公民个人隐私的同时，还可能对财产甚至是生命安全造成威胁，企业生产经营和声誉也因此受到负面影响。建立并实施合适的网络、数据安全事件应急工作机制，可以提高企业应对网络、数据安全事件的应急处置能力，在发生网络、数据安全事件时及时采取补救措施，降低对个人信息主体以及企业经营活动的影响。

一、事件分级

为有效开展网络数据安全事件报告、应急处置、调查处理和评估备案等安全管控工作，可首先按照事件影响程度将事件进行分级。例如，参照《网络数据安全管理案例（征求意见稿）》第 11 条、网信办《国家网络安全事件应急预案》，可以将网络、数据安全事件分为重大安全事件、一般安全事件、安全事态 3 个级别：

- 重大安全事件：指会对个人信息主体权益和企业经营造成重大影响的网络数据安全事件。包括但不限于，造成信息系统内 10 万条以上个人信息永久丢失或损坏；10 万条以上用户个人信息泄露，或用户个人信息泄露造成严重不良影响和客户投诉的。
- 一般安全事件：发生的情况导致的影响有限，事件没有造成前述重大网络数据安全事件的严重影响。
- 安全事态：发生的情况最终未发展成事件，即可能发生但能够有效避免的泄露、篡改或丢失。

二、报告

针对实际发生或潜在可能发生的安全事件，企业应制定一套完整的报告流程。相关人员应在发现后立即报告部门负责人，由部门负责人通知相关人员开展现场处置,并立即报告网络、数据安全事件应对小组组长。

如评估为一般安全事件或安全事态,由网络、数据安全事件应对小组汇报企业危机管理小组或其他类似组织。如评估为重大网络数据安全事件,网络、数据安全事件应对小组应根据法律规定报告相关监管部门,如网信部门或公安部门。如企业或相关监管部门评估可能对个人信息主体合法权益造成危害,而企业自身又无法消除这种危害,企业应按履行法定义务通知受安全事件影响的相关个人。

对于一般安全事件和重大安全事件,建议在事件发生后1小时内上报企业网络、数据安全事件应对小组。对于安全事态,建议在相关情况发生后24小时内上报企业网络、数据安全事件应对小组。

在企业内部报告时,报告内容至少应当包括:

- 网络数据安全事件发生部门、发生地点、发生时间;
- 初步说明事件原因、当前状况(包括涉及的网络数据种类和可能造成的危害)等;
- 已采取的措施;
- 拟采取的补救措施和个人可以采取的减轻危害的措施。

三、补救措施

当企业识别到可能发生或已经发生网络、数据安全事件时,可通过数据样本对比等方式,确定可能受影响的数据源,并对于可能受影响的数据源制定可行的遏制措施,以防止事件扩大。对于这些遏制措施所带来的业务影响,网络数据安全事件应对小组与相应部门应当进行评估与协商,企业应当在损失与影响之间进行权衡与决策。

(一)外部攻击导致

如由外部攻击导致,则应当:

- 分析受影响主机的相关日志(例如,主机进程日志、网络日志等)以及潜在可疑文件进行排查,调查并溯源黑客的攻击方式及攻击路径。
- 尽快下线受影响服务器。如果主机下线会影响到关键业务,应尽可能切断主机的外网访问权限。
- 根据调查过程中发现的攻击方式、攻击路径以及可疑文件等整理出本次事件相关的入侵指标,并通过安全解决方案检查黑客横向入侵的痕迹。
- 对受到黑客横向移动影响的主机进行排查,确认横向移动是否成功,并对所有受影响主机进行清理。
- 紧急处置完成后,应考虑对受影响系统进行后续安全加固工作,例如安装补丁。

(二)内部员工引起

如由内部员工引起,则应当:

- 梳理相关数据源流转所涉及的系统，确认网络数据安全事件应急响应的调查范围。
- 增加对于潜在受影响系统的访问控制措施，如临时关闭下载功能、关闭应用公网访问入口、禁用所有账号的数据处理权限等。
- 检查数据源相关系统的操作审计日志，调查潜在的可疑数据访问、下载等行为，并定位到相关操作的终端用户。
- 通过内部安全工具调查相关用户的异常行为，例如，用 USB 复制敏感数据、将敏感数据通过 E - mail、网盘等工具传输给第三方。
- 如果确认用户有恶意操作行为，立刻通知其直线经理对其进行教育并要求其撤回或删除外发的数据。对情节严重者，可考虑通知企业人事部门或向管理层汇报。

四、报告及通知

如果相关网络、数据安全事件已为社会大众所知，在完成技术层面的补救措施后，企业应从社会影响层面考虑，采取对应的止损措施，防止事件的后果及相应舆论扩大化。

（一）报告监管部门

评估网络数据安全事件对相关个人和社会的影响，如评估为重大安全事件，应在事件发现后的 8 小时内报告相关监管部门；①如企业所在地的地方政府部门对汇报时限有更高的要求的，应遵循地方政府的该等要求。

（二）通知相关个人

当事件可能损害到个人信息主体的权利时，且企业无法采取措施避免这种后果，则应当在事件发现后的 3 个工作日内及时告知受影响的个人，履行必要的告知义务，告知内容包括：受影响的个人信息种类、原因和可能造成的危害；企业已采取的措施和拟进一步采取的补救措施、个人可以采取的减轻危害的措施；企业的联系方式。

（三）减小负面影响

结合事件所造成的影响如媒体大规模负面新闻传播、消费者投诉等，企业可考虑

---

① 部分地方法规、规范性文件作出更短报告时限的规定。例如，《上海市网络安全事件应急预案》（2019 年版）规定，发生网络安全事件的单位必须在半小时内口头、1 小时内书面报告市委网信办值班室、市应急联动中心和事发地网络安全主管部门。

对受影响的个人进行必要的赔偿和安抚、通过官方渠道进行声明等。

五、事件总结

在事件结束后,网络、数据安全事件应对小组应组织对网络、数据安全事件的总结与复盘,防止类似事件再度发生,并进一步提升事件的应急响应效率。

(一)总结本次事件

归档保存事件响应调查过程中的证据,如收集的目标系统的日志、账号清单、系统架构等,形成事件调查报告。

(二)总结原因和应急响应流程

根据调查结果明确网络数据安全事件发生的原因,例如,是账号管理、安全基线、数据安全问题还是日志及监控方面的问题。召开复盘会议,组织整个应急响应涉及的所有人员对整个过程的执行步骤和效果进行反馈,目的在于了解事件是如何发生和发现的,回顾应急响应流程,找出不足和提升点。

六、完善应急预案

根据事件总结,判断本次应急流程是否依照企业网络数据安全事件应急预案严格执行,若实际响应过程和应急预案制定的响应过程有偏差,需考虑造成偏差的原因,优化现有的应急预案。

第二节　如何应对网安、数据领域的政府执法及调查

近年来,我国出台的《网络安全法》《数据安全法》《个人信息保护法》及其他法律法规对网络数据安全和个人信息保护事项进行了自上而下的有效监管,并授权多个政府机构对以企业为主的监管对象进行执法调查,以促进企业和个人遵守网络数据安全和个人信息保护的相关合规要求。

在本书第三章第九节“网安、数据领域的行政执法程序和权限”中,笔者已经梳理并介绍了网安和数据领域主要的执法部门,以及开展网络安全监督检查、行政违法行为的调查与执法时的执法程序和权限。本节将着重向读者介绍企业应当如何有效应对相关监管部门在数据合规领域(包括网络安全、数据安全和个人信息保护)的执法调查。

（一）日常监督检查

实践中，在未发生具体安全事件的情况下，日常网络安全监督检查工作主要①由公安机关负责，具体可能通过现场或远程两种方式进行。面对此类检查，考虑到检查工作具有一定的临时性、突击性，企业应对照适用法律法规的要求，形成检查清单，做好日常的自查自纠工作，制作检查记录并妥善留存。具体检查事项包括但不限于：

- 网络安全等级保护情况，应定级、测评的系统是否已完成定级、测评；了解已在定级、测评流程中的系统进展情况如何；
- 各网络节点是否存在安全漏洞或安全风险；
- 近期是否发现了已发生或潜在的网络安全事件、数据安全事件、个人信息安全事件，了解相应的处置措施情况；
- 确认互联网信息服务备案情况，是否需要更新等。

（二）关基单位网络安全检查

针对 CIIO，公安机关、国家安全机关、密码管理部门、行业主管部门等将对其进行检查。这要求 CIIO 在日常经营管理活动中对以下几方面予以重点关注：

- 关键信息基础设施、重要网站、信息系统、工业控制系统落实国家网络安全等级保护制度情况及安全保护状况；
- 安全管理落实情况；
- 大数据和公民个人信息的采集、存储、传输、应用和保护情况；
- 商用密码应用情况；
- 是否存在网络安全重大风险隐患。

（三）违法违规收集使用个人信息行为的检测检查

在监管个人信息违法处理行为方面，执法部门定期开展 App、网站等的日常检测检查。因此，企业应在日常经营活动中持续地注意履行个人信息保护义务、建立健全完善的个人信息保护制度，如发布并定期更新对外发布的知情同意书、按照授权内容和权限获取、使用、委托处理或转移用户个人信息并完善个人信息主体行使自身相关权利的渠道等。

---

① 根据《网络安全法》第 8 条，国务院电信主管部门和其他有关机关亦应依法在各自职责范围内负责网络安全保护和监督管理工作。

对于个人信息处理活动存在较大风险或者可能发生个人信息安全事件的,监管部门可能会对个人信息处理者相关负责人进行约谈,或针对企业的个人信息处理活动进行合规审计。因此,企业应做好应对并配合监管部门调查的准备:(1)在被监管机构约谈时积极配合并充分沟通、及时决策采取补救措施,为企业留下良好印象并争取减轻或免于处罚;(2)如果确需对个人信息处理活动进行合规审计,企业可自行或聘请专业的第三方机构,采取主体访谈(包括外部供应商、客户,内部员工、管理层等)与文件审查(如核查入库数据,数据合规、个人信息保护相关的内控制度文件等)相结合的方式开展审计活动。

(四)网络、数据安全违法行为执法

企业应事先建立行之有效的应对监管执法的配合与应对流程,能够在发生调查甚至是突击检查发生时,更加沉稳应对。在监管部门实际进行执法活动时,企业内部的合规部门及其他相关部门应通力合作,并与外部律师适当配合以减少潜在的不利影响。该应对流程也可适用于应对其他类型的监督、检查活动。

1. 积极配合执法、检查与调查

现场接待人员应礼貌要求执法人员出示有效执法证件,企业或部门的负责人应积极与执法人员沟通交流,在此基础上获得与执法人员合理讨论的机会,明确调查范围、执法要求,甚至缩短调查时间、限制调查规模。同时,相关负责人可立即通知公司的数据合规团队及其他密切相关的人员给予配合支持,比如法务/合规部、IT 部门、业务部门的合规负责人等。

整体而言,建议企业尽可能地回应执法机构提出的要求,并安排接待人员全程陪同,密切跟进并在事后能够还原和复盘整个执法、检查过程。

2. 制定指南,明确监管部门执法权限

遇到监管部门调查或执法,现场接待人员可能一时之间乱了阵脚,忽视对监管部门相关要求是否属于其权力范围内的判断。若发生监管部门超越权限过度或错误调取文件材料,企业利益难免受损。因此,建议按照本书第三章第九节内容,按照监管部门行政执法权限范围,明确企业内部指南,方便在应对监管调查或执法的过程中参照适用,在可能发生超范围执法的情况时妥善应对。

3. 合理设置员工职责

除与事件直接相关的负责人需直接应对监管部门执法外,其他部门的人员也可能需要参与配合执法。因此,笔者建议事前由数据合规团队针对每一部门人员明确职责和权限,设定配合执法的行动指引。比如,IT 部门可能需要协助进入信息系统、提供相关电子数据、对数据资产进行梳理等;人力资源部门可能需要提供员工的个人

信息、调取员工的岗位相关信息等；行政人员需要负责现场接待前来调查的执法人员、排查会议室和调查场所的进出安全等事宜。

4. 事后复盘，在必要时寻求外部专业支持

在上述“1.”中提到，建议企业安排接待人员全程陪同，以便在事后能够还原和复盘整个执法、检查过程。一方面，该项措施能够帮助企业更好地安排后续应对工作，明确此次执法的具体范围和预估可能的后果；另一方面，完整的复盘记录能够用于向外部律师、技术提供方寻求专业支持，以期合法及时降低违法后果，将对企业的不利影响降至最低。

5. 日常加强员工培训

如果企业疏于对员工进行适当的培训教育，在发生突击检查时，员工可能拒不配合监管部门的执法调查，甚至当场与执法人员发生严重冲突。企业的管理层也可能试图通过唆使员工拒不配合、锁闭办公场所、拒绝提供相关文件等方式试图阻挠执法，上述情形违法甚至可能构成违法犯罪行为。

因此，公司应当对员工如何应对配合执法、检查与调查进行系统性培训，包括定期培训和专项培训，使员工了解执法的基本知识、基本原则，并使员工有机会深入学习并熟悉公司的调查配合政策。

第三节　从“滴滴案”谈起
——网络安全审查合规要点

2022 年 7 月 21 日，网信办公布对滴滴全球股份有限公司（以下简称“滴滴公司”）依法作出网络安全审查相关行政处罚的决定，滴滴公司被处罚款人民币 80.26 亿元，滴滴公司董事长兼 CEO、滴滴公司总裁各自被处罚款人民币 100 万元。滴滴案之后，“运满满”“货车帮”“BOSS 直聘”的运营企业也相继受到网络安全审查。2023 年 3 月 31 日，中国网络安全审查办公室宣布对美国存储巨头美光公司在华销售的产品实施网络安全审查。此后，网络安全审查办公室于 2023 年 5 月 23 日宣布美光公司未能通过网络安全审查，要求中国境内的关基单位停止采购美光公司的产品。

2021 年 7 月网信办发布《网络安全审查办公室关于对“滴滴出行”启动网络安全审查的公告》后，笔者曾在通力律师事务所微信公号发布的《见微知萌——从滴滴出行案谈网络安全审查制度》《一文详解企业境外上市网安数据合规》《2022 年版〈网络

安全审查办法〉重点问题评析》①等文中对网络安全审查制度进行了全面分析。如今滴滴公司网络安全审查启动已近两年,审查结果也尘埃落定,且网络安全审查还引发了“地震级”的行政处罚。本节将再次以滴滴公司网络安全审查以及行政处罚案件为例,为读者介绍网络安全审查制度,并为企业提供合规建议。

一、案件经过(见图9-1)

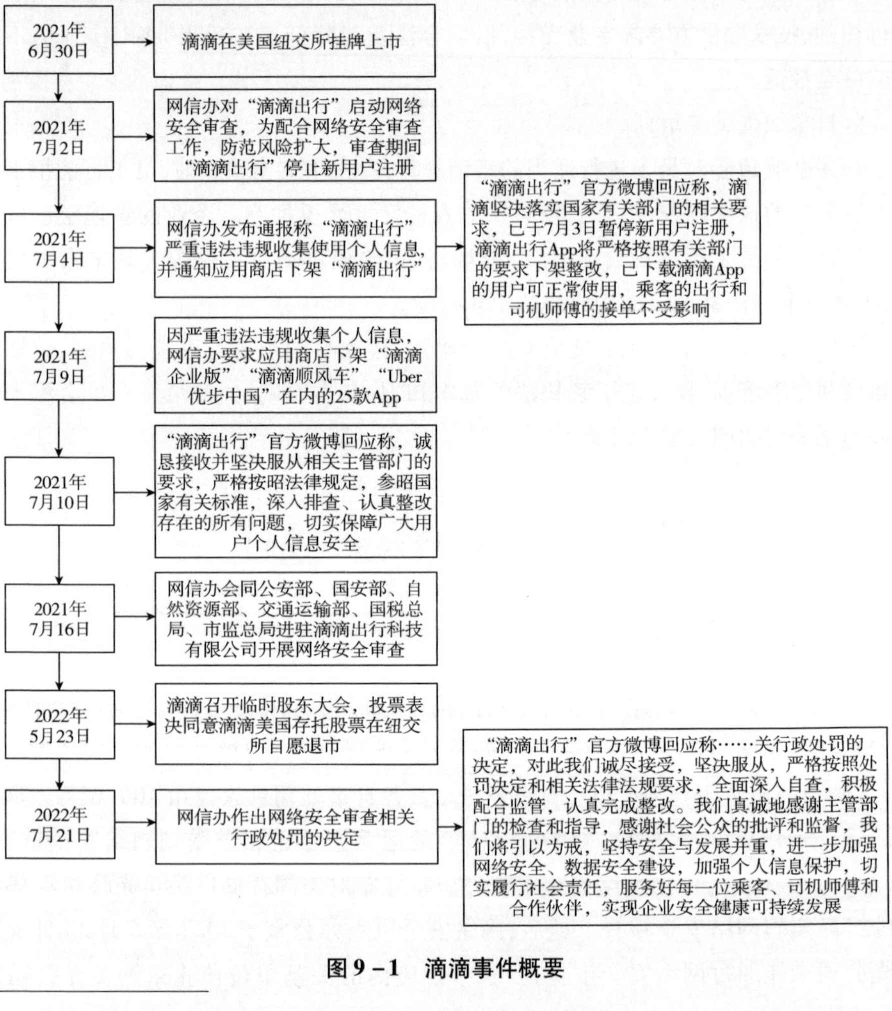

图9-1 滴滴事件概要

① 潘永建、朱晓阳、邓梓珊等:《见微知萌——从滴滴出行案谈网络安全审查制度》,载微信公众号“通力律师”:https://mp. weixin. qq. com/s/IBl1f_wZMZy-QNh-ufB1QA,最后访问日期:2023年1月15日;潘永建、黄文捷:《一文详解企业境外上市网安数据合规》,载微信公众号“通力律师”:https://mp. weixin. qq. com/s/nPA5zywzCEsGQbmlK8-7qQ,最后访问日期:2023年1月15日;潘永建、杨迅、朱晓阳等:《2022年版〈网络安全审查办法〉重点问题评析》,载微信公众号“通力律师”:https://mp. weixin. qq. com/s/Cm9--RsJZjA3d1KQiqMuyw,最后访问日期:2023年1月15日。

二、网络安全审查制度

（一）启动审查

网络安全审查制度由《国家安全法》《网络安全法》确立，依照《网络安全审查办法》具体实施。网络安全审查包括“依申请审查”及“依职权审查”两种触发机制，根据2022年2月15日生效的新修订的《网络安全审查办法》，依申请提起网络安全审查的情形包括：

（1）CIIO采购网络产品和服务，影响或者可能影响国家安全；

（2）网络平台运营者开展数据处理活动，影响或者可能影响国家安全；

（3）掌握超过100万用户个人信息的网络平台运营者赴国外上市。

其中，第2、3项是2022年《网络安全审查办法》对2020年版本的新增情形。“滴滴出行”作为大型出行和交通平台，掌握大量个人身份证、位置信息等敏感个人信息以及敏感区域的街景、车流、人流数据等重要数据，很可能满足第1项依申请情形，其数据处理活动和赴美上市行为也可能分别落入第2、3项依申请范围。针对滴滴公司的网络安全审查属于网信办依职权启动网络安全审查，即网络安全审查工作机制成员单位认为滴滴公司网络产品服务或数据处理行为“影响或者可能影响国家安全”。

（二）审查时限

根据《网络安全审查办法》的规定，网络安全审查的时限为：

- 一般审查:30/45个工作日（初审）+15个工作日（书面意见）；
- 特别审查:30/45个工作日（初审）+15个工作日（书面意见）+90个工作日（特别审查）+×（情况复杂）。

从上述审查时限来看，网络安全审查最短时限为45个工作日，若情况复杂，则需要依据具体情况确定审查时限。但值得注意的是，上述法定期限是从“向当事人发出书面通知之日”才开始起算。尽管网信办未披露对滴滴公司进行网络安全审查的具体时间，但从滴滴公司网络安全审查启动时间以及相关行政处罚来看，滴滴公司此次网络安全审查或面临复杂情况，很可能在经历了相当长时间的前期调查才正式通知滴滴公司进行网络安全审查，或者是经过了特别审查程序，延长了审查时限。

三、80.26亿元的处罚

对“滴滴出行”逾80亿元的处罚是中国网络和数据安全法律框架下迄今为止最大金额的一笔处罚，其处罚之法律依据格外引人注目。值得注意的是，根据《网络安全审查办法》,违反《网络安全审查办法》的,依照《网络安全法》和《数据安全法》的规定处理,但《网络安全法》及《数据安全法》下对企业的最高罚款为人民币1000万元,80余亿元的罚款显然不是仅依据这两部法律而作出。对此,笔者的理解是,在进行网络安全审查的过程中,如果发现企业有其他的网络安全或者数据违法问题(例如个人信息违法处理),网信办可能另案(同时)对该等违法情形进行调查,并依据相关法律法规,在其职权范围内作出处罚。

根据《国家网信办对滴滴全球股份有限公司依法作出网络安全审查相关行政处罚》以及《就对滴滴全球股份有限公司依法作出网络安全审查相关行政处罚的决定答记者问》等文件显示,滴滴公司违反《网络安全法》《数据安全法》《个人信息保护法》,且情节严重、性质恶劣。由于国家安全原因,网信办并未公布完整的行政处罚决定,笔者尝试归纳滴滴公司的违法行为,并总结相应的法律规定。笔者希望下文的系统性梳理,可帮助企业充分了解应履行的网络安全与数据合规义务,以"滴滴案"为戒,增强合规意识。

表9-1 "滴滴案"梳理

违法行为	法律依据
(1)违法收集用户手机相册中的截图信息1196.39万条	《个人信息保护法》第13条符合下列情形之一的,个人信息处理者方可处理个人信息:(一)取得个人的同意…… 《网络安全法》第22条……网络产品、服务具有收集用户信息功能的,其提供者应当向用户明示并取得同意…… 《网络安全法》第41条网络运营者收集、使用个人信息,应当遵循合法、正当、必要的原则,公开收集、使用规则,明示收集、使用信息的目的、方式和范围,并经被收集者同意。网络运营者不得收集与其提供的服务无关的个人信息,不得违反法律、行政法规的规定和双方的约定收集、使用个人信息,并应当依照法律、行政法规的规定和与用户的约定,处理其保存的个人信息
(2)过度收集用户剪切板信息、应用列表信息83.23亿条	《个人信息保护法》第13条(略) 《网络安全法》第22条(略) 《网络安全法》第41条(略) 《个人信息保护法》第6条处理个人信息应当具有明确、合理的目的,并应当与处理目的直接相关,采取对个人权益影响最小的方式。收集个人信息,应当限于实现处理目的的最小范围,不得过度收集个人信息

续表

违法行为	法律依据
(3)过度收集乘客人脸识别信息1.07亿条、年龄段信息5350.92万条、职业信息1633.56万条、亲情关系信息138.29万条、“家”和“公司”打车地址信息1.53亿条	《个人信息保护法》第13条(略) 《网络安全法》第22条(略) 《网络安全法》第41条(略) 《个人信息保护法》第6条(略) 《个人信息保护法》第29条处理敏感个人信息应当取得个人的单独同意……
(4)过度收集乘客评价代驾服务时、App后台运行时、手机连接桔视记录仪设备时的精准位置(经纬度)信息1.67亿条	《个人信息保护法》第13条(略) 《网络安全法》第22条(略) 《网络安全法》第41条(略) 《个人信息保护法》第6条(略) 《个人信息保护法》第29条(略)
(5)过度收集司机学历信息14.29万条,以明文形式存储司机身份证号信息5780.26万条	《个人信息保护法》第13条(略) 《网络安全法》第22条(略) 《网络安全法》第41条(略) 《个人信息保护法》第6条(略) 《个人信息保护法》第29条(略) 《个人信息保护法》第28条……只有在具有特定的目的和充分的必要性,并采取严格保护措施的情形下,个人信息处理者方可处理敏感个人信息
(6)在未明确告知乘客情况下分析乘客出行意图信息539.76亿条、常驻城市信息15.38亿条、异地商务/异地旅游信息3.04亿条	《个人信息保护法》第13条(略) 《网络安全法》第22条(略) 《网络安全法》第41条(略) 《个人信息保护法》第7条处理个人信息应当遵循公开、透明原则,公开个人信息处理规则,明示处理的目的、方式和范围
(7)在乘客使用顺风车服务时频繁索取无关的“电话权限”	《个人信息保护法》第13条(略) 《网络安全法》第22条(略) 《网络安全法》第41条(略) 《个人信息保护法》第6条(略)
(8)未准确、清晰说明用户设备信息等19项个人信息处理目的	《个人信息保护法》第13条(略) 《网络安全法》第22条(略) 《网络安全法》第41条(略) 《个人信息保护法》第7条(略)

续表

违法行为	法律依据
(9)存在严重影响国家安全的数据处理活动,以及拒不履行监管部门的明确要求	《数据安全法》第30条重要数据的处理者应当按照规定对其数据处理活动定期开展风险评估,并向有关主管部门报送风险评估报告…… 《数据安全法》第31条关键信息基础设施的运营者在中华人民共和国境内运营中收集和产生的重要数据的出境安全管理,适用《中华人民共和国网络安全法》的规定;其他数据处理者在中华人民共和国境内运营中收集和产生的重要数据的出境安全管理办法,由国家网信部门会同国务院有关部门制定 《数据安全法》第35条公安机关、国家安全机关因依法维护国家安全或者侦查犯罪的需要调取数据,应当按照国家有关规定,经过严格的批准手续,依法进行,有关组织、个人应当予以配合 《数据安全法》第36条中华人民共和国主管机关根据有关法律和中华人民共和国缔结或者参加的国际条约、协定,或者按照平等互惠原则,处理外国司法或者执法机构关于提供数据的请求。非经中华人民共和国主管机关批准,境内的组织、个人不得向外国司法或者执法机构提供存储于中华人民共和国境内的数据

以《个人信息保护法》规定的违法责任为例,对于违反以上《个人信息保护法》相关规定的违法企业,可能被处以责令改正、警告、没收违法所得、暂停或者终止应用程序提供服务等处罚;如企业拒不改正,则可能被并处100万元以下罚款,直接负责的主管人员和其他直接责任人员被处1万元以上10万元以下罚款。如果企业有前述违法行为且情节严重,还将面临5000万元以下或者上一年度营业额5%以下罚款;直接负责的主管人员和其他直接责任人员则面临10万元以上100万元以下罚款,还可能被决定禁止其在一定期限内担任相关企业的董事、监事、高级管理人员和个人信息保护负责人。

从上述处罚措施来看,滴滴公司涉嫌实施了8个方面共16项违法行为,应属于《个人信息保护法》下的"情节严重",可被处以上一年度营业额5%以下的罚款(滴滴公司2021年的营业额超过1700亿元,仅这一项的处罚即可超过80亿元)。再加之滴滴公司存在严重影响国家安全的数据处理活动,以及拒不履行监管部门的明确要求,恶意逃避监管等其他违法违规问题,在《数据安全法》下最高可被处以1000万元的罚款。由此,滴滴公司最终被处罚80余亿元于法有据。

四、合规建议

对企业数据处理活动进行盘点和自查,查明企业个人信息、重要数据、核心数据的数据存量和数据处理行为,对过往和持续的违法违规行为进行整改。

符合《网络安全审查办法》要求的企业,应当主动提起申报网络安全审查,未经审查应当暂停相应的网络产品和服务采购、数据处理、境外上市等活动。

如网络安全审查可能涉及其他交易相对方或合作方,应当在与交易相对方或合作方的协议中增加网络安全审查合规条款,注明通过网络安全审查后才可继续进行交易。

无论是依申请还是依职权启动的网络安全审查,企业都应当积极配合网络安全审查工作机制成员单位、相关部门的审查工作,并积极与其进行沟通,以使企业顺利通过网络安全审查。

第四节　数据出境安全评估流程与要点详解

一、如何理解"数据出境"

根据《数据出境安全评估办法》,其适用于"数据处理者向境外提供在中国境内运营中收集和产生的重要数据和个人信息的安全评估"。因此,企业判断其业务行为是否属于可能触发申报的"数据出境"时,需要考虑以下要素。

(一)数据处理者

《数据出境安全评估办法》未对"数据处理者"的含义进行解释,网信办发布的另一部法规《网络数据安全管理条例(征求意见稿)》将其定义为"在数据处理活动中自主决定处理目的和处理方式的个人和组织"。据此理解,在数据出境场景中,接受委托处理数据的企业并非申报安全评估的义务主体。例如,A 企业使用 B 企业提供的 SaaS 软件出境个人信息达到规定数量,应当由 A 企业负责申报。

(二)提供

企业的行为应涉及向境外"提供",包括:(1)将数据实际传输至境外接收方,或(2)将数据存储于境内,提供数据权限供境外机构、组织或者个人"访问或调用"。

理论上而言,A 企业将数据存于境外服务器,且数据仅能被 A 企业自身访问的,不属于现行法律所规制的数据出境行为,因为数据始终处于 A 企业的控制之下,不存在境外的接收方。但《数据出境安全评估申报指南》(第 1 版)将所有"数据传输、存储至境外"的情形认定为数据出境,未进行区分,因此该结论有待监管部门的验证。

(三)境内运营中收集和产生

企业从境外获取数据后未做进一步加工处理直接出境的,不属于数据出境。又如,企业把境外的个人数据或其他类型的数据收集到境内,进行分析或储存,然后再传输出境,不涉及境内运营中收集和产生的数据的,不属于数据出境。

(四)数据类型

目前,数据出境评估仅适用于重要数据和个人信息,对于其他类型数据(如业务数据)的出境,无需向网信办申报评估。不过需要注意,特定类型的数据出境需要满足行业监管要求(例如,人类遗传资源、人口健康信息等)。

二、数据出境安全评估及本地化存储的触发条件

表 9-2　不同主体的义务

主体	数据出境安全评估	本地化存储
关键基础设施运营者	√	√
处理 100 万人以上个人信息的数据处理者	√	不明确
重要数据的处理者	√	不明确
自上年 1 月 1 日起累计向境外提供 10 万人个人信息或者 1 万人敏感个人信息的数据处理者	√	不明确

(一)数据出境安全评估

企业开展数据出境活动,涉及以下情形的,应当申报数据出境安全评估:

(1)企业构成 CIIO;

(2)向境外提供重要数据;

(3)处理 100 万人以上个人信息;

(4)自上年 1 月 1 日起累计向境外提供 10 万人个人信息或者 1 万人敏感个人信息的。

要点解析如下:

- 个人信息的数量以个人信息主体人数计算,出境同一主体的姓名、年龄、所在地区等多个数据字段的,仅计为 1 人。
- 匿名化后的数据不再属于个人信息,但如果数据仅仅进行了加密或去标识化(如用 Hash 转换消费者的手机号),本质上仍然是个人信息,需要纳入数据出

境总量中。

- 在企业是 CIIO 或企业向境外提供重要数据等两种情形下,企业是否需要申报数据出境安全评估与出境数据的"量"无关。
- 在第(3)种情形下,只需要企业处理的个人信息总量(包括出境的数据以及未出境的数据)达到 100 万即可。

(二)本地化存储

与数据出境安全评估高度相关的一个法律义务是"本地化存储"。根据《个人信息保护法》,CIIO 和处理个人信息达到国家网信部门规定数量的个人信息处理者,应当将在中国境内收集和产生的个人信息存储在境内。从相关法规征求意见稿推测,该规定数量可能就是上文提到的"处理 100 万人以上个人信息"。

因此,如果企业被认定为 CIIO 或处理个人信息达到规定数量,则需要同时满足"数据出境安全评估 + 本地化存储"的要求。这意味着,企业在将数据出境之前,应当将相关个人信息存储在中国境内的服务器,或者以其他形式(如纸质材料、硬盘等)将相关数据保存在中国境内。

三、安全评估具体操作流程

(一)确定申报主体

大型跨国企业,通常会涉及由多个实体共同支持同一项业务开展,在此情况下,可首先确定每个出境场景中涉及的关联实体,并确定其中的"核心实体"。对于该出境场景,在"核心实体"所在地向省级网信办提交申报,非"核心实体"则无需进行重复申报。

值得注意的是,考虑到申报评估结果存在不确定性,如核心业务与非核心业务由同一实体共同申报的,一旦网信办认为非核心业务存在风险项,则可能导致核心业务无法及时通过评估。因此,企业在进行业务场景的整合,考虑申报主体时,也可从这一角度进行权衡考虑,另行将非核心业务进行单独申报。

(二)风险自评估

企业在申报数据出境安全评估前,应当开展数据出境风险自评估。

自评估中发现的问题应及时整改,确保后续申报数据出境安全评估时相关数据出境具备合法性基础、技术措施和组织管理措施能够充分保障安全性。

申报数据出境安全评估,应当提交数据出境风险自评估报告。如有第三方机构参与自评估,须在自评估报告中说明第三方机构的基本情况及参与评估的情况,并在相关内容页上加盖第三方机构公章。

(三)申报安全评估

符合申报条件的企业应当通过所在地省级网信办向国家网信办申报数据出境安全评估,具体流程如图9-2。

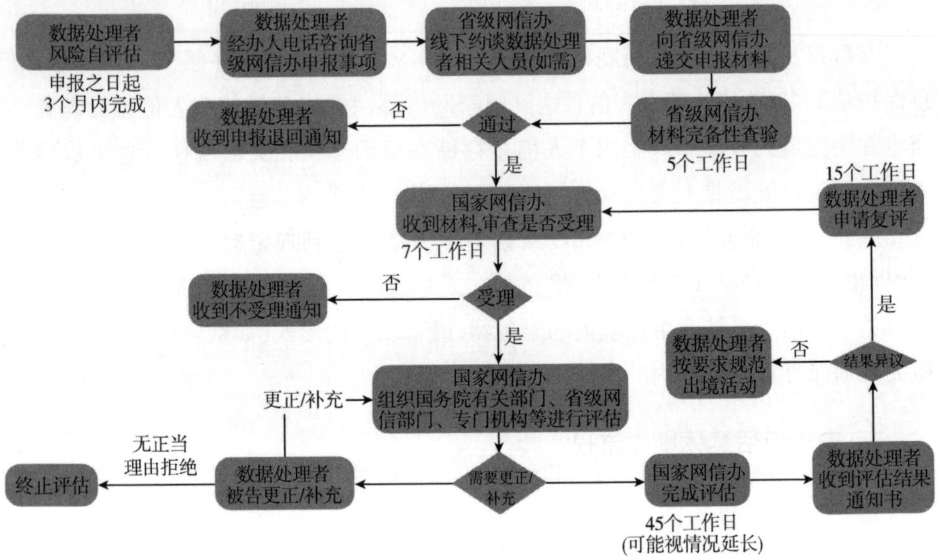

图9-2　数据出境安全评估申报流程

在一切顺利的情况下(不发生退回、不受理等情况),整个数据出境安全评估流程预计在57个工作日内完成。由于数据出境活动应当在收到评估结果之后方可进行,企业在开展相关业务时需要提前筹备申报,预留足够的时间窗口。需要注意的是,根据笔者的经验,目前省级网信部门对于申报材料的接收和受理采取十分谨慎的态度,会在正式受理之前对申报材料会进行大量的实质审查,申报材料会经历多轮的退回和重新提交,因此从提交到正式受理将会有一个十分漫长的过程。截至2023年7月时,全国范围内仅北京、上海、浙江等省市的网信部门通过了少数几家企业的出境安全评估申报。

出境风险自评估应当在申报数据出境安全评估之前三个月内完成。如果截至申报日,数据出境情况发生重大变化,企业应当重新进行自评估后方可申报数据出境安全评估。

（四）合并申报

合并申报主要取决于相关数据出境活动是否属于同一数据出境场景。数据出境场景的界定取决于以下三项因素：

- 同一个数据处理者；
- 同一个境外接收方；
- 涉及相对独立的业务。

在同一出境场景下，可区分不同出境路径，并对不同出境路径下出境的数据类型进行评估。对于不同的出境场景，应当分别以单独的申请文件进行申报。例如，对于业务运营相关的数据申报在一套申报文件中进行提交，人力资源管理相关的数据出境在另一套申报文件中进行提交。当然，这几套申报文件可以一并向网信办进行提交。

（五）安全评估申报材料

1. 申报材料

企业应递交的申报材料包括：

- 统一社会信用代码证件影印件；
- 法定代表人身份证件影印件；
- 经办人身份证影印件；
- 经办人授权委托书；
- 数据出境安全评估申报书（承诺书 + 数据出境安全评估申请表）；
- 与境外接收方拟订立的法律文件；
- 数据出境风险自评估报告；
- 其他相关证明材料。

2. 数据出境情况描述

企业应当在《数据出境安全评估申报表》中对数据出境业务、目的、方式、链路情况、拟出境数据的情况、境外接收方的情况等进行描述；同时一并提交《数据出境风险自评估报告》，由网信办最终判断数据出境风险的高低，并据此作出评估结果。如有第三方机构（律所、技术服务方等）参与自评估，须在自评估报告中说明第三方机构的基本情况及参与评估的情况，并在相关内容页上加盖第三方机构公章。

3. 材料提交

以上材料需同时提交书面材料以及通过光盘方式刻录的电子版文件，电子版文件应与纸质版完全一致。

(六)重点评估事项

数据出境安全评估从以下几个方面评估数据出境活动可能对国家安全、公共利益、个人或者组织合法权益带来的风险:

- 数据出境的目的、范围、方式等的合法性、正当性、必要性;
- 境外接收方所在国家或者地区的数据安全保护政策法规和网络安全环境对出境数据安全的影响;境外接收方的数据保护水平是否达到中国法律、行政法规的规定和强制性国家标准的要求;
- 出境数据的规模、范围、种类、敏感程度,出境中和出境后遭到篡改、破坏、泄露、丢失、转移或者被非法获取、非法利用等的风险;
- 数据安全和个人信息权益是否能够得到充分有效保障;
- 数据处理者与境外接收方拟订立的法律文件中是否充分约定了数据安全保护责任义务;
- 遵守中国法律、行政法规、部门规章情况;
- 国家网信办认为需要评估的其他事项。

(七)履行出境要求

企业在收到评估结果后,应严格按照评估所述方式和目的开展数据出境活动。如评估结果指出企业应就相关事项作出进一步调整,或提出其他注意事项,企业应遵照实施。

评估结果有效期为2年,自出具之日起计算。有效期内,企业应当严格按照申报事项开展数据出境活动,确保出境活动符合数据出境安全管理要求。如数据出境活动发生变化或出现影响出境数据安全的情形,或有效期届满,企业应当重新申报评估。

附录1　法　　律

文号	文件名称	发布机构	发布时间	生效时间	法律状态
主席令第 28 号	《中华人民共和国保守国家秘密法》	全国人大常委会	2010.04.29	2010.10.01	现行有效
主席令第 29 号	《中华人民共和国国家安全法》	全国人大常委会	2015.07.01	2015.07.01	现行有效
主席令第 37 号	《中华人民共和国证券法》	全国人大常委会	2019.12.28	2020.03.01	现行有效
主席令第 45 号	《中华人民共和国民法典》	全国人民代表大会	2020.05.28	2021.01.01	现行有效
主席令第 50 号	《中华人民共和国护照法》	全国人大常委会	2006.04.29	2007.01.01	现行有效
主席令第 53 号	《中华人民共和国网络安全法》	全国人大常委会	2016.11.07	2017.06.01	现行有效
主席令第 56 号	《中华人民共和国生物安全法》	全国人大常委会	2020.10.17	2021.04.15	现行有效
主席令第 57 号	《中华人民共和国未成年人保护法》	全国人大常委会	2020.10.17	2021.06.01	现行有效
主席令第 66 号	《中华人民共和国刑法》(2020 年修正)	全国人民代表大会	2020.12.26	2021.03.01	现行有效
主席令第 84 号	《中华人民共和国数据安全法》	全国人大常委会	2021.06.10	2021.09.01	现行有效
主席令第 91 号	《中华人民共和国个人信息保护法》	全国人大常委会	2021.08.20	2021.11.01	现行有效
主席令第 51 号	《中华人民共和国居民身份证法》	全国人大常委会	2011.10.29	2012.01.01	现行有效
主席令第 73 号	《中华人民共和国劳动合同法》	全国人大常委会	2012.12.28	2013.07.01	现行有效

续表

文号	文件名称	发布机构	发布时间	生效时间	法律状态
—	全国人民代表大会常务委员会《关于加强网络信息保护的决定》	全国人大常委会	2012.12.28	2012.12.28	现行有效
主席令第7号	《中华人民共和国消费者权益保护法》	全国人大常委会	2013.10.25	2014.03.15	现行有效
主席令第34号	《中华人民共和国商业银行法》	全国人大常委会	2015.08.29	2015.10.01	现行有效
主席令第15号	《中华人民共和国公司法》(2018年修正)	全国人大常委会	2018.10.26	2018.10.26	现行有效
主席令第16号	《中华人民共和国旅游法》	全国人大常委会	2018.10.26	2018.10.26	现行有效
主席令第4号	《中华人民共和国劳动法》	全国人大常委会	2018.12.29	2018.12.29	现行有效
主席令第29号	《中华人民共和国反不正当竞争法》	全国人大常委会	2019.04.23	2019.04.23	现行有效
主席令第29号	《中华人民共和国电子签名法》	全国人大常委会	2019.04.23	2019.04.23	现行有效
主席令第55号	《中华人民共和国专利法》(2020年修正)	全国人大常委会	2020.10.17	2021.06.01	现行有效
主席令第62号	《中华人民共和国著作权法》	全国人大常委会	2020.11.11	2021.06.01	现行有效

附录2　行政法规

文号	文件名称	发布机构	发布时间	生效时间	法律状态
国务院令第631号	《征信业管理条例》	国务院	2013.01.21	2013.03.15	现行有效
国务院令第646号	《中华人民共和国保守国家秘密法实施条例》	国务院	2014.01.17	2014.03.01	现行有效
国务院令第717号	《中华人民共和国人类遗传资源管理条例》	国务院	2019.05.28	2019.07.01	现行有效
国务院令第745号	《关键信息基础设施安全保护条例》	国务院	2021.07.30	2021.09.01	现行有效
国发〔2011〕38号	国务院《关于清理整顿各类交易场所切实防范金融风险的决定》	国务院	2011.11.11	2011.11.11	现行有效
国办发〔2012〕37号	国务院办公厅《关于清理整顿各类交易场所的实施意见》	国务院办公厅	2012.07.12	2012.07.12	现行有效
国办发〔2018〕17号	《科学数据管理办法》	国务院办公厅	2018.03.17	2018.03.17	现行有效
国务院令第147号	《中华人民共和国计算机信息系统安全保护条例》	国务院	2011.01.08	2011.01.08	现行有效
—	《互联网信息服务管理办法》	国务院	2011.01.08	2011.01.08	现行有效
—	《中华人民共和国电信条例》	国务院	2016.02.06	2016.02.06	现行有效

附录3　地方法规

文号	文件名称	发布机构	发布时间	生效时间	法律状态
北京市人民政府第302号令	《北京市劳动合同规定》	北京市人民政府	2021.12.30	2021.12.30	现行有效
通政办发〔2022〕4号	《关于加快北京城市副中心元宇宙创新引领发展的若干措施》	北京市通州区人民政府	2022.02.23	2022.02.23	现行有效
北京市人民代表大会常务委员会公告〔十五届〕第89号	《北京市数字经济促进条例》	北京市人民代表大会常务委员会	2022.11.23	2023.01.01	现行有效
上海市人大常委会公告第58号	《上海市劳动合同条例》	上海市人民代表大会常务委员会	2001.11.15	2002.05.01	现行有效
上海市人民代表大会常务委员会公告〔十五届〕第94号	《上海市数据条例》	上海市人民代表大会常务委员会	2021.11.25	2022.01.01	现行有效
沪市监竞争〔2022〕14号	《上海市盲盒经营活动合规指引》	上海市市场监督管理局	2022.01.10	2022.01.10	现行有效
—	《企业数据合规指引》	上海市杨浦区人民检察院，上海市信息服务业行业协会	2022.02.07	2022.02.07	现行有效
沪府办发〔2022〕12号	《上海市培育“元宇宙”新赛道行动方案（2022—2025年）》	上海市人民政府办公厅	2022.06.24	2022.06.24	现行有效

续表

文号	文件名称	发布机构	发布时间	生效时间	法律状态
深圳市第七届人民代表大会常务委员会公告第 10 号	《深圳经济特区数据条例》	深圳市人民代表大会常务委员会	2021.07.06	2022.01.01	现行有效
广东省第十三届人民代表大会常务委员会公告第 85 号	《广东省数字经济促进条例》	广东省人民代表大会常务委员会（广东工信厅）	2021.07.30	2021.09.01	现行有效
—	《广州市黄埔区、广州开发区促进元宇宙创新发展办法》	广州开发区经济和信息化局，广州市黄埔区工业和信息化局，广州市黄埔区科学技术局，广州开发区科技创新局	2022.04.06	2022.04.06	现行有效
—	《天津市数据安全管理办法（暂行）》	天津市互联网信息办公室	2019.06.26	2019.08.01	失效
浙江省第十三届人民代表大会第六次会议公告第 3 号	《浙江省公共数据条例》	浙江省人民代表大会常务委员会	2022.01.21	2022.03.01	现行有效
浙发改高技〔2022〕309 号	《浙江省元宇宙产业发展行动计划（2023—2025 年）》	浙江省发展和改革委员会，中共浙江省委网络安全和信息化委员会办公室，浙江省经济和信息化厅，浙江省科学技术厅，浙江省市场监督管理局	2022.12.05	2022.12.05	现行有效

续表

文号	文件名称	发布机构	发布时间	生效时间	法律状态
重庆市人民代表大会常务委员会公告〔五届〕第177号	《重庆市数据条例》	重庆市人民代表大会常务委员会	2022.03.30	2022.07.01	现行有效
渝北府办〔2022〕25号	《重庆市渝北区元宇宙产业创新发展行动计划(2022—2024)》	渝北区政府办公室	2022.04.26	2022.04.26	现行有效
—	《贵州省大数据安全保障条例》	贵州省人民代表大会常务委员会	2019.08.01	2019.10.01	现行有效
—	《厦门市元宇宙产业发展三年行动计划(2022—2024年)》	厦门市工业和信息化局,厦门市大数据管理局	2022.03.21	2022.03.21	现行有效
鲁工信电子〔2022〕49号	《山东省推动虚拟现实产业高质量发展三年行动计划(2022—2024年)》	山东省工业和信息化厅,山东省发展和改革委员会,山东省教育厅,山东省科学技术厅,山东省财政厅,山东省人力资源和社会保障厅,山东省市场监督管理局	2022.03.21	2022.03.21	现行有效
豫政办〔2022〕89号	《河南省元宇宙产业发展行动计划(2022—2025年)》	河南省人民政府办公厅	2022.09.15	2022.09.15	现行有效
武政规〔2022〕16号	《武汉市促进元宇宙产业创新发展实施方案(2022—2025年)》	武汉市人民政府	2022.10.26	2022.10.26	现行有效

续表

文号	文件名称	发布机构	发布时间	生效时间	法律状态
—	《成都市培育元宇宙产业行动方案（2022—2025年）（征求意见稿）》	成都市新经济发展委员会	2022.11.22	2022.11.22	现行有效
—	《西藏元宇宙建设方案》	西藏元宇宙研究院	2022.07.28	2022.07.28	现行有效
—	《咸阳高新区建设“元宇宙产业先行区”行动方案》	咸阳高新区管委会	2022.11.28	2022.11.28	现行有效
—	《福建省清理整顿各类交易场所工作小组关于防范NFT违规风险的提示函》	福建省清理整顿各类交易场所工作小组	2022.12.28	2022.12.28	现行有效

附录4　部门规章

文号	文件名称	发布机构	发布时间	生效时间	法律状态
公通字〔2007〕43号	《信息安全等级保护管理办法》	公安部，国家保密局，国家密码管理局，国务院信息化工作办公室（已撤销）	2007.06.22	2007.06.22	现行有效
—	《网络安全等级保护条例（征求意见稿）》	公安部	2018.06.27	—	尚未生效
国反垄发〔2021〕1号	国务院反垄断委员会《关于平台经济领域的反垄断指南》	国务院反垄断委员会	2021.02.07	2021.02.07	现行有效
国卫医发〔2013〕31号	《医疗机构病历管理规定（2013年版）》	国家卫生和计划生育委员会（已撤销），国家中医药管理局	2013.11.20	2014.01.01	现行有效
国卫规划发〔2014〕24号	《人口健康信息管理办法（试行）》	国家卫生和计划生育委员会（已撤销）	2014.05.05	2014.05.05	现行有效
国卫规划发〔2018〕23号	《国家健康医疗大数据标准、安全和服务管理办法（试行）》	国家卫生健康委员会	2018.07.12	2018.07.12	现行有效
国家互联网信息办公室令第1号	《互联网新闻信息服务管理规定》	国家互联网信息办公室	2017.05.02	2017.06.01	现行有效
国家互联网信息办公室令第3号	《区块链信息服务管理规定》	国家互联网信息办公室	2019.01.10	2019.02.15	现行有效

续表

文号	文件名称	发布机构	发布时间	生效时间	法律状态
国家互联网信息办公室令第4号	《儿童个人信息网络保护规定》	国家互联网信息办公室	2019.08.22	2019.10.01	现行有效
国家互联网信息办公室令第5号	《网络信息内容生态治理规定》	国家互联网信息办公室	2019.12.15	2020.03.01	现行有效
国家互联网信息办公室、国家发展和改革委员会、工业和信息化部、公安部、交通运输部令第7号	《汽车数据安全管理若干规定(试行)》	国家互联网信息办公室,国家发展和改革委员会,工业和信息化部,公安部,交通运输部	2021.08.16	2021.10.01	现行有效
国家互联网信息办公室令第8号	《网络安全审查办法》	国家互联网信息办公室,国家发展和改革委员会,工业和信息化部,公安部,国家安全部,财政部,商务部,中国人民银行,国家市场监督管理总局,国家广播电视总局,中国证券监督管理委员会,国家保密局,国家密码管理局	2021.12.28	2022.02.15	现行有效
国家互联网信息办公室令第9号	《互联网信息服务算法推荐管理规定》	国家互联网信息办公室,工业和信息化部,公安部,国家市场监督管理总局	2021.12.31	2022.03.01	现行有效

续表

文号	文件名称	发布机构	发布时间	生效时间	法律状态
国家互联网信息办公室令第11号	《数据出境安全评估办法》	国家互联网信息办公室	2022.07.07	2022.09.01	现行有效
国家互联网信息办公室令第13号	《个人信息出境标准合同办法》	国家互联网信息办公室	2023.02.22	2023.06.01	尚未生效
国家互联网信息办公室令第14号	《网信部门行政执法程序规定》	国家互联网信息办公室	2023.03.18	2023.06.01	尚未生效
—	《互联网用户账号名称管理规定》	国家互联网信息办公室	2015.02.04	2015.03.01	现行有效
—	《互联网新闻信息服务新技术新应用安全评估管理规定》	国家互联网信息办公室	2017.10.30	2017.12.01	现行有效
—	《具有舆论属性或社会动员能力的互联网信息服务安全评估规定》	国家互联网信息办公室,公安部	2018.11.15	2018.11.30	现行有效
—	网络安全审查办公室《关于对"滴滴出行"启动网络安全审查的公告》	国家互联网信息办公室	2021.07.02	2021.07.02	现行有效
—	《移动互联网应用程序信息服务管理规定》	国家互联网信息办公室	2022.06.14	2022.08.01	现行有效
—	《数据出境安全评估申报指南(第一版)》	国家互联网信息办公室	2022.08.31	2022.09.01	现行有效
—	《数据安全管理办法(征求意见稿)》	国家互联网信息办公室	2019.05.28	—	尚未生效
—	《网络数据安全管理条例(征求意见稿)》	国家互联网信息办公室	2021.11.14	—	尚未生效
—	《未成年人网络保护条例(征求意见稿)》	国家互联网信息办公室	2022.03.14	—	尚未生效

续表

文号	文件名称	发布机构	发布时间	生效时间	法律状态
国信办秘字〔2019〕191号	《App违法违规收集使用个人信息行为认定方法》	国家互联网信息办公室，工业和信息化部，公安部办公厅，国家市场监督管理总局	2019.11.28	2019.11.28	现行有效
国信办秘字〔2021〕14号	《常见类型移动互联网应用程序必要个人信息范围规定》	国家互联网信息办公室，工业和信息化部，公安部办公厅，国家市场监督管理总局	2021.03.12	2021.05.01	现行有效
国家市场监督管理总局 国家互联网信息办公室公告2022年第47号	《个人信息保护认证实施规则》	国家互联网信息办公室，国家市场监督管理总局	2022.11.04	2022.11.04	现行有效
—	《关于进一步规范因特网数据中心（IDC）业务和因特网接入服务（ISP）业务 市场准入工作的实施方案》	工业和信息化部	2012.11.30	2012.11.30	现行有效
中央网信办公告2019年第1号	《关于开展App违法违规收集使用个人信息专项治理的公告》	中共中央网络安全和信息化委员会办公室，工业和信息化部，公安部，国家市场监督管理总局	2019.01.23	2019.01.23	现行有效
工业和信息化部令第24号	《电信和互联网用户个人信息保护规定》	工业和信息化部	2013.07.16	2013.09.01	现行有效
—	《电信业务分类目录》（2015年版）	工业和信息化部	2019.06.06	2019.06.06	现行有效

续表

文号	文件名称	发布机构	发布时间	生效时间	法律状态
—	《移动互联网应用程序个人信息保护管理暂行规定(征求意见稿)》	工业和信息化部	2021.04.26	—	尚未生效
工信部信管函〔2019〕337 号	《关于开展 App 侵害用户权益专项整治工作的通知》	工业和信息化部	2019.10.31	2019.10.31	现行有效
工信厅信发〔2020〕6 号	《工业数据分类分级指南(试行)》	工业和信息化部	2020.02.27	2020.02.27	现行有效
工信部信管函〔2020〕164 号	《关于开展纵深推进 App 侵害用户权益专项整治行动的通知》	工业和信息化部	2020.07.22	2020.07.22	现行有效
工信部联网安〔2021〕66 号	《网络产品安全漏洞管理规定》	工业和信息化部,国家互联网信息办公室,公安部	2021.07.12	2021.09.01	现行有效
工信部网安〔2021〕134 号	《关于加强车联网网络安全和数据安全工作的通知》	工业和信息化部	2021.09.15	2021.09.15	现行有效
工信部网安〔2022〕166 号	《工业和信息化领域数据安全管理办法(试行)》	工业和信息化部	2022.12.08	2023.01.01	现行有效
—	《广播电视和网络视听节目制作经营管理规定(征求意见稿)》	国家广播电视总局	2022.08.08	—	尚未生效
国家新闻出版广电总局、工业和信息化部令第 5 号	《网络出版服务管理规定》	国家新闻出版广电总局(已撤销),工业和信息化部	2016.02.04	2016.03.10	现行有效
—	《互联网视听节目服务管理规定》	国家新闻出版广电总局(已撤销)	2015.08.28	2015.08.28	现行有效
—	《互联网文化管理暂行规定》	文化部(已撤销)	2017.12.15	2017.12.15	现行有效

续表

文号	文件名称	发布机构	发布时间	生效时间	法律状态
银保监发〔2018〕22号	《银行业金融机构数据治理指引》	中国银行保险监督管理委员会	2018.05.21	2018.05.21	现行有效
—	《证券基金经营机构信息技术管理办法》(2021年修正)	中国证券监督管理委员会	2021.01.15	2021.01.15	现行有效
国家发展和改革委员会商务部令第47号	《外商投资准入特别管理措施(负面清单)》(2021年版)	国家发展和改革委员会,商务部	2021.12.27	2022.01.01	现行有效
自然资规〔2022〕1号	《关于促进智能网联汽车发展维护测绘地理信息安全的通知》	自然资源部	2022.08.25	2022.08.25	现行有效
国能发安全规〔2022〕101号	《电力行业网络安全等级保护管理办法》	国家能源局	2022.11.16	2022.11.16	现行有效
—	《盲盒经营活动规范指引(试行)(征求意见稿)》	国家市场监督管理总局	2022.08.16	—	尚未生效

附录5　司法解释

文号	文件名称	发布机构	发布时间	生效时间	法律状态
法释〔2021〕15号	最高人民法院《关于审理使用人脸识别技术处理个人信息相关民事案件适用法律若干问题的规定》	最高人民法院	2021.07.28	2021.08.01	现行有效
银发〔2021〕237号	《关于进一步防范和处置虚拟货币交易炒作风险的通知》	中国人民银行,中共中央网络安全和信息化委员会办公室,最高人民法院,最高人民检察院,工业和信息化部,公安部,国家市场监督管理总局,中国银行保险监督管理委员会,中国证券监督管理委员会,国家外汇管理局	2021.09.15	2021.09.15	现行有效

附录 6　国家标准

文号	文件名称	发布机构	发布时间	生效时间	法律状态
TC260 – PG – 20191A	《网络安全实践指南——移动互联网应用基本业务功能必要信息规范》	全国信息安全标准化技术委员会	2019.06.01	2019.06.01	现行有效
TC260 – PG – 20212A	《网络安全标准实践指南——数据分类分级指引》	全国信息安全标准化技术委员会秘书处	2021.12.31	2021.12.31	现行有效
TC260 – PG – 20202A	《网络安全标准实践指南——移动互联网应用程序(App)收集使用个人信息自评估指南》	全国信息安全标准化技术委员会秘书处	2020.07.22	2020.07.22	现行有效
TC260 – PG – 20203A	《网络安全标准实践指南——移动互联网应用程序(App)个人信息保护常见问题及处置指南》	全国信息安全标准化技术委员会秘书处	2020.09.18	2020.09.18	现行有效
TC260 – PG – 20203A	《网络安全标准实践指南——移动互联网应用程序(App)个人信息安全防范指引(征求意见稿)》	全国信息安全标准化技术委员会秘书处	2020.03.30	—	尚未生效
TC260 – PG – 20204A	《网络安全标准实践指南——移动互联网应用程序(App)系统权限申请使用指南》	全国信息安全标准化技术委员会秘书处	2020.09.18	2020.09.18	现行有效
TC260 – PG – 20205A	《网络安全标准实践指南——移动互联网应用程序(App)使用软件开发工具包(SDK)安全指引》	全国信息安全标准化技术委员会秘书处	2020.11.27	2020.11.27	现行有效

续表

文号	文件名称	发布机构	发布时间	生效时间	法律状态
TC260－PG－20222A	《网络安全标准实践指南——个人信息跨境处理活动安全认证规范V2.0》	全国信息安全标准化技术委员会	2022.12.16	2022.12.16	现行有效
YD/T 4060－2022	《云计算安全责任共担模型》	中国信息通信研究院，工业和信息化部	2022.04.24	2022.07.01	现行有效
—	《信息安全技术　重要数据识别指南》	全国信息安全标准化技术委员会	2022.01.13	—	尚未生效
—	《信息安全技术　个人信息去标识化效果分级评估规范(征求意见稿)》	全国信息安全标准化技术委员会	2021.04.12	—	尚未生效
GB/T 31167－2014	《信息安全技术　云计算服务安全指南》	国家质量监督检验检疫总局(已撤销)，国家标准化管理委员会	2014.09.03	2015.04.01	现行有效
GB/T 31168－2014	《信息安全技术　云计算服务安全能力要求》	国家质量监督检验检疫总局(已撤销)，国家标准化管理委员会	2014.09.03	2015.04.01	现行有效
GB/T 28449－2018	《信息安全技术　网络安全等级保护测评过程指南》	国家市场监督管理总局，国家标准化管理委员会	2018.12.28	2019.07.01	现行有效
GB/T 36627－2018	《信息安全技术　网络安全等级保护测试评估技术指南》	国家市场监督管理总局，国家标准化管理委员会	2018.09.17	2019.04.01	现行有效

续表

文号	文件名称	发布机构	发布时间	生效时间	法律状态
GB/T 36958－2018	《信息安全技术　网络安全等级保护安全管理中心技术要求》	国家市场监督管理总局，国家标准化管理委员会	2018.12.28	2019.07.01	现行有效
GB/T 36959－2018	《信息安全技术　网络安全等级保护测评机构能力要求和评估规范》	国家市场监督管理总局，国家标准化管理委员会	2018.12.28	2019.07.01	现行有效
GB/T 37138－2018	《电力信息系统安全等级保护实施指南》	国家市场监督管理总局，国家标准化管理委员会	2018.12.28	2019.07.01	现行有效
GB/T 22239－2019	《信息安全技术　网络安全等级保护基本要求》	国家市场监督管理总局，国家标准化管理委员会	2019.05.10	2019.12.01	现行有效
GB/T 25058－2019	《信息安全技术　网络安全等级保护实施指南》	国家市场监督管理总局，国家标准化管理委员会	2019.08.30	2020.03.01	现行有效
GB/T 25070－2019	《信息安全技术　网络安全等级保护安全设计技术要求》	国家市场监督管理总局，国家标准化管理委员会	2019.05.10	2019.12.01	现行有效
GB/T 28448－2019	《信息安全技术　网络安全等级保护测评要求》	国家市场监督管理总局，国家标准化管理委员会	2019.05.10	2019.12.01	现行有效

续表

文号	文件名称	发布机构	发布时间	生效时间	法律状态
GB/T 37964 - 2019	《信息安全技术　个人信息去标识化指南》	国家市场监督管理总局,国家标准化管理委员会	2019.08.30	2020.03.01	现行有效
GB/T 22240 - 2020	《信息安全技术　网络安全等级保护定级指南》	国家市场监督管理总局,国家标准化管理委员会	2020.04.28	2020.11.01	现行有效
GB/T 35273 - 2020	《信息安全技术　个人信息安全规范》	国家市场监督管理总局,国家标准化管理委员会	2020.03.06	2020.10.01	现行有效
GB/T 39335 - 2020	《信息安全技术　个人信息安全影响评估指南》	国家市场监督管理总局,国家标准化管理委员会	2020.11.19	2021.06.01	现行有效
GB/T 41391 - 2022	《信息安全技术　移动互联网应用程序(App)收集个人信息基本要求》	国家市场监督管理总局,国家标准化管理委员会	2022.04.15	2022.11.01	现行有效
JR/T 0158 - 2018	《证券期货业数据分类分级指引》	中国证券监督管理委员会	2018.09.27	2018.09.27	现行有效
JR/T 0171 - 2020	《个人金融信息保护技术规范》	中国人民银行	2020.02.13	2020.02.13	现行有效
JR/T 0060 - 2021	《证券期货业网络安全等级保护基本要求》	中国证券监督管理委员会	2021.08.30	2021.08.30	现行有效
JR/T 0067 - 2021	《证券期货业网络安全等级保护测评要求》	中国证券监督管理委员会	2021.08.30	2021.08.30	现行有效

续表

文号	文件名称	发布机构	发布时间	生效时间	法律状态
JR/T 0196 - 2020	《多方安全计算金融应用技术规范》	全国金融标准化技术委员会，中国人民银行	2020.11.24	2020.11.24	现行有效
JR/T 0197 - 2020	《金融数据安全　数据安全分级指南》	中国人民银行	2020.09.23	2020.09.23	现行有效
GY/T 337 - 2020	《广播电视网络安全等级保护定级指南》	国家广播电视总局	2020.11.23	2020.11.23	现行有效
GY/T 352 - 2021	《广播电视网络安全等级保护基本要求》	国家广播电视总局	2021.07.14	2021.07.14	现行有效

附录7　行业规范

文号	文件名称	发布机构	发布时间	生效时间	法律状态
—	《关于防范 NFT 相关金融风险的倡议》	中国互联网金融协会，中国银行业协会，中国证券业协会	2022.04.13	2022.04.13	现行有效

后　记

数字化时代，万物可数字化，网络安全与数据保护合规的重要性不言自明。

我带领团队一直深耕网络安全与数据保护领域，为各行业客户提供网络安全与数据合规“体检”、IPO等融资场景下网安数据专项合规、数字化营销、数字化转型、数据分类分级、网络安全审查、个人信息保护及影响评估、数据处境安全评估、个人信息处境标准合同备案、AIGC应用等各类法律服务。执业服务过程中，我深感企业网安数据合规工作千头万绪，需要法律合规、IT信息安全、内部审计、业务、人力资源等不同职能部门有效沟通与合作，而企业数据保护官（DPO）可以起到关键性的协调引领作用。

作为全新职位，DPO无法获得前人经验，难以全面了解掌握网安数据法律合规要求。于是，我萌生了为DPO写一本履职法律合规实务指南的想法。一年有余，遂成小书。本书总结相关实务案例，从DPO履职角度出发，讨论DPO任职资格、主要职责、风险责任，剖析企业界内数据处理与数据跨境处理、业务数据处理与人力资源管理等内部数据处理、传统数字化营销与新兴AIGC应用等不同场景下数据保护官履职应对之合规要点，并阐释网安数据行政监管程序与执法等重要内容。

在本书写作过程中，我的团队同事朱晓阳、邓梓珊、沙莎、胡鑫超、宋欣逸、左嘉玮、王雪莹、黄文捷、吴若蘅和王羽婷在案例资料、整理综述方面提供了大量帮助，姚泖在格式调整等方面提供了帮助，我在此一并致谢。本书出版之际，他们当中有人离职履新，无论身处何处，我祝福他们生活、工作顺心如意！

深知此书为实务小书，未敢惊动大家师友作序题跋，仅作简要后记，说明写作背景和目的。书中错误或不妥之处，望专家同行不吝批评赐教。

潘永建

2023年9月27日